MICHAEL JÜRGS / ANGELA ELIS

Typisch Ossi, typisch Wessi

Buch

Als die Mauer fiel, lag sich das Volk innig in den Armen. Es herrschte euphorische Hochstimmung, die Rede war von blühenden Landschaften weit und breit. So nah wie damals waren sich Ossis und Wessis noch nie, doch so nah würden sie sich nie mehr sein. Das Erwachen war bitter – es ging mit gegenseitigen Vorwürfen zu wie nach einer zerbrochenen Liebe, die doch für die Ewigkeit gedacht schien. Die Wut auf beiden Seiten wächst, nie schien die Kluft zwischen Ost und West tiefer als heute. Jeder fünfte Wessi wünscht sich laut Umfragen die Mauer zurück, jeder dritte Ossi wählt entweder Neonazis oder die Nachfolger jener Partei, die einst die DDR verrotten ließ.

Zwar gnadenlos, aber immer mit Witz und Ironie entlarven Elis und Jürgs die jeweiligen Wunschvorstellungen, Vorurteile und Schuldzuweisungen – und schaffen so, politisch unkorrekt, die Basis dafür, dass in der Zukunft endlich tatsächlich etwas Gemeinsames, wirklich Neues wachsen kann.

Autoren

Michael Jürgs ist Journalist und war u.a. Chefredakteur von »Stern« und »Tempo«. Er schrieb Bestseller wie »Der Fall Romy Schneider« oder den Politthriller »Das Kleopatra Komplott«, »Der Fall Axel Springer«, »Die Treuhändler – wie Helden und Halunken die DDR verkauften«, »Alzheimer – Spurensuche im Niemandsland«, »Gern hab ich die Fraun geküßt – die Richard Tauber Biografie«. Viele seiner Bücher wurden verfilmt. Sein neuestes Buch beschreibt unter dem Titel »Der Tag danach« am Beispiel von prominenten Deutschen, wie sich über Nacht ihr Leben radikal veränderte.

Angela Elis, geboren in Leipzig, volontierte nach dem Studium der Theologie, Kunstgeschichte und Psychoanalyse beim Hessischen Rundfunk und wechselte 1993 zum MDR. Zuerst als Redakteurin für »Brisant«, dann auch als Moderatorin für die Ratgebersendung »Telethek«, das Mittagsmagazin »Dabei ab zwei«, das Wirtschaftsmagazin »Umschau« und die Talkrunde »Auf dem Punkt«. Heute moderiert sie neben dem Magazin »Fakt« (ARD) auch das Jobjournal »Jojo«. Für 3sat präsentiert sie seit 1999 das Wissenschaftsmagazin »nano« und seit Januar 2001 führt sie außerdem durch das ZDF-Magazin »ZDF.umwelt«.

Von Michael Jürgs ist im Goldmann Verlag außerdem erschienen:

Keine Macht den Drögen. Menschen, Medien, Sensationen (15199)
Bürger Grass (15291)
Der kleine Frieden im Großen Krieg (15303)

Michael Jürgs / Angela Elis

Typisch Ossi Typisch Wessi

Eine längst fällige Abrechnung unter Brüdern und Schwestern

Mit Karikaturen
von Dieter Hanitzsch
und Klaus Stuttmann

GOLDMANN

FSC
Mix
Produktgruppe aus vorbildlich bewirtschafteten Wäldern und anderen kontrollierten Herkünften

Zert.-Nr. SGS-COC-1940
www.fsc.org

Verlagsgruppe Random House FSC-DEU-0100
Das FSC-zertifizierte Papier *München Super* für Taschenbücher aus dem Goldmann Verlag liefert Mochenwangen Papier.

1. Auflage
Taschenbuchausgabe Juni 2006
Wilhelm Goldmann Verlag, München,
in der Verlagsgruppe Random House GmbH

Umschlaggestaltung: Design Team München
Umschlagabbildungen:
Corbis/Fabrizio Bensch/Reuters (DWF15-1019643)
KF · Herstellung: Str.
Druck und Bindung: GGP Media GmbH, Pößneck
Printed in Germany
ISBN-10: 3-442-15400-6
ISBN-13: 978-3-442-15400-5

www.goldmann-verlag.de

INHALT

Gedenkt
Wenn ihr von unseren Schwächen sprecht
Auch der finsteren Zeit
Der ihr entronnen seid.

Aus: *Bertolt Brecht, An die Nachgeborenen*

PROLOG
Ihr oder wir ...?

Einheitssoße? Getrennte Betten? Schlagabtausch?

Aus Freudentränen in einem deutschen Herbst sind bittere Tränen geworden. Man küsst sich nicht mehr, man zickt und zankt und jammert.

9. November 1989. Der Osten schockt den Westen: Die Mauer öffnet sich. Einfach so. Über Nacht. Trabis, die bisher nur über ihre Holperstraßen tuckerten, hupen und stinken plötzlich durch Westberlin. Ostler schunkeln auf der Staatsgrenze oder hacken mit Hammer und Sichel aus volkseigener Produktion am antifaschistischen Schutzwall herum.

Dass Ost und West sich wieder so nahe kommen würden, damit hatte keiner mehr gerechnet. Die deutsche Teilung schien zementiert, zwei deutsche Staaten längst normal. Doch in dieser Novembernacht wurden die Westdeutschen überrumpelt. Es passierte etwas, was nicht sie bestimmt hatten, sondern die anderen Deutschen.

Das waren für die Ostler die schönsten Stunden der deutschen Einheit. Als sie ihren Brüdern und Schwestern im Westen die Flasche reichen konnten. Und die begeistert mit ihnen tranken, obwohl es nur halbtrockener Rotkäppchensekt war.

Eng umschlungen schliefen wir den gemeinsamen Rausch aus. Aber schon beim Aufwachen danach: Katerstimmung. Kopfschmerzen. Entsetzen. Wer lag denn da neben uns im Bett? Mussten wir auch noch das Frühstück teilen?

Wer zu spät aufwacht, den bestraft das Leben, und so endete eine aufregende Nacht schnell am Altar der deutschen Einheit.

Westler und Ostler leben seit dem Jawort zwar in einem gemeinsamen Staat, doch inzwischen haben wir festgestellt: Viel gemeinsam haben wir nicht. Wir tun nur so, als seien wir ein Volk.

Ist das ein Grund zu jammern?

In Deutschland, wo das Volk traditionell schon immer grimmig grübelnd gegen fremde Völker und Nationen tümelte, statt sich fröhlich ins Volksgetümmel der Nationen zu stürzen, offenbar schon. Darum klagen Wessis über die Ossis und Ossis über die Wessis: Ihr habt uns nicht verdient, ihr seid uns fremd geblieben, ihr seid gemein, ihr seid was auch immer, aber nichts Gutes. Den einen Deutschen sind die Nachbarn aus Italien und Frankreich näher, den anderen die aus Tschechien und Polen. Das ist anhand der Landkarte zu erklären, also geografisch, aber auch politisch.

Denn im Westen wuchs nach dem Zweiten Weltkrieg zusammen, was zusammengehörte, weil Demokratie, Menschenrechte und freie Marktwirtschaft die Grundlagen des gemeinsamen Wertesystems waren.

So lebten die Deutschen West.

Dieses Sein bestimmte ihr Bewusstsein.

Im Osten, dem proletarischen Gesamtkunstwerk, gab es auch ein gemeinsames Wertesystem, bestimmt von der Siegermacht Moskau, dem sich die Völker des Ostblocks – gezwungenermaßen – freiwillig anschlossen. Dessen Grundlagen: staatlich gelenkte Planwirtschaft, Aufhebung der Klassenunterschiede und soziale Absicherung von der Wiege bis zur Bahre.

So lebten die Deutschen Ost.

Dieses Sein bestimmte ihr Bewusstsein.

Als in jener Nacht die Mauer fiel, begann aber eine andere

deutsche Geschichte. Eine Hochstimmung herrschte wie beim Ausbruch einer neuen Liebe oder wie bei der Wiederbelebung einer alten, die nach vielen Jahren erneut aufzublühen schien. Trotz vierzig Jahren Trennung waren sich Ossis und Wessis nahe – so nahe wie danach nie wieder, denn dieses Gefühl hielt nicht lange vor.

Der gemeine Wessi träumt inzwischen von seiner verlorenen Vergangenheit. In der gab es keine Solibeiträge, in der rückten einem keine Ossis auf die Pelle. Die Welt hatte eine feste Ordnung, denn die aus der DDR lagen noch nicht mit auf Mallorca im Sand und sangen auf Sächsisch »Baollabaolla«. Man hörte keine Ossidialekte in der Türkei und kein »Ei, gugge mol dao« auf dem Markusplatz. Früher sonnten sich Ossis unter sich an der bulgarischen Schwarzmeerküste, wo sie die Westler nicht störten, denn die fuhren da nicht hin.

Der gemeine Ossi, lebendiger und neugieriger als der Wessi, stört sich nicht an denen, die sich von ihm gestört fühlen. Er kommt in jedem Land und an jedem Ort zurecht, genießt das, was es gibt, und vor allem: Er kann in jeder Lage improvisieren. Nur in seiner Heimat fühlt er sich inzwischen fremd.

So erhob sich im Osten wie im Westen ein allgemeines Wehgeschrei. Im Laufe der Jahre schwoll es an. Jetzt ist es unüberhörbar geworden.

Wir jammern uns lieber gegenseitig kleinmütig zu Tode – Motto: Ihr im Osten, ihr im Westen! –, statt mutig gemeinsam das Jammertal zu verlassen.

Deshalb dieses Buch, denn das Land braucht andere Texte für seine Lieder. Diese Bilanz unserer gemeinsamen Jahre ist politisch inkorrekt, absichtlich gnadenlos, gemein zugespitzt. Es werden keine endgültigen Wahrheiten verkündet, in jedem Kapitel steht eine eigene Wahrheit West gegen eine eigene Wahrheit Ost, gemischt aus objektiven Tatsachen und subjektiv Erlebtem.

Unbestreitbar dabei bleibt, dass die DDR ein Unrechtsstaat war und nur unverbesserliche Reaktionäre daran zweifeln und dass in der Bundesrepublik nicht alles gold war und nur unverbesserlich Gestrige sie verklären. Eine solche Abrechnung unter Brüdern und Schwestern ist längst fällig. Uns ist bewusst, dass es *den* typischen Wessi und *die* typische Ossi nicht gibt, dass nicht alle Wessis und Ossis so sind wie die von uns Beschriebenen.

Begleitet werden die Texte von Illustrationen der beiden Karikaturisten Dieter Hanitzsch und Klaus Stuttmann. Der eine zeichnet im Namen des Westens, der andere im Namen des Ostens. Auch das kann heiter werden.

Und wo steht das Gemeinsame? Da, wo es hingehört. Im Epilog.

Angela Elis, Leipzig — Michael Jürgs, Hamburg

OH, GOTT - OH, GOTT - OH, GOTT - OH, GOTT - OH, GOTT - OH, GOTT - OH, GOTT - OH, GOTT - OH, GOTT - OH, GOTT, OH, GOTT - OH, GOTT - OH, GOTT - OH, GOTT ....

1 **West** gegen Ost: Ihr habt uns nicht verdient

Unvergesslich. Unsere erste Nacht mit den Eingeborenen. Wer hätte gedacht, dass im Osten so viele davon leben. Es musste Nester voller Zonis geben. Zum ersten Mal seit 1961 dem Ausgehverbot entflohen, verloren sie alle Hemmungen. Hinter, über, vor und auf der Mauer vollzogen sich innerdeutsche Vereinigungen. Schrille Schreie in schrillen Dialekten. Wahnsinn.

Kann wohl nur ein Traum sein.

Dachten wir.

Aber am anderen Morgen waren sie immer noch da. Machten sich breit. Erklärten unsere kosmopolitische Matratze zum deutschen Doppelbett und blieben zum Frühstück. Das war im November 1989. Seitdem machen sie sich über unsere Vorräte her.

Bevor es weiter ans Eingemachte geht, muss erzählt werden, wie wir uns das alles eingebrockt haben.

Wir?

Nein, die haben uns das eingebrockt.

Die Zonis.

Sie haben sich mit ihren Biografien aufgedrängt, sich an uns rangeschmissen, obwohl wir ein höchst eigenes Leben hatten und an ihren Lebensläufen nicht sonderlich interessiert waren.

Von wegen, sie hätten sich doch nur am Mantel der Geschichte festgehalten, als der gerade mal ziellos durch die Nacht wehte. Das war *unser* Mantel und sie haben ihn sich gegrabscht. So war es.

Die andere deutsche Vereinigung, jene so enthusiastisch begrüßte Aufnahme der DDR in die Bundesrepublik, ist Geschichte. Die Begeisterung ist Melancholie gewichen, Mut auf Zukunft der Wut über die Gegenwart. Mehr als fünfzehn Jahre sind zwar schon vergangen seit dem deutschen Herbst der Freude, schöner Götterfunken. Doch die Vergangenheit ist unbewältigt, und was zusammenwachsen sollte, weil es nun mal zusammengehöre, ist auseinander gedriftet. Kein Todesstreifen trennt mehr Ost und West, aber ein tiefer Graben.

Das lässt sich, Stand Januar 2005, auch belegen:

Siebzehn Prozent aller Westdeutschen lehnen die Einheit ab, jeder fünfte Deutsche wünscht sich laut Umfragen die Mauer zurück. Jeder zehnte Bundesbürger hätte nichts dagegen, wenn es erneut zwei deutsche Staaten geben würde, elf Prozent sind es im Osten, sechs im Westen.

Solche Zahlen bewirken Wehgeschrei von Politikern und Pastoren. Bedenken- und Bartträger warnen in vereinigter Betroffenheit vor der Mauer in den Köpfen. Sie hätten die Ergebnisse auch anders auslegen können, aber positiv zu handeln und zu denken ist undeutsches Verhalten.

Denn auch das lässt sich belegen:

Dreiundachtzig Prozent der Deutschen haben sich mit der Einheit abgefunden. Achtzig Prozent sind froh, dass es keine Mauer mehr gibt, die Ost und West teilt, neunzig Prozent sind zufrieden, in einem gemeinsamen Staat zu leben.

Der Traum von zwei Staaten deutscher Nation ist dennoch verführerisch angesichts der Probleme, die der real existierende Einheitsstaat hat: zwei Staaten, nicht mehr durch Todesstreifen getrennt, sondern einander nah mit offenen Grenzen ohne Pass- und Visumszwang. So nah, wie uns die Schweiz und Österreich sind. Mehr Nähe braucht es nicht zum Glück. Zwei deutsche Demokratien, gleichberechtigt im Vereinten Europa, in dem es in Zukunft auf Anziehungskraft und Eigenheiten einzelner Regionen ankommt und nicht auf die der Staaten. Sachsen wäre in diesem Europa eine Region wie die Bretagne – wohin ich allerdings lieber fahren würde –, Brandenburg eine wie das Mezzogiorno – wo aber nicht so viele Nazis frei rumlaufen –, Mecklenburg-Vorpommern eine wie Flandern, Niedersachsen eine wie Jütland, Bayern eine wie Cornwall.

Weil solche Vorstellungen eine Illusion sind, lässt sich emotionslos über Ursache und Wirkung anderer Zahlen reden, die gleichfalls in Deutschland West und Deutschland Ost von den Demoskopen ermittelt wurden. Obwohl es nicht *die* Ossis und nicht *die* Wessis als homogene Gruppe, nicht pauschal so 'ne und so 'ne gibt, mischen sich bei der gegenseitigen Wahrnehmung Urteile und Vorurteile, Erlebtes und Erlesenes, Fakten und Fiktives zu einem Schwarz-Weiß-Bild mit scharfen Konturen.

So soll es auch sein, denn nur so lässt sich wenigstens beschreibend trennen, was nicht zusammengehört.

Ossis sind die wahren Gewinner der Einheit, sagen fast fünfzig Prozent der Westdeutschen. Für diesen Sechser im Lotto haben sie keinen Cent Einsatz bezahlen müssen. Die zonendödeligen Glückspilze haben uns nicht verdient, sondern mit uns unverdientes Schwein gehabt. Die Ostdeutschen dagegen halten zu fünfunddreißig Prozent Wessis für die Profiteure der Vereinigung und glauben, die westdeutschen Glücksritter hätten sicher an ihnen, aber ganz sicher nicht sie verdient. Das stimmt für eine gewisse Zeit sogar. Bis 1993 war der Anschluss Ost ein Konjunkturprogramm für den Westen. Dessen Manager haben per Einheit einen unverdienten Glückstreffer gelandet, als sie sich die verlängerte Werkbank Ost einverleibten und einen neuen Markt für ihre Produkte gewannen.

Die einen finden ihre Sündenböcke im Westen, die anderen im Osten. Sich gegenseitig anklagend, jammert Seit' an Seit' an der Klagemauer Deutschland, was in dieser Form zusammengehört.

Die gesamtdeutsche Euphorie ist gesamtdeutscher Tristesse gewichen.

Gemeinsam jammern wir uns zu Tode. Ihr uns und wir euch.

Die Ursachen für den neudeutschen Kalten Krieg lassen sich kühl beschreiben: Die real existierende DDR war anders, als man sie den Westlern untergejubelt hatte. Von wegen eine der größten Industrienationen der Welt und im Ostblock eh die Nummer eins. In Wirklichkeit war das andere Deutschland wirtschaftlich gesehen pleite, und dies seit mindestens zehn Jahren. Statistiken beruhten auf gefälschten Zahlen. Die DDR entpuppte sich bereits am Jahresende 1990, nachdem Kohl die gesamtdeutschen Wahlen gewonnen hatte, als moribund. Ihre Hinterlassenschaft am Leben zu erhalten hat seitdem rund 1,25 Billionen Euro gekostet. Die real existierende Marktwirtschaft wiederum war anders, als es den Ostlern in der TV-Werbung vorgegaukelt, und keineswegs so sozial, wie es von westdeutschen Politikern versprochen worden war: Sie schuf keine blühenden Landschaften über Nacht und in denen Wohlstand für die Masse, sondern in verdorrenden Industriebrachen Arbeitslosigkeit en masse.

So fühlte sich jeder vom anderen getäuscht. Der Bocksgesang schwoll an. Klagelieder erklingen im Jammertal. Die Melodie ist gleich, der Text verschieden. Jammerossis hier, Besserwessis dort. Einmal haben Wessis und Ossis ihr Jammern kurzfristig vergessen, obwohl es da tatsächlich Grund gegeben hätte zu jammern. Das Wunder passierte während der Hochwasserkatastrophe 2002, als zum letzten Mal rührend die aus dem Westen denen aus dem Osten halfen und diese wiederum tief gerührt waren über so viel Zuwendung.

Inzwischen hauen sich die Zonis aus den damals gefluteten Zonen untereinander – was im Westen als typisches Ostverhalten betrachtet wird, weil es alle Vorurteile bestätigt –, üben sich lautstark in übler Nachrede. Angeblich habe dieser und jener Nachbar vor der Flut kein so schönes Haus besessen wie jetzt nach dem durch unsere Spenden finanzierten Wiederaufbau, sondern nur eine Bruchbude mit Plumpsklo hinterm Stall.

Seitdem es im Westen spürbar, sichtbar ans Eingemachte geht, seit hüben die Gemeinden so verschuldet sind wie die drüben, die Wessis größere Schlaglöcher auf den Straßen haben, als die dort auf ihren vor der Wende je hatten, ist Solidarität ein leeres Wort. Fünfzig Prozent der Bürger West sind davon überzeugt, dass die im Osten zu viel Geld bekommen. Unser Geld. Man schaue sich nur mal ihre Straßen an: eben!, die renovierten Innenstädte, die blitzenden Fassaden.

Aber was nützt das Jammern, wir wollten die Zonis ja unbedingt haben. Nur Oskar Lafontaine nicht, darum hat er 1990 auch die Wahl verloren. Als aber ausgerechnet der in Leipzig bei den Demonstrationen im Sommer 2004 den volksnahen Zonentribun gegen die Wessis gab, hatten die im Westen mal wieder die Schnauze voll von den Ossis. Bleibt doch unter euch drüben, wenn es euch mit uns nicht passt, und den Oskar könnt ihr auch behalten. Den geben wir euch als Zusatzzahl.

Die Beziehungen zwischen Ossis und Wessis sind zerrüttet, und die Vorwürfe, den anderen nicht verdient zu haben, wecken Sehnsucht nach der eigenen Vergangenheit. Insgesamt sei vor der Wende vieles besser und nicht alles schlecht gewesen.

Sagen beide.

Beide?

Beide.

Mit dem Arbeiter- und Bauernstaat starb nicht nur die totenbleiche Mutter DDR, was wir im Westen leichten Herzens verkraftet hätten, etwa wie den Tod eines fernen Verwandten, der vor vielen Jahren ausgewandert war. Es starb auch, aber die war in ihren besten Jahren, die geliebte Bundesrepublik. In der fühlten wir uns wohl. Das war unser Land.

Das haben die uns genommen. Diesen Totschlag werden wir ihnen nie verzeihen. Den Ossis.

Schon gut, sind auch Menschen. Und dass die noch immer so sind, wie sie immer schon waren, ist aufgrund ihrer Vergangenheit erklärbar. Gezwungenermaßen mussten sie über Generationen hinweg unter Deutschen leben, unter nichts als ihresgleichen. Inzucht über Jahrzehnte. Solches Sein prägt das Bewusstsein. Siehe Karl Marx. Wir waren schon lange Europäer, aufgeklärt, obrigkeitsfeindlich, lebensfroh, als die Mauer fiel, die uns trennte von diesen Deutschen. Plötzlich wurde alles wieder so verdammt deutsch, so wie einst, als man auch hier zu Lande noch an die eine Nation glaubte und deutsch zu sein ein Wert an sich war.

Die Vereinigung war ein Rückfall in unsere fünfziger Jahre.

Die Westdeutschen fühlten sich damals dem verkündeten Streben nach Wiederherstellung der Einheit der Nation verpflichtet. Das stand in der Verfassung. Da stand es gut. Spätestens ab Mitte der sechziger Jahre glaubte außer Axel Springer kaum noch jemand, dass die von drüben eines Tages tatsächlich noch kommen würden. Doch Springer, der seine Träume der Realität vorzog, behielt Recht, wir lagen falsch. Ausgerechnet er, verhöhnt als Brandenburger Tor, hat die Erfüllung seiner Träume nicht mehr erleben können. Da er nicht nur Patriot, sondern ein Ästhet war, hätte er sich allerdings bestimmt schnellstmöglich den Prolos dort genauso entzogen wie denen bei uns, für die er seine größte Zeitung machen ließ.

Als Ossis aufstanden, ging es ihnen um Freiheit, was okay war. Als sie kamen, begehrten sie Gleichheit, was nicht okay war. Gleiche Lebensverhältnisse bedeutete nicht nur, jedem Ostler eine Banane in die Hand zu drücken oder ins offene Maul zu schieben, was deshalb offen stand, weil er sich staunend nicht satt sehen konnte bei uns. Bananen hätten wir ihnen gern gegeben. Inzwischen ist Deutschland als Bananenrepublik eine gewachsene

Einheit, pro Kopf West wie Ost werden pro Jahr 19,3 Kilo verzehrt.

In Wahrheit wollten die an unsere Konten ran. Wir sollten mit ihnen teilen. Das wollten wir nicht. Das war so nicht abgemacht.

Der amtierende Kanzler Helmut Kohl ließ im Abklingen nationaler Vollräusche, als die Deutschen Ost und West sich ein Volk wähnten, der Zukunft zugewandt und bereit, sie zu teilen, zwar die harte gegen deren schlappe Mark im Wert 1 : 1 tauschen. Der Schlachtruf – entweder kommt die D-Mark zu uns, oder wir kommen zu ihr – zeigte bei uns Wirkung. Schon dafür, dass sie nicht kamen, sondern bei sich blieben, zahlten wir gern. Viele Milliarden flossen nach Dunkeldeutschland. Ein Solidarpakt für den Aufbau Ost. Im Glanze dieses unverdienten Glückes blühten allerdings nur einzelne Zonen im anderen Teil des Vaterlandes.

Daraufhin begann die Zeit der Jammer-Sessions. Ossis an sich neigen dazu, *to get the blues.* Doch nur wir hier haben Grund zu jammern. Uns ging es gold, bevor schwarzrotgoldene Einheit angesagt war. Wir brauchten die nicht, um glücklich zu sein. Ein gemeiner, also typischer Witz aus dem Westen hatte seinen Ursprung in der Volksmund-Parole Ost, die aus gegebenem Anlass 1969 aufkam: »Keine Kohlen im Keller, keine Kartoffeln im Sack. Es lebe der 20. Jahrestag!« Und der daraus abgeleitete doppelbödige Witz?

Nicht doch, liebe Zonis, ihr habt keinen Wasserkopf, nehmt eure Ballonmützen und holt mal zehn Kilo Kartoffeln aus dem Keller.

Ist nicht mehr ganz so lustig, wie er mal war, denn inzwischen sind auch unsere einst prall gefüllten Keller leer.

Womit haben wir das verdient?

Wir lebten, wie wir wollten.

Die mussten leben, wie sie sollten.

Wir hätten uns ohne die Invasion der fremden Heere Ost zwar

irgendwann auch mal ändern müssen, weil die Fettlebe West ganz ohne die Ossis zum Infarkt geführt hätte, aber die Heilbehandlung hätten wir aus den Portokassen bezahlen können. Auch die sind inzwischen von denen leer geplündert. Die Neigung, alles so schwarz zu sehen, ist systemübergreifend und im deutschen Wesen verwurzelt. Jammernd sind wir tatsächlich ein Volk. Selbst die gut genährten, wohl versorgten, weit gereisten Wessis sahen sogar in Zeiten scheinbar unaufhaltsam wachsenden Wohlstands eher Probleme statt Chancen, Motto: abwarten und rückversichern, bevor es zu neuen Ufern und fernen Horizonten geht. Alexander von Humboldt hatte in beiden deutschen Staaten keine Erben.

Ein einziges Mal in der Nachkriegsgeschichte musste es einfach besser werden, als es war, denn schlimmer konnte es nicht kommen – nach 1945. Michel West erhob sich aus Ruinen, überließ Politik seinen Vertretern in Bonn, und bald torkelte er im Rausch des Wir-sind-wieder-wer-Wirtschaftswunders. Michel Ost richtete sich dem Zwang der Verhältnisse gehorchend in seinen Ruinen ein. Graue Städte, verfallende Mauern prägten das Bild der Zone, bevor die echte Mauer den Blick verstellte.

Der Mangel machte schlechte Laune, die Brüder und Schwestern sahen meist leidend aus, verkniffen, irgendwie ostig. Sie rochen anders, wie bei Pflichtbesuchen festzustellen war. Kernseifiger, braunkohliger, lysoliger. Wessis dagegen dufteten. Je nach sozialem Stand rochen sie rheinisch nach 4711 oder schon nach großer weiter Welt wie Armani. Zonis gingen auch anders. Bis heute sind sie an ihrem Gang erkennbar. Irgendwie zonig. Gedrückt. Dunkel grummelten sie in Dialekten, die man nicht verstand und nicht verstehen musste und die live erst bei der Großen Deutschen Wende in Wellen über uns zusammenschlugen, als die ersten Ausgereisten sich als neue Familienmitglieder vorstellten.

Okay. Willkommen. Für ein paar Tage. Aber dann Adieu. Bis bald mal. Wir kommen gelegentlich vorbei.

Doch sie blieben uns erhalten.

In unserer Güte hatten wir einst Kerzen in die Fenster gestellt, um ihnen in ihr Dunkeldeutschland zu leuchten, wo sie wegen der Mauer bleiben mussten. Die Regierenden drüben sahen den Schein ungern. In ihrer Mangelwirtschaft hatten sie nicht mal Kerzen, geschweige denn Engel, die mit ihnen hätten wegfliegen können in eine andere Welt, unsere. Die SED-Greise drohten bei Republikflucht harte Strafen an, Tod inbegriffen, bläuten ihren Untertanen das System ein durch einheitlich blaue Hemden oder tatsächlich durch Schläge, die blaue Flecken erzeugten. Der Sozialismus schaffe die beste aller Welten, versprachen sie. Es dauere halt noch eine Weile, aber das hehre Ziel sei erkenn- und das Licht am Ende des Dunkels sichtbar.

Es war nicht die rote Morgendämmerung, erstes Aufglimmen vom Paradies der Werktätigen, am Ende des Tunnels, es waren die Rücklichter eines leeren Güterzuges. Typisch für die Produktionskraft Ost, die Ende der achtziger Jahre des vergangenen Jahrhunderts den Standard der fünfziger Jahre West erreicht hatte, war außerdem das Tempo der Lokomotive. Sie raste nicht, sie ruckelte nicht, sie schnaufte nur. So dauerte es fast vierzig Jahre, bis der Zug endlich stehen blieb, weil nichts mehr ging, weil die feurigen Parolen vom Aufbau und vom Sieg und von der stetigen Erfüllung der Norm erloschen waren.

Verdrängung von unbequemen Wahrheiten kannte man bei uns von anderen Seilschaften, den braun gefärbten. Mit Hitler und seinen Mördern war ja nicht die Geisteshaltung der Nazis untergegangen. Deshalb nannten sie hier Kapitulation, was in Wirklichkeit eine Befreiung vom Staatsterror war. Der Tag, an dem das Verbrecherregime endgültig zusammenbrach, der 8. Mai 1945, war dagegen in der Sowjetischen Besatzungszone und der aus ihr wuchernden DDR ein Feiertag so wichtig wie der internationale Tag des Proletariers aller Länder, der 1. Mai. Der nationale Tag der Befreiung vom Faschismus wurde mit Aufmärschen und Fahnen und Reden gefeiert wie der andere. Faschisten, alte wie neue, lebten angeblich nur in der Bundesrepublik.

Die Ostzone war eine nazifreie Zone.

Das allerdings war so ziemlich die einzige Freiheit, die sie ernst meinten, und selbst die war, wie sich nach der Wende herausstellte, eine verlogene. Die im deutschen nahen Osten gestrandeten Nazis hatten sich in der ersten deutschen Zeitenwende ohne Umschweife dem nächsten menschenverachtenden System verschrieben. Dass die Antifaschisten nach der Befreiung von den Faschisten in ihrer proletarischen Diktatur alle bürgerlichen Freiheitsrechte außer Kraft setzten, ist belegbar. Das nannten sie Fakt und wurde damals als Schlagwort gebraucht, wenn die objektiven Fakten der Wirklichkeit nicht standhielten.

Mit diesen Typen wollten wir nichts gemein haben. Wir hatten unsere bürgerliche Freiheit schwer genug erkämpft.

Wir Wessis hatten sie uns verdient.

Dieses Wir-Gefühl kann nicht an einer Generation festgemacht werden, damit sind nicht nur Nachgeborene gemeint oder die mit der Gnade der späten Geburt. Der betörende Charme von bürgerlichen Freiheitsrechten, die vielfältigen Chancen, das Leben selbst zu bestimmen, die nicht mehr durch überholte Vorstellungen von Moral und Ordnung zu unterdrückende Lust auf Lustgewinn prägten uns, die Wessis, über Generationen hinweg. Statt gebändigt waren wir unbändig – politisch, gesellschaftlich, geistig. Aufrechter Gang macht in jedem Alter einen kleinen Fuß. Demokratie und Freiheit sind erotische Verheißungen, und die erfüllten wir uns selbstverständlich.

All das kannten die drüben nicht, aber das störte uns nicht weiter, solange sie das mit und unter sich ausmachten. Immerhin:

Für ihren Mut, am 17. Juni 1953 demonstrierend auf die Straßen gegangen zu sein, wurden die Brüder und Schwestern in vielen Sonntagsreden hier gepriesen, den sog. Tag der deutschen Einheit beging man dann aber auf westdeutsche Art, hedonistisch, und zu einem Fest der Lebensfreude umgewandelt, indem man ihn zum nationalen Feiertag West erklärte. Wir waren so frei, an dem Tag freizumachen.

Nach dem Mauerbau 1961 wurden dann die nicht geflüchteten Zonis, rund siebzehn Millionen Verbliebene, durch die normative Kraft des Faktischen – Todesstreifen, Schießbefehl, Knast – offenbar lebenslänglich dazu verurteilt, in ihrem Arbeiter- und Bauernparadies genannten Hochsicherheitstrakt zu bleiben. Sie mussten sich einrichten in dem Mief, und sie mussten sich mit dem Gestank abfinden.

Es gab Alternativen: mitlaufen und sich Partei und Staatssicherheitsdienst hingeben – freiwillig taten das viele, erpresst nur wenige. Oder aber das Maul halten und auf Karriere verzichten, sich in den kleinen Freiraum der Kirchen flüchten, weil die große Flucht unmöglich war.

An eine Einheit glaubte niemand mehr. Uns fehlte sie nicht. Wir kamen ohne einen großen deutschen Staat zurecht. Unser kleiner genügte uns vollauf. Angeblich haben wir die neuen Deutschen deshalb nicht verdient, denn die bringen ins große Ganze doch so wunderbare Sachen mit wie Herz, Tiefe, Treue.

Sach' bloß.

Die sind noch nicht so weit wie wir seit Jahrzehnten schon. Den Wechsel von »der Ohnmacht zur Vollmacht« (Joachim Gauck) hatten sie sich – nach dem Arbeiteraufstand 1953, den die meisten Intellektuellen der DDR vom Balkon aus beobachteten – erst wieder 1989 getraut, als die Wut über die Herrschenden größer wurde als die Angst vor ihnen. Danach aber haben sie sich gebückt, um schnell zu grabschen, was ihnen die Westwindigen über die gefallenen Grenzen bliesen – Gebrauchtwagen, Pauschalreisen, Farbfernseher.

Die Freiheit, immer und überall sagen zu können und schreiben zu können, was wir wollten, auch Gemeinheiten wie in diesem Buch, ist uns selbstverständlich. Darüber reden wir nicht mehr. Basierend auf dieser Freiheit entwickelten sich unsere Stärken. Wir reisten in Länder, die uns gefielen, sobald wir es uns leisten konnten. Was wir uns leisten konnten, bestimmten wir selbst, indem wir dafür arbeiteten. Jobs gab es genug. Wir sangen von *Good Vibrations*, die anderen ihre Volkslieder von den Signalen, die man hören sollte, und dass die Partei immer Recht habe. Allenfalls durften sie über sieben Brücken gehen, bis aus Asche heller Schein würde, aber alle wussten, nicht einmal die erste Brücke würden sie überqueren können, ohne dass sie unter ihnen zusammenbrach.

Die Ossis haben sich unsere Lebensart, die wir uns verdient haben und nicht geschenkt bekamen, nicht selbst verdient. Sie nörgeln an unserer Art herum. Das nervt uns genau wie ihre Art.

Deshalb wird kein Pardon gegeben für Ostalgiker, die zudem dreist verkünden, so finster wie heute behauptet sei es nicht gewesen in ihrem System. Mehr noch: Wir hätten sie, die Zonis, nicht verdient, sagen sie, weil wir all die guten Eigenschaften, mit denen sie uns beglücken wollten, von oben herab verächtlich abgelehnt hätten.

Seien wir doch so kaltherzig, wie sie es uns vorwerfen. Fordern wir unser Geld zurück. Sperren wir die Innenstädte, und wer von den einheimischen Zonis rein will, muss Begrüßungsgeld bezahlen.

Die beste Lösung aller Probleme ist dem Satiremagazin »Titanic« eingefallen. Eine Kampagne »Zurück in die Vergangenheit«. Mit Hilfe seiner Leser soll die Mauer wieder errichtet werden. Dafür werde eine Partei gegründet. Jeder Sympathisant darf einen

Stein kaufen – wer es sich leisten kann und trotz jahrelangen Solibeitrags Ost noch nicht pleite ist, auch mehrere Steine. Vom richtigen PR-Profi gemanagt, dauert der Wiederaufbau keine zwei Jahre.

Eines steht schon fest: Abschiedsgeld für die drüben wie einst Begrüßungsgeld wird es nicht geben.

Orang-Utans
Gorillas
Schimpansen
Komisch, von Ossis steht hier nichts!!
KS 04

1 *Ost* gegen West: Ihr habt uns nicht verdient

Was hat der Wessi da gerade behauptet?

»Wir lebten, wie wir wollten« – dass ich nicht lache. So kann sich wirklich nur ein Wessi täuschen.

Habt ihr also nicht gelitten bei euch im Westen: unter der ungleichen Verteilung des Wohlstandes, unter der Schmach durch soziale Ausgrenzung. War es euer freier Wille, euch 365 Tage im Jahr in eurem gut geschmierten Hamsterrad, das natürlich gepolstert war, damit die Pfötchen nicht wund werden, immer um das Gleiche zu drehen: Job, Karriere und Konsum. Dazu, wenn's hochkommt, dreimal im Jahr ums Verreisen.

Geknechtet wart ihr, Wessis, und wurdet vornehmlich dann eurer Freiheit gewahr, wenn ihr jenseits der Zonengrenze endlich mal den Weltmann spielen konntet. Geschniegelt und gebügelt bis hin zur Stirnfalte. Genüsslich uns auf der anderen Seite der Mauer wissend, uns, denen es schlechter ging. Wir lebten hinter dieser Mauer mit Selbstschussanlagen, die ihr meistens nur von außen saht. Ein Ausflug in die Zone war also prima, denn dabei konntet ihr euch – ohne große Anstrengung – besser fühlen. Und deshalb seid ihr jetzt sauer, dass man euch die schöne Grenze nahm.

Jetzt müsst ihr Wessis doch viele, viele hundert Kilometer weiter gen Osten reisen, um mit euren Rabattschuhen zu protzen, die ihr im Schlussverkauf günstig erstanden habt. Müsstet für die längere Reise deutlich mehr investieren, und das wollt ihr natürlich nicht. Außerdem versteht ihr weder Russisch noch

Rumänisch. Was nützen euch all die wohlfeilen Sprüche, die ihr so gerne über eure Errungenschaften klopft, ausgerechnet da?

Nun, rein gar nichts!

Palavern nämlich könnt ihr, das muss man euch lassen. Habt ihr euch wohl gleich mit der ganzen Presse- und Meinungsfreiheit zu Eigen gemacht.

Der windschnittige Businessman West würde an dieser Stelle übrigens betonen, dass er mit seiner Fähigkeit zum Labern über einen *unique selling point* verfügt.

Einen was?

Richtig, nicht einmal jeder Wessi versteht das.

Es handelt sich um ein »Alleinstellungsmerkmal«, wie wir Ossis ungeschnörkelt sagen. Denn Schnörkel, die brauchen wir nicht. Wir haben sie nicht nötig, wir überlassen euch Wessis das rhetorische Schönfärben oder eloquente Geknüppel ja gern. Fragen nur: Wozu eigentlich führt diese ausgeprägte Adel- und Tadelsucht?

Beziehungen zwischen Ost und West funktionieren doch letztlich wie jede Beziehung. Wird an mir herumgenörgelt, gibt es zwei Möglichkeiten. Nummer eins: Ich empfinde mich als den größten Trottel der Nation und leide. Zugegeben, so sieht der Wessi den Ossi gern. Das gibt ihm das Gefühl von Erhabensein.

Nicht aufregen, liebe Mitossis, wie billig das ist, merkt der Wessi selber nicht. Also schwenken wir lieber zu Möglichkeit Nummer zwei: Wir bieten dem Wessi die Stirn. Auf Ossis, es geht darum, unsere Stärken zu zeigen. Ostdeutscher Widerstand gegen westdeutsche Miesmacherei!

Und im Widerstand, liebe Brüder und Schwestern, sind wir Ossis gut geübt. Nach über vierzig Jahren Überleben in der DDR-Diktatur können wir mit den subtilsten Protestvarianten fechten.

Ihr Wessis dagegen hängt hier mit erschlafften Meutermuskeln in den Seilen. Seid ihr doch kaum dafür trainiert, euch in einem widrigen System durchzuboxen, geschweige denn kräftig gegen den Strom zu schwimmen. War ja fast alles erlaubt in eurer kunterbunten Toleranz- und Pluralismusgesellschaft. So viel, dass ihr es nahezu verlernt habt, euch auch mal für eine Sache stark zu machen. Und genau das merken wir nun ganz deutlich an eurem Umgang mit der Wiedervereinigung.

Kaum war die erste Ekstase, um nicht zu sagen: der erste Orgasmus des Aufeinandertreffens und Ineinanderdringens vorbei, war die frische Braut nur noch dafür gut, sie auf ihre Benutzbarkeit hin abzutasten. Sprang da nicht durch die neue Beziehung eine feine Karriereoption heraus, ein attraktiver Job, natürlich in der Führungsetage? Gab es da nicht noch eine Buschzulage obendrauf, eine Entschädigung für Westler im Einsatzgebiet Ost? Und warteten da nicht im Hinterland noch ein paar nette Immobilien? Konnte man nicht sogar als Mitgift für die eingegangene Verbindung Ost eine glänzende Aussteuer mit Förder- und Finanzmitteln abgreifen? Einfach so. Ohne Ehevertrag und nicht gebunden an eine lebenslange eheliche Zugewinngemeinschaft. Oder – im Fall der Scheidung – an die Pflicht, den anderen wenigstens auszuzahlen.

So also hockten in den ehemaligen Bruchbuden der DDR, die jetzt schick sanierte Villen waren, bald die Neureichen West neben den Altkadern Ost, manchmal in herzlich verbundener Nachbarschaft. Man war schließlich wieder wer.

Nein, auf der Basis von Freiheit entwickelten sich im Westen eher selten menschliche Qualitäten, häufiger dagegen Egoismus, Hochmut und Arroganz. Aber dazu kommen wir später.

Hier bleibt zunächst festzuhalten: Es ist durchaus jämmerlich, welche Figuren der Wessi in den vergangenen Jahren der Wiedervereinigung uns angeboten hat.

Denken wir exemplarisch an den Baulöwen, der sehr gern sehr hoch gestapelt hat, erinnern wir uns an Jürgen Schneider: Er hatte den Osten nicht verdient, er hat sich nur vorübergehend an ihm gesund und berühmt gestoßen. Er war nicht der Einzige.

»Peanuts« das?

Für den gemeinen Ossi bedeutet die deutsche Einheit neben den ab und an blühenden Landschaften vor allem Demütigung und Zumutung.

So grenzt es fast an ein Wunder, dass Ossis nach all den Jahren noch in der Lage sind, ihren Weg zu gehen. Dass sie in einem Land, das nicht mehr ihre alte Heimat ist, dennoch mutig einen Fuß vor den anderen setzen.

Warum das fast ein Wunder ist?

Seitdem Schwester Ost dem Bruder West näher rückte, muss sie mit dem Eindruck leben, eine Verwandte zweiter Klasse zu sein, für die man sich zu schämen hat: nicht fein genug, nicht gebildet genug. Nicht mal das Spaßbad und die Radwege werden uns gegönnt.

Dabei ist eindeutig: Würdet ihr Wessis mal die Brille wechseln, könntet vielleicht auch ihr sehen, was euch entgeht von dem, was eure Ostverwandtschaft zu bieten hat.

So viel gelebtes Leben trotz widriger Umstände, so viel Kraft im Kampf gegen Entmutigung, so viel Neugier auf Neues, so viel Tatendrang. Das war so, und das ist so.

Und das muss man erst einmal schaffen. Da stellt sich doch die Frage: Wie eigentlich machen die Ossis das?

Erinnern wir uns an die wunderbaren Reisen. Na klar, dass wir nicht in Richtung Westen durften, um den bösen Kapitalismus mal selber in Augenschein zu nehmen, war furchtbar. Aber so war es nun mal. Geschenkt. Ständig gejammert darüber haben wir nicht, sondern munter unseren Rucksack gepackt, um unsere Neugier dahin treiben zu lassen, wo es solche Einschränkungen für uns nicht gab.

Die Kraxe (für Wessis: Rucksack mit Tragegestell) mit fünfundzwanzig Kilo und mehr gepackt. Mit Jagdwurstkonserven und Mortadella aus DDR-Produktion, Konsumtütensuppen und Tempolinsen, Spirituskocher, Zelt und Luftmatratze drin. Dann ging es los für uns, drei miteinander befreundete Kollegen. Mit dem Zug, teilweise auch getrampt. Bis nach Bulgarien.

Das ganze Jahr hatten wir uns schon gemeinsam die sehr speziellen Aufgaben in einer ostdeutschen Werbeabteilung geteilt. Dekorateure gespielt in einem Land, in dem es nichts zu dekorieren gab, denn was die Menschen wirklich begehrten, kam nicht in die Schaufenster. Lag verstohlen unter dem Ladentisch herum. Wir also hatten unsere liebe Mühe mit dem Rest: durften mit Seife, Mehl oder Eierteigwaren und ähnlichen verstaubten Ladenhütern die Verkaufsflächen gestalten. Kein Wunder also, dass wir während unserer Reise an den für uns südlichsten und äußersten geografischen Zipfel – das war Bulgarien – auf die Idee gekommen waren, die Grenze des Erlaubten zu überschreiten und ins damalige Jugoslawien abzuhauen. Von da aus wollten wir in den Westen.

Jugoslawien nämlich gehörte nicht zu den mit uns verbrüderten Ostblockstaaten. Sozialismus war eben nicht immer gleich Sozialismus. Eine Reise dahin war verboten und hätte im Knast oder tödlich enden können.

Doch für uns stand zunächst ein Besuch von Plovdiv an.

Wohin, nach Plovdiv?

Selbst die geschätzte Elke Heidenreich und der selbstgewisse Intellektuelle Roger Willemsen wussten in ihrer »Lesen«-Sendung im September 2004 nicht, wo in etwa das liegt. Eine zehnbändige Sammlung von Autoren aus Osteuropa, mit dem Titel: »Europa erlesen«, wurde zwar vorgestellt, ja gelobt. Es seien unglaublich poetische Miniaturen von Landstrichen im Osten darin, geradezu wunderbar. Aber einmal nachzuschauen, wo dieses Plovdiv nun liegt, so weit reichte das Interesse dann doch wieder nicht.

Nein, wir werden uns an dieser Stelle nicht über mangelnde Allgemeinbildung beschweren. Wir wollen lieber erzählen:

Plovdiv liegt ungefähr in der Mitte von Bulgarien, ist die zweitgrößte Stadt im Land und ein sehr alter, sehr traditionsreicher Ort. Besonders reizend ist die Lage, denn Plovdiv wurde auf drei Hügeln erbaut, die sich über die thrakische Hochebene erheben. Schon Römer, Osmanen und Kreuzzügler ließen sich hier nieder. Es war ein Knotenpunkt zwischen Orient und Okzident. Der Handel blühte, jedenfalls so lange, bis der Sozialismus kam.

Wir verweilten gerne dort. Privat untergebracht bei einem Maler, den wir von einem Austausch unter sozialistischen Bruderstaaten kannten, als der in Leipzig war. Ich werde nie vergessen, wie wir abends, nach bulgarischem Rotwein, Schafskäse und unglaublich tomatig schmeckenden Tomaten, völlig übermütig geworden das Fontänenballett des größten Springbrunnens von Plovdiv mit unseren mal gestreckten, mal in sich zusammenfallenden Beinen nachspielten. Und wie wir später auf unseren Luftmatratzen lagen und die halbe Nacht zerlachten.

Nach ein paar Tagen ging es südlich raus aus der Stadt, rein in die Rhodopen. Ein angrenzendes Mittelgebirge mit nahezu mystischem Flair. Dem Wessi gemeinhin unbekannt.

Der Rucksack ist gefüllt mit Konserven und Brot, aber wir müssen uns immer wieder Wasser an den Bergquellen besorgen. Frei laufende Schäfer geben hier gerne Auskunft, wo man es finden kann. Aber nicht nur das: Aus lauter Freude, dass wir uns begegnet sind, laden sie uns zum Abend auf ihre Hütte ein und schlachten, entgegen aller Proteste und Bitten für sein Leben, ein kleines Schaf. Weiß ein Wessi, wie lecker am offenen Feuer von eigener Hand gebrutzelte Lammteile schmecken? Wohl kaum. Gebratenes Lamm, das dürfte er nur als fertig zubereitetes Gericht aus dem Rahmenprogramm eines organisierten Touritrips kennen, serviert von der Vergnügungsindustrie. Oder vielleicht noch als flotte Übung aus einem wild gewordenen Managementseminar. Aber da steht er unter Erfolgsdruck und kann nicht genießen. Armes Schaf!

Und weiter geht's auf unserer Fünfwochenreise, völlig frei von dem Stress, nur maximal zwei Wochen Urlaub nehmen zu können, weil er länger nicht sein darf, weil man in der Firma was verpassen könnte, weil man im Job ja sowieso unabkömmlich ist.

Wichtigwessi eben. Gönnen wir ihm das.

Wir mussten damals keine Angst haben vor dem, was ohne uns und während unseres Fortseins passieren mochte. Wir waren frei von solchen Karrierestrapazen und unbehelligt von der Frage, ob zu Hause die Kündigung lag, ausgesprochen während der urlaubsbedingten Abwesenheit. Bei uns lief alles seinen gleichförmigen sozialistischen Gang. So viel war sicher, und deshalb konnten wir in Ruhe weiterwandern.

Nächste Station war das Rilagebirge. Auch das, lieber Wessi, liegt in Bulgarien. Bauern nehmen dich im Eselskarren mit und holpern mit dir und deinem Gepäck durch die Pampa. Schöne Pampa. Spaß macht das.

Kein Handy, keine E-Mails. Einfach Leben im ursprünglichen Sinn des Wortes. Wir hatten sie noch im Osten, diese ganz andere Lebensgeschwindigkeit, die Zeit ließ, zu erleben, sich umzuschauen und nachzudenken. Und zu genießen, was möglich war.

Liegt nicht gerade darin das Geheimnis des Glücks? Nicht

immer nur auf das große Ganze zu gaffen und auf das, was man nicht hat, sondern im Alltäglichen das kleine Jubelgefühl finden zu können? Wir erlebten das. Das sind die Chancen in einer Gesellschaft, die nicht viel zu bieten hat. Wir Ossis nutzten sie. Verstehen, sie zu nutzen.

Leben – das bedeutete damals Muße anstatt Betriebsamkeit. Zeit für Liebe, Zeit für Melancholie, Zeit für Menschlichkeit. Wir kannten nicht die hektische Geschäftigkeit West und das Diktat der 24-Stunden-Effizienzmühle. Im Mangel hatten wir den Luxus, die Zeit außer Acht zu lassen.

Spaßige Zeiten. Schön war das.

Auch wenn der Wessi mit seinem flüchtigen Blick so was nur als Faulheit interpretieren kann.

Moment mal, wie guckt der eigentlich? Sieht der in der Zeit nur das Geld? Je schneller, je mehr.

Beschleunigter Wessi. Gemächlicher Ossi.

Auch wir kamen in Richtung Hochgebirge nur langsam voran. Immer nur so weit, wie uns die Eselskarren oder andere alternative Mitfahrgelegenheiten beförderten. Am Ende kletterten wir rauf auf den Musala, einen Fastdreitausender, bestiegen den höchsten Berg auf dem Balkan. In Jesuslatschen, der üblichen Fußbekleidung Ost für unternehmenslustige Bergsteiger. Eine leichte, aber robuste Sandalette.

Was für ein Fest, in der prallen Gipfelsonne plötzlich im Schnee zu stehen. Wieder Kind zu werden und mitten im Sommer einen Schneemann zu bauen. Ja, es gab dieses gute Leben im falschen System. Und es trug über den Urlaub hinaus. Erlebnissatt sind wir dann doch wieder in die DDR zurückgekehrt. Die Flucht haben wir uns für andere Zeiten aufgespart.

Daheim im finsteren Ostalltag wechselten die Einladungen zu fröhlichen Dia- oder Fototreffen. Natürlich in den eigenen vier Wänden. Wo sonst? Restaurants, Cafés oder Clubs hatten wir ja kaum. Sie als Treffpunkt zum Erzählen der sehr persönlichen Erlebnisse zu wählen wäre im Überwachungsstaat auch viel zu gefährlich gewesen. Jeder ahnte: Stasi hört mit!

Außerdem war es gemütlich zu Hause auf durchgesessenen Sesseln bei Kerzenschein, selbst wenn sich die Wohnung meist nur über zwei Zimmer erstreckte. Und das Plumpsklo zum Erleichtern eine Treppe tiefer lag, im kalten Hausflur. Warum sich die Ossis übrigens meist nur nach dem Kacken die Hände waschen? Weil das Plumpsklo eben nur ein Klo und kein Bad oder gar Gäste-WC mit Gästewaschbecken war. Um sich die Hände zu säubern, hätte man also wiederum nicht nur eine Treppe hoch, sondern dort in die Küche gehen müssen. Sich da noch lange aufzuhalten hätte wertvolle Zeit gekostet, man hätte etwas von der spannenden Erzählung verpasst. Das war zu schade. So haben wir Ossis unsere Prioritäten gesetzt.

Eklig? Na und. Die Verbreitung diverser Krankheiten und insbesondere von Allergien hat im östlichen Teil Deutschlands erst nach der Wende zugenommen und sich in nur zehn Jahren dem Weststandard angepasst. Die Immunisierung mag offenbar die Schmuddelkinder und keine aseptische Sagrotan-Kultur. Ostler haben sogar die besseren Zähne. Da allerdings rätseln die Forscher noch, warum. Manche behaupten, es läge am öfter geübten Sich-Durchbeißen.

Die Wohnung jedenfalls, wer immer sie hatte, die Privatheit der eigenen vier Wände war eine wunderbare Nische in der Diktatur. Was haben wir geredet und gefeiert dort. Auch das Bett war nicht weit. Und wie romantisch kann eine Nacht im Dachgeschoss mit halb kaputtem Fenster sein, das den Blick auf den Vollmond freigibt. Selbst im kalten Winter, wenn die Erkältungsgefahr erst recht dafür spricht, möglichst schnell unter der dicken Bettdecke zu verschwinden.

Der Wessi denkt da sofort an Sex. Ja, den hatten wir auch,

aber wir brauchten nicht gleich und nicht immer die stärksten Reize, um etwas zu spüren. Der Ossi spielt auf einer breiten Klaviatur des Sich-näher-Kommens ...

Dafür haben wir sie geliebt, die DDR, und verwahren uns gegen die Herabsetzung unserer Biografien mit platten Pauschalurteilen.

Greifen wir zu einem anderen Aspekt: die Neugier der Ossis bis hin zum »Gugge mol dao«. Was haben wir nicht auf uns genommen, um auch als Sachsen in den achtziger Jahren die Ausstellung der Brücke-Maler in Berlin zu sehen. Sind zu fünft im kleinen Trabi in die Metropole des Ostens getuckert, haben stundenlang Schlange gestanden und dabei darüber spekuliert, welche Schätze uns erwarten würden. Uns ausgetauscht, wer alles ein expressionistischer Maler war.

Dass Bücher eigentlich Schätze sind, war uns Ostdeutschen bekannt. Viele waren verboten und wanderten unter der Hand von Hand zu Hand. Ob »Farm der Tiere« von George Orwell oder Hermann Hesses »Glasperlenspiel«. Wir haben jedem Satz, nahezu jedem Wort Beachtung geschenkt. Tage- und nächtelang gelesen, was meist nur für kurze Zeit geliehen war.

Und nicht verstanden, würde der Wessi hier sicher gern ergänzen. So wenig begreift er. Denn Texte ernst nehmen, sie auf Inhalt zwischen den Zeilen befragen, so macht man das mit verbotener Literatur. Zensur hat auch hier – wie so oft schon in der Geschichte – ihr Ziel verfehlt, letztlich das eingeschränkte Volk belesen gemacht. Das Verbotene reizt nun mal.

Daher, liebe Wessis, konnten wir nicht nur lesen. Wir waren von klein an geübt darin, die Botschaften in den Geschichten zu verstehen.

Dennoch verkündet der Wessi gern ungeniert, dass wir Ossis dumpfe Backen sind. Er weiß nichts davon, dass wir früher, infolge der merkwürdigen Planwirtschaft, sogar einen Auspuff gegen Theaterkarten tauschten. Darauf wäre der Wessi nie gekommen.

Oder der ostübliche Tatendrang. Es ist eine herausragende Leistung, in einer Mangelwirtschaft das tägliche Leben zu organisieren, den Mangel zu kompensieren. Ja, die gegebene Knappheit sogar durch gezielte Vorratshaltung zu überlisten. Das sind Qualifikationen, bei denen die besondere Anerkennung durch die Kultusministerien bis heute noch aussteht. Bananen besorgen, obwohl es keine gibt. Kohlen und Kartoffeln einlagern, so dass man über den gesamten Winter kommt. Oder Ersatzteile, Strumpfhosen, Schallplatten (!) bunkern, die sich für diverse Tauschgeschäfte eignen könnten, gewusst wo und wie. Wir waren eine Truppe von emsigen Jägern und Sammlern, na klar!

Und noch etwas: Der aufwendige Prozess des Erwerbens hat uns die Trophäen der Jagd wertvoll gemacht. Wir wussten das, was wir hatten, auch zu schätzen.

Nicht selten haben wir sogar – unverwüstlich, wie wir sind –, prostend auf die Not, noch unsere Witze gemacht. Einen erzählen? Also: »Trifft ein Arbeiter den anderen. Und der hat einen Trauerkranz unterm Arm. ›Oh, wer ist denn gestorben?‹ ›Na, niemand. Aber es gab grade welche!‹«

Oder den: »Keine Bretter für die Laube, / keine Nägel, keine Schraube, / für den Hintern kein Papier, / aber einen Sputnik haben wir.«

Ein Vers, der die Freunde in der Sowjetunion, die hart um die Eroberung des Weltraums kämpften, nicht wirklich amüsierte.

Aber so sind wir Ossis. Probleme werden bei uns zu Lösungen oder zumindest zu Ersatzlösungen, und selbst aus dem »Nischt« können wir was machen.

Wir hatten zwar nicht genügend Geld, um unsere grauen Häuser, die dem Staat gehörten, zu renovieren. Dafür haben wir die Datsche (für Wessis: ein Wochenendhaus) kreiert, die es von der Gießkannendusche bis hin zur selbst gezogenen Dattelpalme an nichts vermissen ließ. Das alles steht für die Findigkeit und das Bedürfnis nach Beschäftigung bei den Menschen in Ostdeutschland. Kreativ, improvisierend, Ärmel hochkrempelnd statt leidend.

Das übersieht der Wessi gern, denn was im Alltag geschah, steht nun einmal nicht als Kathedrale herum. Von der alltäglichen Kunst des Überlebens in der DDR ist heute kaum etwas sichtbar. Aber würde der Ossi herausgefordert, könnte er diese Fähigkeiten ganz sicher erneut zeigen.

Auch Werte wurden in der DDR geschaffen, von denen leider nur die wenigsten in die gesamtdeutsche Realität aufgenommen worden sind: Betriebskindergärten, Polikliniken, der grüne Abbiegepfeil, nur zwölf Jahre bis zum Abitur. Manches davon ist euch Wessis ja zumindest vom Hörensagen bekannt. Ansonsten aber kommt ihr und moniert, dass wir nicht einmal den aufrechten Gang draufhaben ...

Solche, pardon, gequirlte Jauche schreibt der Wessi von der Tageszeitung bis zum Magazin, ungeprüft und undurchdacht. Denn was, bitteschön, stellt er sich dabei vor?

Habt ihr etwa die Entwicklungsskala des Affen vor Augen, vom gebückten Hocker bis zum fast geraden Gang, und genau da – unterhalb der Entwicklungsstufe zum Menschen – siedelt ihr uns Ossis an? Denkt ihr, dass wir auf allen vieren durch die DDR gehumpelt sind, ab und zu hangelnd von Baum zu Baum, wenn es Südfrüchte gab? Glaubt ihr, unser einziges Vergnügen sei es gewesen, uns die Läuse aus dem Pelz zu kratzen und dabei Grungellaute auszustoßen?

Da ist sie also wieder, die Zooperspektive, die einzige, aus der sie uns anzusehen gelernt haben. Eigentlich müssten wir hier, wie früher auf dem Jahrmarkt, Geld fürs Begaffen verlangen.

Den Marktschreier höre ich schon rufen: »Seht mal her, da steht er, unser Ossi-Peter.« Wessis bilden sich noch immer ein, wir säßen wie seltene Tiere hinter Gittern. Dazu da, sie zu belustigen. Dafür gut, uns mit Soliobst zu füttern oder abzuspeisen.

Ist aber eigentlich mit der Herkunft West der aufrechte Gang schon garantiert? Gibt es nicht gerade im Land der Hierarchien und des Machtgeklüngels eine Horde sich duckender, krummverknöcherter Emporkömmlinge? Die dickfüßig vom Treten nach unten, wo man nichts zu befürchten hat, mit merkwürdig verzerrtem Affengesicht nach oben grüßen? Und ist es nicht gerade dieses Exemplar West, das nach der Wende schnell und bevorzugt den Osten bevölkert hat?

Und denen haben wir kurz vorm Stillstand ihrer eigenen Wirtschaft auch noch Autos, Videorekorder und jede Menge Baumarktkram abgekauft.

Damit haben sie sich eine goldene Nase verdient. Nein, nicht wirklich verdient, aber dazugewonnen, abkassiert. Wir Ossis haben im Überschwang des neuen Besitzerglücks sofort bezahlt, haben viel mehr als nur das Begrüßungsgeld wieder auf den Tisch gelegt.

Aber das will der Wessi nicht wahrhaben, tut so, als wenn nur er immer gegeben hätte: viel zu großherzig, aus lauter Vertrauen ganz auf Kontrolle verzichtend, der Grundgute.

Ha, ha.

Was er als Gegenleistung so alles bekam – verdrängt.

Und damit das auch ja niemand merkt, geht er mit Ossimäkeleien in die Offensive. Hängt den militanten Tarnmantel aus dicker Kritikerwolle über all das, was nach seinem Weltbild nicht sein darf. Frei nach dem Motto: Angriff ist noch immer die beste Wessiverteidigung.

Ging lange gut.

Nun sind wir hellhörig geworden.

Brüder und Schwestern: Wir können auch anders!

Denn wenn ihr weiter so über uns jammert, dann fahren wir in Zukunft wieder in unseren alten Kisten herum, genauso langmütig und stur wie früher in unserem Trabant. Uns macht es nichts aus, zehn Jahre auf ein neues Auto zu warten. Das ist für uns nicht sehr viel mehr als die Wiederholung einer längst gelernten Übung.

Und damit basta.

Ossis sind hart im Nehmen. Täuscht euch nicht in uns. Wir brauchen eure Westschlitten nicht, aber ihr jemand, der sie euch abkauft.

Und wenn der Wessi demnächst tatsächlich ankommen und Begrüßungsgeld als Eintritt in sein Konsumreich fordern sollte, so, wie es der Wessischreiber angeregt hat, dann kassieren wir von ihm umgekehrt bei jedem Spaß, den er sich im Osten und auf unsere Kosten macht, Vergnügungssteuer. Er wird sie zahlen, denn er weiß, was der Osten wert ist.

Und fast zum Schluss von Kapitel eins noch die Gegenfrage: Was habt ihr eigentlich zu bieten?

»Lust auf Lustgewinn prägte uns«, schreibt unser Wessi.

Was ist daran lustig, wenn nach Lust gierende, dabei sabbernde Wessis inzwischen eher übersättigt und verkrampft auf neue Höhepunkte warten, weil sie durch den jahrzehntelangen Überfluss, nunmehr angefüllt mit Überdruss, erlebnisunfähig sind?

Und bleiben wir sinnlich. Worüber durften wir im Vortext lesend staunen: »Wessis dufteten«.

Das ist wahr. Nur wie?

Nicht selten wie eine Möchtegerndiva mit viel zu viel »Opium« oder gar »4711« auf der ausgedörrten Haut.

Mit »Tosca« kam bei ihnen die Zärtlichkeit, das wurde selbst über die Zonengrenze hinweg als Werbebotschaft präsentiert.

Und ohne?

Und außerdem: Wer will diesen Geruch schon freiwillig in seinen vier Wänden, die jetzt, klar, drei bis vier Räume mehr umfassen, ertragen? Richtig, niemand, der noch gut riechen kann und auch sonst noch alle Sinne beisammen hat.

Wir Ossis, für unser Liebsein auch im Westen bekannt, die wir nicht die Kälte der egozentrischen Einsamkeit schon über so viele Jahrzehnte verinnerlicht haben, wir bergen in uns viel mehr Rückhalt. Wir wissen noch, wie das mit dem Gutsein von Mensch zu Mensch geht, weil die Umgebung nicht so freundlich war. Wie man sich zusammenrotten muss, um zu überstehen. Wir müssen uns nicht durch Gemeinsein profilieren.

Wir sitzen auch nicht träge in unserer Sattheit herum und wundern uns, dass es mit dem »Tischlein-deck-dich« nicht einfach so weitergeht. Wir haben uns dieses Kindertheater nur eine liebe lange Weile vorgaukeln lassen. Manche sind deshalb jetzt wütend, desillusioniert. Aber am Ende kommt der gelernte Ossi überall klar. Denn er bekam schon einmal nicht, was er wollte.

Und während der Wessi immer zuerst an »Dann kauf ich mir das eben« denkt, jetzt aber auch sparen muss und bald nicht mehr weiß, wie er das schaffen soll, kann der Ossi mit Herz und Verstand und einem Touch von gewohnter Gemütlichkeit überwintern, auch in den harten Zeiten von Hartz IV.

Das sagen wir natürlich nicht sofort – und nicht alles in Kapitel eins –, weil wir auch früher nicht gleich alles gesagt haben. Das wäre tödlich gewesen. Wir sind geübt im Schweigen und in der subversiven Verständigung, im So-tun-als-ob. Aber klammheimlich wissen wir längst Bescheid.

Deshalb gilt: Der Jammerwessi hat den Besserossi ganz sicher nicht verdient, aber er könnte einiges von ihm lernen.

2 **West** gegen Ost: Ihr verklärt eure DDR

Die DDR lebt. Ich treffe sie mitunter an überraschenden Plätzen und nicht nur in ihren Plattenbauten. In Waldheim, einst berüchtigt wegen der 1950 abgehaltenen Schauprozesse mit vielen Todesurteilen, gefürchtet wegen des Zuchthauses, in dem die Staatsmacht ihre Missliebigen einsperrte, heute berühmt für touristische Idylle und stolz auf die Erfolgsgeschichte des Kosmetikunternehmens Florena, stieg ich eines frühen Abends aus dem Regionalexpress und durchquerte den Bahnhof. Der Vorplatz war menschenleer bis auf ein einzelnes Taxi, das neben der Telefonzelle hielt. Der Mann am Steuer drehte die Scheibe runter, aber er wollte nicht etwa wissen, wohin es gehen solle. Er fragte nur: Kommen Sie aus dem Westen? Ich nickte. Da grinste er, man könnte das Grinsen zonig-verschlagen nennen, aber so grinsen sie auch im Westen, und sagte: Pech für Sie – dann nehme ich Sie nämlich nicht mit, kurbelte das Fenster hoch und fuhr provozierend langsam davon.

Der Besitzer des Hotels, in dem ich ein Zimmer reserviert hatte, entschuldigte sich, als er mich nach meinem Hilfeanruf abholte. Aber es gab nichts, wofür er sich hätte entschuldigen müssen. Er konnte ja nichts dafür. Ossi ist nicht gleich Ossi, so wie Wessi nicht gleich Wessi ist. Darauf einigten wir uns. Danach lachten wir bei einem Bier den Vorfall weg.

In den ersten Jahren nach dem Fall der Mauer gab ich bei Diskussionen den verständnisvollen Verwandten aus dem Westen. Wenn die Zonis sich einbrachten, was oft quälend lange dauerte, weil sie das, was sie zu sagen hatten, schon immer mal hatten sagen wollen, bis zur Wende freies Reden aber verboten war, unterbrach ich sie nicht und hörte zu. Die hatten schließlich einen gewaltigen Nachholbedarf und den nicht nur in ihrer Infrastruktur – Straßen, Telefonnetz, Fassaden –, sondern eben auch in Ausübung ihrer vom jetzt gültigen Grundgesetz gesicherten Rechte. Auch dem Recht der freien Rede.

Früher waren allenfalls ihre Gedanken frei, doch auch die nur dann, solange sie alle für sich behielten. Jetzt schenkten sie ihnen wortgewaltig die Freiheit. Unter die vom Druck der Obrigkeit Befreiten mischten sich aber in einem schleichenden Prozess der Normalisierung mehr und mehr diejenigen, die einst im Namen der Obrigkeit die Freiheit unterdrückt hatten. Je verdorrter die Landschaften, desto blühender klitterten sie sich die Vergangenheit. Es hatte den Parteibonzen nach dem Zusammenbruch ihres maroden Systems offenbar nur kurzfristig die Sprache verschlagen.

Anfangs waren die Lacher auf meiner Seite, wenn ich die erkennbar – schwarze Weste, Herrentäschchen, Kreppsohlen – Wiederauferstandenen scheinbar blauäugig fragte, für wen sie denn alles so eifrig mitschrieben, was hier gesagt wurde, es gäbe doch gar keine Stasi mehr, die ihnen ihre Notizen abnimmt. Da fühlten sie sich ertappt und wurden rot und setzten sich unter dem höhnischen Gelächter der anderen mit grimmiger Miene wieder hin.

Sie hatten keine Macht mehr. Konnten nicht wie früher mit Verhaftung und Prozess und Urteilen drohen. »So beschämend es ist, dass in der jungen Bundesrepublik unter Verstoß gegen das verfassungsrechtliche Prinzip der Meinungsfreiheit Kommunisten wegen ihrer Meinungsäußerungen verfolgt wurden, so muss man doch die gravierenden Unterschiede sehen, die es zur politischen Justiz der DDR gab, nicht nur was ihr Ausmaß und die Intensität der Strafen anging. Die Justiz der DDR empfand sich – anders als die in der Bundesrepublik zumindest von den sechziger Jahren an – nicht als ein Instrument zur Kontrolle von Macht, sondern stets als eines zur Durchsetzung von Macht«, stellt Professor Rainer Schröder von der Berliner Humboldt-Universität in einem Aufsatz über die Justiz in den deutschen Staaten seit 1933 fest. »Die Strafen, die hier ausgesprochen wurden, nachdem die Staatssicherheit ermittelt hatte, waren drakonisch. Die Vollstreckung von einer Härte, die sich nicht sehr von der Strafvollstreckung im Dritten Reich unterschied. Die Richter [...] vollzogen die Anordnungen der Staatssicherheit und der Partei in striktem Kadavergehorsam.«

Wie im Dritten Reich? Wie im Dritten Reich.

Vergleichbar sind die beiden Diktaturen auf deutschem Boden dennoch nicht. Die Deutschen in der ersten hatten sich ihre Henker selbst gewählt. Die Deutschen in der zweiten durften nie frei wählen. Die Hitlerpartei machte Menschenvernichtung und Rassenhass zum Programm und setzte es brutalstmöglich um. Die SED-Funktionäre gaben vor, den Menschen zu achten, zerstörten aber in ihrer Gleichmacherei seine Würde und predigten den Klassenkampf. Ein Unterschied wie zwischen Tod und Leben.

Und doch: War es etwa nicht wahr, dass es in diesem Leben keine freie Presse gab und keine demokratischen Wahlen? War es etwa nicht wahr, dass die Schnüffler der Staatssicherheit jeden Abweichler von der allein selig machenden Lehre denunzierten? War es etwa nicht wahr, dass menschenverachtend und gnadenlos – die Wismutregion und die um Bitterfeld nur als Beispiele von vielen – die Flüsse vergiftet und die Luft verpestet und die Wälder vernichtet wurden? War es etwa nicht wahr, dass die SED Städte und Dörfer und Fabriken zu Ruinenlandschaften herunterwirtschaftete?

War es etwa nicht wahr, dass noch im Oktober 1989, wenige

Tage vor dem Zusammenbruch der DDR, nicht nur in Dresden, Hunderte von friedlichen Demonstranten auf offener Straße verprügelt, getreten, gejagt, über Nacht in ungeheizte leere Pferdeställe gepfercht wurden, um am Morgen, wie es im herrschenden Jargon hieß, den entsprechenden Organen »zugeführt« zu werden?

War es nicht wahr, dass in den vierzig Jahren DDR mehr als tausend Menschen ihr Leben verloren, weil sie von den uniformierten Wächtern des sozialistischen Garten Eden auf deutschem Boden erschossen wurden, als sie über die Mauer klettern oder den Todesstreifen durchqueren wollten? War es etwa nicht wahr, dass diejenigen, die bei der Republikflucht erwischt wurden, für viele Jahre in den Knast wanderten, dass es keine Berufung gegen die Verurteilungen gab? War es etwa nicht wahr, dass man zum Ruhme dieses Vaterlandes Sportler auch ohne deren Zustimmung mit Dopingmitteln voll stopfte?

War es etwa nicht wahr, dass die Staatsorgane Bücher zensierten und eine Veröffentlichung von ihrem Segen abhing? War es etwa nicht wahr, dass die Verherrlichung des Sozialismus die einzig erlaubte Freiheit der Kunst blieb? War es etwa nicht wahr, dass Dissidenten mit Berufsverbot bestraft, ihre Familien in Sippenhaft genommen und ihre Biografien zerstört wurden? War es etwa nicht wahr, dass keiner dem anderen trauen konnte, weil er nicht wusste, ob der ein Spitzel war? War es etwa nicht wahr, dass die Ostdeutschen von der Wiege bis zur Bahre – beides übrigens gab es meist nur durch Beziehungen – ins Kollektiv gepresst wurden?

War es etwa nicht wahr, dass ihre Planwirtschaft unfähig war, die staatlich geführten Läden mit dem Notwendigsten zu versorgen, ganz zu schweigen von sozialistischen Luxusgütern wie dem Pappkameraden Trabant, auf dessen Lieferung die Zonis zehn Jahre lang warten durften? War es etwa nicht wahr, dass beim

Besuch von Michail Gorbatschow zum 40. Jahrestag der DDR am 7. Oktober 1989 Tausende und Tausende von schlagkräftigen Bütteln die Strecke vom Flughafen in die Hauptstadt der DDR sichern mussten, damit bloß keiner vom Volk dem sowjetischen Reformer zu nahe kommen konnte?

Genau so war die DDR noch wenige Tage vor ihrem Ende, sagte ich ihnen, genau gegen diese Typen habt ihr euch auf die Hinterbeine gestellt. Jetzt mischen die sich wieder unter das von ihnen einst bekämpfte Volk, als hätten die immer zu euch gehört. Und weil es Fakten waren, widersprachen sie mir nicht. Wie auch. Sie wussten ja selbst am besten, wie es gewesen war, als sie endlich beschlossen, sich nichts mehr gefallen zu lassen.

Widerspruch gab es nur bei meiner Behauptung, auch früher habe es Arbeitslosigkeit gegeben, die sei nicht erst von uns Wessis ins Land gebracht worden. Daraufhin erzählte ich ihnen von sozialistischen Spähtrupps, wie sie von Eingeweihten damals zynisch bezeichnet wurden, eine Arbeitsbeschaffungsmaßnahme (ABM) unter anderen Vorzeichen. Die so Genannten wurden in Volkseigenen Betrieben eingesetzt, um nach brauchbaren Ersatzteilen bis hin zu Schrauben zu suchen, falls in einem anderen Betrieb mal wieder eine der veralteten Maschinen ausgefallen war. So betrachtet hatte tatsächlich jeder Arbeit.

Doch nach jeder Reise in die neuen Länder kehrte ich wessiger in meine alten zurück. Die Ossis wurden bockiger, mit steigender Arbeitslosigkeit, diesmal der real vermeldeten, der sichtbaren, der am eigenen Leib erfahrenen. Sie reagierten mit anwachsender Enttäuschung auf die großen Worte der Politiker. Fanden außer den grünen Pfeilen an den Ampeln und den Polikliniken und den Kindertagesstätten immer mehr, was ihre Ostzone doch lebenswert gemacht habe.

Die rhetorische Frage, warum sie denn dann so bewundernswert mutig revoltiert hatten im Deutschen Herbst 1989, wenn doch alles nicht so schlimm gewesen sei, stieß ab Ende der neunziger Jahre auf feindliches Schweigen. Fehlte nur der Vorschlag, ich solle doch gleich wieder nach drüben gehen, was man von dort ja zur Genüge kannte, als einst die herrschenden Greise ihre Kreise gestört fühlten.

Jetzt wurde auch ich bockig. Lobte meinen Westen und zerlegte ihren Osten. War nicht mehr bereit, sie von ihren alten Zeiten labern zu lassen, verhöhnte sie als schwer erziehbare Kinder, die zwar keinen züchtigenden Familienvater mehr über sich wollten, aber doch gern einen Patriarchen, der sie einerseits vor den kalten Winden der Marktwirtschaft schützte und ihnen andererseits erlaubte, deren Errungenschaften voll auszukosten. Gegen ihre sentimentale Verklärung der DDR setzte ich kalte Aufklärung über die Zone. Daraufhin nannten sie mich gefühllos, und ich warf ihnen vor, sich angesichts dessen, was Fakt war, lächerlich zu machen.

Eigentlich hätte es anders kommen müssen, hätten wir uns zusammenlachen sollen. Das mit dem befreienden Lachen funktionierte nur am Anfang unserer Beziehungen. Obwohl sie sich gegenseitig oft die guten bitteren Witze des Ostens erzählt hatten, falls sie sicher sein durften, dass keiner ihrer besonderen Landsleute mithörte, lachten sie sich endlich laut eins, wenn einer von den Scherzen öffentlich gemacht wurde. Beispielsweise: Was macht ein Franzose, der eines Tages überraschend nach Hause kommt und seine Frau mit einem Fremden im Bett erwischt? Er geht in die Küche, holt sich ein Messer und sticht den ab. Was macht ein Engländer in einer vergleichbaren Situation? Er holt seinen Revolver und erschießt sich. Was macht ein Ossi? Stellt sich in die Schlafzimmertür und brüllt: Seid ihr völlig verrückt geworden? Ihr vögelt hier rum, und im HO-Laden gibt es Spargel.

Aber ich konnte schon nicht mehr lachen, als mir zum Beispiel in einem Hotel in Dresden eine Zerbera zum Pool, der wahrscheinlich mit Zuschüssen aus dem Steueraufkommen West finanziert worden war, den Zutritt verwehrte und mich anherrschte: Zimmernummer? Als habe sie wie einst in Bautzen Befehlsgewalt. Ich konnte nicht mehr so recht lachen, als mir ein guter Freund berichtete, dass in einem Museum auf dem Truppenübungsplatz Altengrabow Militärgeld gezeigt wurde, das die Nationale Volksarmee ausgeben wollte, nachdem sie den Westen des Vaterlandes, also uns, erobert hätte. Ich konnte nicht mehr so recht lachen, als die nicht nur über Helmut Kohl lästerten, was mich nicht wirklich störte, denn damals bei der ersten gesamtdeutschen freien Wahl haben *die* ihm zum Sieg verholfen, nicht *wir*, sondern ihn auch noch verglichen mit ihrem letzten Häuptling Erich Honecker. Nie hatte ich mir vorgestellt, dass ich mal Kohl in Schutz nehmen müsste.

Natürlich gab es auch angenehme Gespräche. Da tauschten wir uns aus über unsere verschiedenen Vergangenheiten und hörten einander zu. Denn so beispielhaft war unsere Geschichte West ja nicht immer gewesen.

In jenen Zeiten, da jeder wusste, wohin er gehörte, hieß bei uns die DDR noch Sowjetische Besatzungszone (SBZ). So wurde das fremde Land bezeichnet, in dem der Feind herrschte: Kommunisten, geprägt von deutschem Untertanengeist. Normale Bewohner der Zone waren Landsleute und wurden sieben Tage pro Woche, auch und vor allem sonntags, unterdrückt. Das lernten wir im guten Deutschland in der Schule, aber als wir Nachkriegskinder in die Pubertät kamen, nannten wir die Zone trotzig DDR, um alle Politspießer West zu ärgern, die stur bei Zone blieben oder die DDR nur in Gänsefüßchen wahrnehmen wollten.

Im bösen Deutschland wimmelte es systemimmanent natürlich von Marxisten. Da die sich mitunter geschickt als Dichter tarnten – Brecht, Seghers, Zweig –, galt es, wachsam zu sein. In jedem Gedicht von denen konnte ein Aufruf zum Klassenkampf stecken. Deshalb blieb Lehrern in den Westzonen – wir hatten drei Zonen, die nur eine! –, die den Kampf in den Klassen an vorderer Front führen mussten, kaum Zeit, um über ihre eigene Schuld zu sprechen oder die ihrer Väter. Sie behielten ihr Feindbild Moskau und wuschen sich den braunen Pelz.

Da angeblich fast alle Hüben-Deutschen heimlich im Widerstand waren gegen Hitler und ihre jüdischen Mitbürger unheimlich höflich grüßten, bevor die verschwanden, nannten sie die Drüben-Deutschen rot lackierte Faschisten, was schlau war, denn so wurde die eigene Vergangenheit entsorgt. Hüben war am liebsten behauptet worden, ein gewisser Adolf Hitler habe im Namen Deutschlands gemordet. Was so klingen sollte, als hätten der Österreicher und ein paar Staatsterroristen die Deutschen missbraucht und deren Protest, der sich bekanntlich massenhaft in ausgestreckten Armen zeigte – Moment mal! So nicht! –, ignoriert.

Mehltau und Kleinbürger statt Braunkohle und SED-Funktionäre, Spießer und Neureiche statt Stalinisten und Proletarier: Die fünfziger Jahre, die Pubertät der Bundesrepublik, von denen drüben BRD genannt, sind ebenfalls durch Lebenslügen geprägt, obwohl es freie Wahlen gab und freie Presse und morgens der Milchmann klingelte – den gab es damals noch – und nicht irgendein Finsterling von der Stasi.

Wenn die drüben 1989 nicht den Aufstand gewagt hätten, diesmal wirklich das Volk und nicht nur wie 1953 die Arbeiter, würde sie heute noch existieren: die als Paradies der Werktätigen getarnte Ostzone. In der DDR hatten sie übrigens auch eine Lebenslüge, um mit der Vergangenheit fertig zu werden. Die da lautete, Nazis seien ausschließlich in der BRD wieder zu Amt und Würde gekommen. In der DDR sei Antifaschismus ein Menschenrecht. Allerdings das einzige, wie sich nach der Wende erwies, als mehr über den größten eingetragenen Verein der Zone, die Stasi, bekannt wurde.

Die herrschende Moral war in beiden deutschen Staaten die Moral der Herrschenden, und wer ihr nicht entsprach, wurde hier zwar nicht eingesperrt wie dort, aber gesellschaftlich geächtet. Die Westdeutschen setzten Demokratie mit Wohlstand gleich. Sie hatten genug zu essen und zu trinken, bald jede Familie ein eigenes Bad und ein Klo, konnte mit der harten und hart erarbeiteten D-Mark alles Mögliche und auch Unmögliche kaufen, im Urlaub nach Rimini fahren, sogar im eigenen VW, und hatten noch genügend im Sparschwein, um Pakete mit abgelegten Kleidern und alten Keksen nach drüben zu schicken. Sie lebten aber, bei aller Freiheit, genauer betrachtet in einer Demokratur unter den gütigen Fittichen von Konrad Adenauer, dem alles östlich der Elbe höchst suspekt war, und noch lange nicht in einer aufregend lebendigen Demokratie, was aber keinen so recht störte.

Wolfgang Koeppen hat in seinem Roman »Das Treibhaus« jenen Mief der frühen Jahre am Beispiel der Hauptstadt Bonn gnadenlos klarsichtig beschrieben: typisch deutscher Untertanengeist. Schon wieder erwachender Nationalismus nach dem Motto, dass nicht alles schlecht gewesen sei, was früher war (was uns heute ziemlich bekannt vorkommt, siehe Zonengejammer). Die Mitläufer schon wieder etabliert: »Ich hisse heute diese Fahne und morgen die andere Fahne. Ich erfülle meine Pflicht.«

Das war nicht nur so in der Politik und an den Hochschulen und in der Justiz und in der Verwaltung und erst recht im Auswärtigen Amt und in der Wirtschaft, wo es so genannte Wirtschaftsführer gab, die schon zu Führers Zeiten die Wirtschaft führten. Von 1042 Herren, die noch drei Jahre vor Kriegsende im Vorstand oder Aufsichtsrat der fünfzig größten Industrieunternehmen regierten, waren bereits 1953 knapp vierzig Prozent wieder Spitze in der Marktwirtschaft. In Bonn saßen an Adenauers Kabinettstisch hochrangige Ex-Nazis – Theodor Oberländer, Hans

Globke –, vergleichbar Figuren wie Erich Mielke oder Hilde Benjamin bei Ulbricht und Honecker. Reinhard Gehlen, bis 1945 Chef der Heeresspionage Ost, leitete danach den bundesdeutschen Auslandsgeheimdienst, den späteren BND. Professoren hatten braunen Mief unter den Talaren und predigten der nächsten Generation Staatstragendes.

Falls bei uns schon 1968 Olympische Spiele stattgefunden hätten und nicht erst vier Jahre später, wäre die Jugend der Welt begrüßt worden vom ehemaligen NSDAP-Mitglied Kurt Georg Kiesinger, Kanzler der Großen Koalition. Auch zu den Herren von der vierten Gewalt, den Journalisten, gehörten viele, die gewaltig für Goebbels getrommelt hatten und jetzt behaupteten, zwischen ihren Zeilen Widerstand geleistet zu haben. Auch hier zu Lande liefen viel zu lange und manche nie bestraft »zu viele Mörder frei und frech« (Heinrich Böll) herum.

Die westdeutsche Demokratie, die uns ans Herz gewachsen ist wie eine große Liebe, begann nicht etwa 1949 mit freien Wahlen – zum gleichen Zeitpunkt wurde mit der Gründung der DDR schon die nächste deutsche Diktatur errichtet –, sondern eigentlich erst siebzehn Jahre nach der Befreiung, und das Geburtsdatum kann wieder an einem Tag festgemacht werden. Es war der 26. Oktober 1962, an dem die Staatsmacht, vertreten durch die Herren Strauß und Adenauer, in einer für andere Zeiten typischen Nacht-und- Nebel-Aktion versuchte, den aufmüpfigen »Spiegel« mundtot zu machen.

Das war der Tag, an dem die von den Alliierten beschlossene Westrepublik unsere Republik, unser Staat wurde und wir seine Bürger. Diese Staatsbürger standen auf und demonstrierten und protestierten so lange, bis Franz Josef Strauß aus dem Amt und »Spiegel«-Gründer Rudolf Augstein aus dem Untersuchungsgefängnis entlassen wurden. Frank Schirrmacher, Herausgeber der konservativen »Frankfurter Allgemeinen Zeitung«, über Rudolf

Augstein: »Ohne ihn wären wir andere geworden. Wir würden anders reden. Wir würden anders schreiben. Wir würden anders denken.«

Danach war nichts mehr wie früher. Nun war aus der Demokratur eine Zivilgesellschaft geworden. Aus deutschen Kleinbürgern wuchsen aufgeklärte Citoyens und Citizens. Der Biedermeierstaat mit metternichscher Prägung hatte sein gehorsames Volk verloren. Die Regierung versuchte vergebens, sich ein anderes zu suchen, das ungehorsame Volk suchte sich, typisch für eine Demokratie, bei nächster Gelegenheit eine andere Regierung. Der Muff unter den Talaren der Richter und der Pfaffen und der Professoren entwich. Die Luft wurde klar, der Himmel sichtbar, das Atmen fiel leicht.

Da begann die Affäre zwischen Volk und Demokratie. Eine voller Leidenschaft. Die Republik West begründete ihr Sosein nicht mehr dadurch, dass man die Kommunisten im Osten bekämpfte, den Wohlstand mehrte, die schnellen Glitzerwerte des *American way of life* begehrte. Es gab jetzt andere Werte, die zu verteidigen lohnte.

Bundeskanzler Willy Brandt, der erste SPD-Mann an der Regierungsspitze eines Staates, den wir unser Land nannten, verkörperte als Emigrant den endgültigen Bruch mit der Vergangenheit. Er versprach nicht das Übliche – keine Experimente, Wohlstand für alle –, sondern mehr Demokratie. Das richtige Wort zur richtigen Zeit. Dafür verehrten wir ihn. Als er gehen musste, waren die Pflanzen, die er gesät hatte, schon stark genug, um Dürren zu überleben.

Auch als Helmut Kohl regierte, sechzehn Jahre lang, waren die bürgerlichen Freiheitsrechte nie gefährdet.

Der westliche Teil Deutschlands wurde bis zur Wende geprägt von einer Generation, die sich in ihren jungen Jahren vom Mehltau der fünfziger, ihren Vätern und Müttern und den anderen

Protagonisten der Demokratur befreit hatte, in der Wirtschaft wie in der Politik, in den Universitäten wie in der Kultur. Befreit fürs Leben. In einem solchen Rahmen wurde the *pursuit of happiness*, das Menschenrecht auf Glück, wie es so in der amerikanischen Verfassung steht, hier zum hedonistischen Streben nach persönlichem Glück, erzielt durch Arbeit und damit für alle Klassen je nach Lust und Laune bezahlbar, die eigentliche westdeutsche Art. Im Westen ließ sich gut leben, und lustig war es auch.

Wir wurden mit unserer Republik problemlos älter und blieben ihr treu. Hauten dazwischen, wenn es Rückfälle in obrigkeitsstaatliche Zeiten gab. Waren ihr nicht untertan, sondern zugetan. Nahmen das Leben mit ihr und in ihr als selbstverständlich hin, keiner großen Worte wert.

Bis Ossis begannen, unsere Republik madig zu machen und die ihre schönzureden. Dabei sollten die dankbar sein. Denn von unserem Mehrwert haben wir denen so viel rübergeschaufelt, dass ihre Straßen befahrbar wurden, ihre Luft sauber, ihre Städte schön, ihre Renten höher als die der Rentner hier.

Sogar ihre Lebenserwartung haben wir gesteigert, statistisch belegbar durch die normative Kraft der faktischen Zahlen. Seit der Wende nämlich leben die Ossis nicht nur besser, das ist Fakt, sondern auch länger.

Das Max-Planck-Institut für demografische Forschung in Rostock, also ein unverdächtiges aus der Zone und keines aus dem Westen, hat festgestellt, dass die Lebenserwartung der Ostlerin seit 1990 von 76,3 auf 81,2 Jahre gestiegen ist, die des Ostlers von 69,2 auf 74,2. Fast verschämt wird darauf hingewiesen, dass die Angleichung der Lebensumstände zwar noch nicht geglückt sei, wohl aber die der Lebensdauer. Westlerinnen leben nur noch läppische 0,2 Jahre länger als ihre Ostgenossinnen, im Vergleich der Männer sind es immerhin noch 1,2 Jahre. Die Frage, von wem eigentlich diese längere Lebensdauer finanziert wurde, muss ja nicht gestellt werden.

Oder etwa doch, Ossis?

FRÜHER ...

HEUTE ...

2 *Ost* gegen West: Ihr verklärt eure BRD

Alles oder *nichts*!

Nein, hier geht es um kein Gewinnspiel. Noch nicht einmal um die Wahl einer Alternative. Es geht um einen gravierenden Unterschied. Und zwar den, dass sich seit der deutsch-deutschen Wiedervereinigung für die Ossis alles, für die Wessis eigentlich nichts geändert hat.

Die Wohnung, der Arbeitsplatz, das Geld und seine Anlagen, die Autos und die Straßennamen – nichts ist mehr so, wie es der DDR-Bürger gewohnt war und über Jahrzehnte gelernt hatte. Hat sich jemand darüber beschwert? Nein, nicht wirklich.

Die meisten Ossis haben tapfer mit dem Wandel nach dem Wandel trotz des Wandels mitgehalten, sich informiert, ja sich beraten lassen. Was für eine Anpassungsleistung: Charles Darwin wäre begeistert.

Ossis sind vielfach mutiert und lebensfähig im Kampf der Auslese von konkurrierenden Evolutionseinheiten.

Im Westen dagegen ist fast alles so geblieben, wie es war, nur ein paar Renditeobjekte und Steuerabschreibungsmodelle sind dazugekommen, nicht zu vergessen der Solidaritätszuschlag. Den übrigens auch wir Ossis zahlen.

Schwindelig erregt schlägt Tante West die Hände überm Kopf zusammen, mit welchem Tempo die globalisierte Computerwelt ihr die Schreibmaschine nahm und noch so manch andere, lieb gewordene Gewohnheit.

»Vorwärts immer, rückwärts nimmer!« war dagegen ein Motto, das aus dem Osten kam.

Was also sollen wir nur mit euch Wessis anfangen, die ihr dermaßen veränderungsresistent seid, dass es neben der Mauer im Kopf keiner weiteren Betonanlagen mehr bedarf?

Während sich der Ossi in den Jahren nach der Einheit unerschrocken weiter- und umgebildet hat, wurstelte der Wessi schlicht – ganz schlicht! – so weiter wie bisher und wundert sich, dass der Anschluss nicht passt. Und schiebt es wem in die Schuhe? Klar, uns Ossis.

Doch die Oper ist bekanntlich erst aus, wenn die fette Sängerin gesungen hat. Schließlich gelten Flexibilität und Wandlungsfähigkeit als die entscheidenden Kompetenzen für alle, die in Zukunft mitgestalten wollen. Ossis voran, heißt es da.

Was war noch mal der größte Beitrag – oder Betrug? – des Westens zur Wiedervereinigung?

Genau: dem Osten das eigene und, wie wir jetzt wissen, marode System übergestülpt zu haben. Von der Suche nach neuen gemeinsamen Wegen, gar von fröhlicher Offenheit für Ungewohntes keine Spur.

Das Bunte leuchtet im Westen nur äußerlich. Hat lediglich auf Verpackungen, im Designershop oder auf Häuserwänden seinen Platz gefunden.

Woran das liegt?

Wohl daran, dass bereits der kleine, noch heranwachsende Wessi keine so tollen Helden wie Ernst Thälmann, Karl Marx oder Wladimir Iljitsch Lenin hatte.

Er hatte nur Mickey Mouse, Barbie und Superman oder sah und las koloniale Eroberungsgeschichten vom Wilden Westen, lernte sich an diesen zu orientieren. Und so hat er sich dann auch die Übernahme der DDR vorgestellt. Ging doch früher auch gut, dachte er.

Ein Herrenhäuschen an der Müritz oder am Potsdamer See, billige Arbeitssklaven aus der Region und ein bisschen Genmaisanbau auf der günstig erworbenen Plantage. Das ist doch ein Konzept, warum querulieren, meint der Wessi da und lästert über den Jammerossi.

Doch nun haben wir ihnen einen satten Strich durch die Rechnung gemacht. Das Herrenhaus ist steuerlich abgeschrieben und lohnt demzufolge nicht mehr. Die Arbeiter mit dem Dumpinglohn protestieren und nerven auf der Straße herum. Andere haben sich lieber dem Tröster Alkohol oder der Resignation als dem Bruder West zugewandt. Der wäre die schlechteste Wahl, meinen sie.

Im Osten also für den Wessi nichts Neues mehr, nur diese riesige Zahl von angeblichen Sozialschmarotzern. So starren sie jetzt auf die schicken Straßen und die sanierten Häuser im Osten, die – undankbarerweise – immer weniger Miete für sie abwerfen. Entdecken kaputte Fahrwege und Bauruinen immer mehr auch bei sich und haben es satt, wollen uns nicht mehr.

Mehr noch, nun hätten sie gern die ganze Aufbauhilfe Ost wieder zurück, um sie vor der eigenen Haustür zu investieren. Dabei machen sie ihre Rechnung ohne den Gesamtgesellschaftswirt. Weil das aber nicht geht, wünschen sie sich ihre gute, alte Bundesrepublik zurück.

Sie soll wieder so sein wie in feisten Wirtschaftswunderjahren, als die Hilfe noch von den Amerikanern kam. Ließ sich doch gut leben damals. Arbeitslosigkeit war kein Thema. Man holte sich Türken und Italiener, und die durften die Drecksarbeit machen. Mit den Gewerkschaften im Rücken handelte man super Arbeitsverträge aus. Es lebe der lustige Freizeitpark!

Die Haushaltskasse war voll, und so liebte es der sonst längst saturierte Wessi, sich neue Bedürfnisse durch die Lifestyleverheißungen der Werbung wecken zu lassen.

Und die Brüder und Schwestern im Osten?

Denen gab er das, was im Westen nicht mehr von Interesse war: abgetragene Klamotten, eine skurrile Ansammlung von merkwürdigen Werbegeschenken, die sinnlos Regale voll stopften, oder übrig gebliebene Schokolade, bei der das Verfallsdatum schon überschritten war.

Damit rückte der Wessi bei uns an und schwellte stolz die Brust, weil das so beschenkte Lebewesen aus der DDR auch noch unendlich dankbar für den ganzen Mist war. Kleine Michelinmännchen aus Plaste (für Wessis: Plaste = Plastik), Tischleuchten, die nicht wirklich gut standen, oder Schlüsselanhänger zum Beispiel.

Wer im Zonenstaat lebte, freute sich ein Loch in den Bauch, wann immer etwas aus dem Westen kam. Feierte ein Päckchen westlichen Billigkaffee, als fielen Ostern und Weihnachten auf einen Tag. Denn für uns Ossis gab es ja sonst nur den filterfertigen Kaffeemix mit Malz und Zichorie drin, auch »Honeckers Krönung« genannt. So schmeckte der auch, war obendrein viel zu teuer.

Was waren das dagegen für die materiell reichen und geistig armen Verwandten aus dem Nachbarland für tolle Zeiten, als man mit Zonengeld in der Tasche das Beste erstand, was der Osten zu bieten hatte: Meißner Porzellan, Antiquitäten, preiswerte Bücher, billiges Brot und billige Brötchen. Alles zum Spottpreis.

Da hat der Wessi vor den Augen des Ossis losgeplündert und mit der DDR-Währung um sich geschmissen, als wenn es Spielgeld wäre.

Hopsa, wie schön, ein Bundesbürger zu sein! Dieses Gefühl von Stärke und Überlegenheit. Diese Zeiten, in denen aus jeder Geste die Botschaft an den Osten kroch, dass man es drüben, im Schlaraffenland, viel besser und bequemer hat. Aber diese Zeiten sind jetzt vorüber, und denen trauert der Wessi hinterher.

Es war die Leipziger Messe, die der alten Handelsstadt immer eine Schwemme von Besuchern aus dem nichtsozialistischen Ausland bescherte. Im Wettbewerb mit dem kapitalistischen Feindsystem wollte man sich auf keinen Fall lumpen lassen, und so lagen plötzlich Bananen und Gurken in den ansonsten blassen Schaufenstern herum. Und in den Hotelbetten käufliche Frauen. Was passierte? Die ganze Familie Ost stand bei »Obst und Gemüse« an, der Westgast amüsierte sich. Und hatten wir dann nach Stunden in der Schlange das Kontingent von zwei Gurken und vier Bananen erstanden, durfte es nicht etwa heißhungrig verschlungen werden. Nein. Es wurde der Westverwandtschaft beim gemeinsamen Essen gereicht. Wobei die mit Gourmetattitüde über den eigenwilligen Geschmack räsonierte.

Schnapp, schnapp waren sie weg, die Früchte des Gartens, die es für Ostmünder so selten gab.

Was für uns übrig blieb, war die Phantasie, wie anders es doch hinter der Grenze schmecken musste. Denn wovon sprachen sie, wenn sie selbst die beste Beute des Jahres nicht zufrieden machte? Heute ist mir klar, die waren wohl einfach schon satt.

Nie wird eine Leipzigerin das Bild vergessen, als man ihre Cousins nach einem solchen Besuch auf den Bahnhof brachte. Die drei Brüder aus dem Westen standen schon im Zug, und als der anfuhr, stülpten sie ihre Hosentaschen um und warfen das restliche DDR-Geld aus dem Fenster. Was für alle, die auf dem Bahnsteig zurückblieben, einen großen Wert hatte und hart erarbeitet werden musste, flog im hohen Bogen davon, verschepperte sich irgendwo auf dem Gleis oder wurde von den Rädern des Zuges zermalmt. Die Wessis waren belustigt. Die Ossis sprachlos.

Heute wissen wir: Es war nur eine Vorwegnahme ihrer ganz

besonderen Feinfühligkeit, die nach der Wendezeit noch viel spürbarer werden sollte.

Aber das ist nur die Perspektive Ost, aus Westsicht war dieses Geschmeiße sicher einfach wunderbar. So hätte es für die von drüben ewig bleiben dürfen.

Wie furchtbar muss es deshalb für die Wessis gewesen sein, mit uns tatsächlich *ein* Volk zu werden. Mit der gleichen Währung und ähnlichen Chancen und jeder Menge Gurkensalat. Ja, und auch reichlich Bananen. Selbst Zonengabi hat inzwischen gelernt, was eine Gurke und was eine Banane ist. Und der Konsum hat sich mittlerweile bundesweit angeglichen. So viel wie nach der Wende mampft der Ossi davon längst nicht mehr. Und auch den gleichen Gang hat der Affe Ost mit den Jahren gelernt.

Ist der Wessi nun befriedigt? Von wegen: Es lebe der kleine Unterschied, kräht er da.

So wie damals, als der Osten noch grau war und der Westen mit Persil nicht nur sauber, sondern rein gewaschen. Welch paradiesische Zustände für die eine Seite, die - ähnlich wie bei einem ungleichen Geschwisterpaar - glänzen konnte.

Daher beten sie heute heimlich, der gütige Vater im Himmel möge das Rad der Geschichte anhalten. Und hoffen insgeheim sogar auf Gottes Großzügigkeit, denn nicht nur anhalten, sondern zurückdrehen ist gemeint.

Kniend auf Bänken und kauernd vor Altären, träumt sich der Wessi eine Zeit zurecht, in der Ossis endlich wieder im lauten Trabant über ihre polternden Autobahnen deppern. Und der Wessi, wie sollte es anders sein, fährt ihm im Ford Fiesta oder Opel Astra davon, gerade so, als ob er Lenker eines schnittigen Formel-1-Boliden wäre. Michael Schumacher für Arme im Rennzirkus der deutschen Infrastruktur.

Wer hat da am Stammtisch nicht schon alles abgewogen, ob

nicht mit einem Bestechungsgeld was zu machen ist? Schutzräume Ost gegen West, dienstwillige Grenzbeamte könnten doch dafür sorgen. Die müssten im großen Heer der Arbeitslosen doch zu finden sein. Selbst die Umschulung könnte man sich bei gewissen Über-Fünfzigjährigen, die ja, so die politische Übereinkunft aller Parteien, wieder in Arbeit kommen sollen, sparen. Bei zielgerichteter Rekrutierung nämlich im einstigen Stasi- oder Offiziersmilieu. Auch an den ein oder anderen IM, der demnächst seine schöne Stellung verlieren könnte, wäre bei so einem Einsatz zu denken. Denn Gehorsam, Disziplin und Härte gegen den ausgemachten Klassenfeind, das war doch schon einmal gefragt.

Was würde der Wessi nicht alles drum geben, bekäme er seine alten Verhältnisse zurück. Vermutlich mehr als den Solidaritätszuschlag, denn der scheint ihm ein Fass ohne Boden zu sein, die Wiederherstellung der alten Bundesrepublik dagegen beherrschbar.

Und wir Ossis? Wollen wir tatsächlich wieder unsere alte DDR? Stinkende Städte, zerfallende Häuser, Pionierhalstuch und Parteilehrjahr?

Nein, sicher nicht.

Die tiefe Sehnsucht der Ostmenschen nach dem, was früher auch gut und lebenswert war, wurde und wird vom Westen völlig falsch verstanden. Oder in Ostalgieshows wegen der Quote lediglich vermarktet. Da geht es nicht um das wahre Leben Ost, sondern nur um eine Skurrilitätensammlung. Wie es damals wirklich war, wird nicht erzählt. Aber dazu kommen wir später.

Jetzt schauen wir erst einmal auf den 9. November 1989. Ich war zufällig in Westberlin. Weil ich nach Gesetzgebung der DDR ein Republikflüchtling war, musste ich dorthin einfliegen. Ein Grenzübergang mit Auto oder Zug hätte Verhaftung und Gefängnis bedeutet.

Warum republikflüchtig? Ein Jahr zuvor wurde in der DDR, aus der immer mehr Bürger die Ausreise verlangten, eine Zeit der Reiseerleichterungen propagiert. Das hieß, nicht nur Rentner und Sterbenskranke durften ein Visum für den Westen beantragen, sondern jeder, der in der Gunst einer Westverwandtschaft war und ein Jubiläum zu feiern hatte. Also beantragte ich ein Visum zum 60. Geburtstag meines Onkels, auch wenn ich mit dem gar nicht so viel am Hut hatte, und durchlief die übliche Frage- und Testprozedur. Nie hätte ich es für möglich gehalten, dass ich nach Wochen des Wartens genau an dem Freitag unmittelbar vor dem Geburtstagswochenende ein blaues Reisevisum für drei Tage erhalten sollte. Wofür ich allerdings meinen DDR-Personalausweis abgeben musste. Was lange währt, wird gut, sagten die Polizisten in der sicheren Hoffnung auf meine Wiederkehr.

Ich verließ die DDR. Und kam nicht zurück.

Ein Jahr später führte mich meine Magisterarbeit über den Theologen Paul Tillich, der so viel über das Sein auf der Grenze geschrieben hatte, in ein Archiv nach Westberlin, in dem seine Briefe lagen. Verwaltet von einer Privatperson in einer schönen und großen Altbauwohnung. Dort studierte ich die Unterlagen. Eines Nachts klopfte es plötzlich an der Tür. Es war kein Liebhaber. Der Archivverwalter stand da und stotterte, im Fernseher seien so komische Sachen zu sehen. Menschen bevölkerten die Mauer und freuten sich, und er wüsste nicht, was man davon zu halten hätte. Ich stand auf, schaute auf den flimmernden Monitor, auf Bilder, die zeigten, wie DDRler im Wartburg oder Trabant unter Kreischen, Schreien und Klatschen die Grenze passierten.

So ging das eine ganze Weile, und wir wurden uns langsam ziemlich sicher, dass dies kein fiktives Fernsehspiel war. Da schnappten wir unsere Mäntel und machten uns auf zum

Grenzübergang Checkpoint Charlie. Gegen den Strom in Richtung Osten. Ich hatte das Bedürfnis, meine alten Freunde zu sehen. Doch ein Durchkommen dahin: unmöglich. Also versuchten wir es mit dem Übergang Invalidenstraße. Dort gelang es. Nicht weit davon lebten sie, die ich jetzt als Erstes aufsuchen wollte, und die ich unabgesprochen – das war der Preis für die Flucht in den Westen – verlassen hatte. Wir hätten nie geglaubt, dass wir uns so bald schon wieder treffen würden.

Klingeln. Klopfen und noch mal Klingeln. Verschlafen, mit den Augen eher blinzelnd als schauend, öffnete die Freundin gegen drei Uhr morgens die Tür. Ich erschien ihr wie in einem Traum, völlig unreal, und als ich zur Begrüßung sagte: Die Mauer ist auf, dachte sie, ich müsse verrückt geworden sein. Aber auch das wäre nicht wirklich schlimm gewesen, auch das halten gute Freunde ja aus, und so ging es an den Tisch, ihr Freund war inzwischen hinzugekommen, und wir sprachen und sprachen. Bis ich irgendwann meinte: Ihr müsst jetzt mit rüberkommen. Wenigstens für ein paar Stunden mit in den Westen. Wissen wir, was morgen ist, ob das Tor nicht doch wieder geschlossen wird? Es konnte doch kaum sein, dass die Mauer, an der noch im Februar des gleichen Jahres der neunzehnjährige Chris Gueffroy kaltblütig niedergeschossen wurde und wie über tausend andere Menschen an der Grenze sein Leben verlor, plötzlich gar keine Realität mehr war.

Also, auf und den kurzen Moment der Freiheit genießen.

In der Zwischenzeit hatte sich auf dem Weg zurück in den Westen auch am Grenzübergang Invalidenstraße eine lange Schlange von Menschen gebildet, die rüberwollten. Und die Grenzbeamten Ost, über Nacht erstaunlich freundlich geworden, versuchten einen geordneten Übergang. Jeder musste zumindest seinen Ausweis vorzeigen. Lauter blaue Personalausweise wurden sichtbar, ich stach mit meinem weinroten Reisepass heraus. Als den der Dienst habende Grenzbeamte sah, brummelte er leicht erregt: »Na, kommse bald mal wieder. Bei uns is aoch nisch alles schlecht.«

Ich schaute ihn an und traute ihm nicht.

Ich wollte die alte DDR nie zurück.

Die allgemeine Begeisterung über die gelungene Wende und den Mauerfall ist bekannt. Ich erlebte auch das: Zurück in Frankfurt am Main, wo ich studierte, fuhren nun mehr und mehr von den knatternden, starke Emissionen ausstoßenden Pappwagen herum. Und meine Wohnung wurde bevölkert von dem anderen Teil des Volkes, das gerade eins werden wollte. Vier Wochen massiver Osten nach einem Jahr Abstinenz reichten. Ich trat mit meinem Freund, auch er ein DDR-Flüchtling, nunmehr die Flucht nach New York an. In einer Maschine einer Billigairline, die wir uns gerade so leisten konnten. Wer würde sich heute noch trauen, mit denen zu fliegen?

Damals war es großartig.

Wir hatten Bekannte da, Linda und Bernie, ein wunderbares Ehepaar. Neben deren riesiger Waschmaschine im Keller konnten wir wochenlang übernachten.

Bloß nicht wieder ins alte System zurück, bloß den Abstand vergrößern, dachten wir. Und erstürmten, bekleidet mit einer dicken Daunenjacke und schwarzem Hut, selbst die finstersten Teile von Harlem. Nein, eine Grenze wollten wir uns nie wieder setzen lassen, auch nicht durch die Warnungen im Reiseführer.

Ich werde diese Reise nie vergessen. Jeden Tag zogen wir eroberungslustig durch die Straßen. Alles war aufregend, wir waren vollkommen euphorisiert, dass wir es bis nach Amerika geschafft hatten. Mit einem kleinen Rekorder zogen wir herum, um jedes Geräusch aus dieser neuen Welt, vom Autohupen bis zum Fahrstuhl, festzuhalten. Wir hörten dem Zitherspieler in der Grand Central Station zu und kauften ihm, dank guter finanzieller Ausstattung durch unsere Gasteltern, auch eine Kassette ab. Sie ist noch heute in meinem Besitz, natürlich mit Autogramm. Wir wussten den, der als Penner galt, als Künstler und Musiker zu schätzen.

Was sich zu Hause abspielte, die Diskussionen um einen dritten Weg – den Erhalt der DDR als souveräner Staat –, die den Osten Deutschlands bestimmten, all das haben wir damals nicht verstanden. Es hat uns auch nicht wirklich interessiert. Heute begreife ich, wie ignorant das von mir war.

Die Stasi und die Mauer und die Betonköpfe der SED, die will sicher keiner mehr haben. Aber die Ziele, die man jahrelang vor Augen hatte – wie das Ziel von einer solidarischen Gesellschaft, wie das Ziel vom Kampf um den Weltfrieden, wie das Ziel vom Einsatz für soziale Gerechtigkeit, möglichst weltweit –, waren die verfehlt? Warum sollte man sich nicht dafür engagieren?

Wie klug waren letztlich alle, die schon 1989 ahnten, das nahtlose Einfügen in den Westen berge das Risiko, dass diese moralischen Werte und Ideale auf dem Ramschtisch der Weltökonomie als wertloser Kram verhökert würden. Dass mit dem Empfang der D-Mark nicht nur eine neue Freiheit verbunden wäre, sondern die Vereinnahmung unter eine neue Diktatur. Unter eine Herrschaft, deren knallharte Konkurrenzstruktur wenig Zeit und Gelegenheit für Wärme lassen würde. Und mehr noch: dass sich die Warteschlangen vor den Läden in lange Schlangen vor dem Arbeitsamt verwandeln würden.

Nein, mir geht es ganz sicher nicht um eine Unterstützung der PDS-Parolen. Ich denke an die tragischen Helden vom Runden Tisch.

Wenn aber die Genossen der Nachfolgepartei der SED sich jetzt aufschwingen, um gegen neue Armut und für eine bessere Gesellschaft zu predigen, dann sollen sie uns doch vorher erst einmal verraten, was mit dem alten SED-Vermögen geschehen ist und wo sie es gebunkert haben.

Ich hätte es nie für möglich gehalten, dass ich Jahre nach der Einheit noch einmal – und jetzt ganz anders – die zehn Gebote Walter Ulbrichts von 1958 lesen würde. In denen zum Beispiel gefordert wird: keine Ausbeutung des Menschen durch den Menschen, Gesundheit und ein besseres Leben für alle. Früher im Staatsbürgerkundeunterricht hat so was bei mir sofort und reflexartig zum Abschalten geführt. Sie hatten uns diese Zutaten in einer Suppe zur ideologischen Brühe verkocht. Diese boten sie uns täglich an, von der Kinderkrippe über die Ausbildung bis zum Beruf, so dass uns mit den Jahren allein schon vom Geruch speiübel war.

Doch nun, durch Erfahrung erwachsen geworden, ließen sich die schlechten von den guten Erbsen trennen. Jetzt, frei vom politischen Zwang, entdecke ich im alten System Ziele und Werte, für die es sich zu kämpfen lohnt.

Jetzt, frei von Ideologie, meine ich, wer so lebt, ist befreit von der nur aufs Ego zentrierten Nabelschau, die nicht wirklich glücklich macht.

Und solche hübsch-hässlichen DDR-Parolen wie »Alles zum Wohle des Volkes« lachen einen ganz anders an. Wären sie nicht ein wunderbarer Leitsatz für unsere Volksvertreter?

Mehr noch: Selbst Unternehmensberater könnten von einer Besinnung auf die DDR profitieren. Wird doch heute viel schwadroniert von *corporate identity*. Zu DDR-Zeiten hieß das: »Meine Hand für mein Produkt!« oder: »Arbeitszeit ist Leistungszeit!« Einfach, verständlich und klar.

So viel Identifizierung mit dem Wertschöpfungsprozess muss einem der Westen doch erst einmal nachmachen, und das könnte er dem Osten zumindest ein wenig neiden. Richtig, es waren damals nur leere Sprüche, die kaum ein Arbeiter ernst nahm. Aber, Firmenbosse West, mal ehrlich, ist es nicht einer von euren geheimen Träumen, dass es euch gelingen würde, solche Aussagen mit Leben zu erfüllen?

Oder drehen wir den Spieß noch einmal herum, und dann zeigt sich, dass sich die Slogans von Wirtschaftslenkern Ost wie West nicht sehr unterscheiden: Sie sind plakativ bis zur Lächerlichkeit. Stehen die Menschen nicht dahinter, bleiben sie Hohlformeln, nützen rein gar nichts.

Also schauen wir weiter.

Leistung muss sich wieder lohnen, fordern Politiker heute. Wie wäre es mit der Wiederbelebung der DDR-Erfindung der »Straße der Besten« oder des »Helden der Arbeit«? Monat für Monat wählte jedes Arbeitskollektiv die Herausragenden aus. Und die hingen mit Foto für alle sichtbar im Betrieb an der Wand. Hauptsächlich im Kantinenbereich. Denn nach dem Essen kommt die Moral.

Zu viel Öffentlichkeit?

Lieber »Held der Arbeit« als Held ohne Arbeit. Lieber in der »Straße der Besten« leben als auf der Straße liegen.

Na bitte, geht doch.

Erst einmal ordentlich erinnert, kehrt auch die Propagandafähigkeit zurück.

Und was bedeutet das?

Noch lebt sie, die DDR, du hast Recht, Wessi. Sie ist und bleibt ein Teil unserer Identität und Kultur.

Aber trotzdem, nein, wir wünschen sie uns nicht wieder zurück.

Da sind wir wirklich anders als ihr.

LEBT DENN DER ALTE OST-MICHEL NOCH?
Hanitzsch

3 **West** gegen Ost: Ihr seid kleinmütige Provinzler

Wahrscheinlich werden sich Ossis noch als Achtzigjährige darüber ausmehren, dass sie elternlose Kinder sind. Langes Leben sei ihnen gegönnt. Das ist sicher finanziert. Für uns ein schlechtes, für die ein gutes Geschäft. Beiträge in Sozialsysteme haben sie bis zum Ende ihres Sozialistensystems auch einbezahlt, doch die Höhe ihrer Rente basiert auf unserem System. Im Durchschnitt liegt die bereits zwanzig Prozent über der entsprechenden im Westen. Das biblische Prinzip: Sie säen nicht, sie ernten nicht, und der himmlische Vater ernährt sie doch, es passt auf die meisten Zonis. Himmlische Zustände. Was sie nicht daran hindert, mit brüchigen Stimmen im Jammerchor Ost mitzusingen.

Ach, die armen Vollwaisen.

Sie hatten mit ihrem »Wir sind das Volk«-Aufstand den strengen Staatsvater Erich loswerden wollen, der ihren grauen Alltag reglementierte, der ihnen keine große Freiheit, sondern nur kleine Freiheiten gestattete, sie wie unmündige Blagen hielt – was die meisten freiwillig waren – und jeden Verstoß gegen die sozialistische Lagerordnung ahnden ließ. In ihrer Wut vom Herbst 1989, die so lange gegärt hatte, jagten sie dann zwar den diktatorischen Vater aus dem Haus, verloren aber gleichzeitig ihre fürsorgliche Mutter.

Die Folgen hatten sie nicht vorausgesehen, die überstiegen ihren Horizont. Mit denen wussten sie nicht umzugehen. Die Sekundärtugenddeutschen.

Unterordnung statt Unordnung bestimmte ihr Leben. Gehorsam fügten sie sich, vom Kindergarten bis zum Grab, den Vorschriften des Regimes, fürchteten die bei Nichtbefolgung angedrohten Konsequenzen - Hausarrest, Berufsverbot, Knast - und machten über Vater Staat nur dann Witze, wenn sie auf ihren Plumpsklos saßen. Wer es wagte, seine Meinung zu äußern, sich der Partei zu verweigern oder gar den Dienst in der Volksarmee abzulehnen, wurde aus der SED-Familie ausgeschlossen und bestraft.

Als sie Mut statt Kleinmut demonstrierten, als sie sich endlich als Volk und nicht mehr als Untertanen begriffen, auferstanden aus Ruinen, mussten sie in Selbsterfahrungsgruppen nicht nur den aufrechten Gang lernen, sondern im selben Atemzug sofort losmarschieren. Ihre Straßenpower in greifbare Ergebnisse umzusetzen war deshalb eine historische Leistung. Denn sie hatten keine Vorbilder, an denen sie sich orientieren konnten.

Danach waren sie erst recht orientierungslos. Woher auch hätten sie wissen sollen, wo auch hätten sie trainieren können, was uns im Westen selbstverständlich war, zum Beispiel die Obrigkeit statt mit geballter Faust mit gestrecktem Mittelfinger zu grüßen. Es gab für Widerspruch keine Übungsmöglichkeiten in der DDR, es gab keine demokratischen Spielplätze. Ruhe war die erste Arbeiter- und Bauernpflicht. Wer die störte, wurde zerstört.

Eindrücklich am Beispiel Vater Staat und Mutter Mief beschrieb mir Lothar de Maizière, erster und zugleich letzter frei gewählter Ministerpräsident der DDR, an einem sonnigen Nachmittag (dass auch im Osten die Sonne scheint, ist gottgegeben, also kein Solibeitrag West) in Berlin den Seelenzustand der elternlosen Ossis. Plötzlich sagte ihnen keiner mehr, wo sie langzugehen hatten und wo auf keinen Fall, überhaupt: wo es langging. Das verstörte sie zutiefst. Die Mauer war weg. Also klammerten sie sich an das Brett vor ihrem Kopf.

Andere hauten sich in diesem unbekannten Gelände einen eigenen Trampelpfad durch den Dschungel. Über der Kanzlei des inzwischen als Rechtsanwalt arbeitenden de Maizière wohnt so eine selbstbewusste Ostlerin, die es auf ihrem Weg nach oben sogar in den Frisiersalon eines Westlers geschafft hat. Der heißt Udo Walz, hält sich für ein Mitglied der Society (eine Gesellschaft gibt es in Berlin noch nicht), weil die ihn als Lockenwickler benutzt, und hat nach der deutschen Einheit viele neue Kunden gewonnen. Unter anderen Angela Merkel, die Frau aus dem Osten. Bei Zonenfrisören gab es ja nur Kurzhaarschnitt oder hochtoupierte Mittelgebirge.

Angela Merkel war in postrevolutionären Zeiten, denen de Maizière dankbar entronnen ist, stellvertretende Pressesprecherin in seinem Kabinett der Ahnungslosen, das von den Bonner Politprofis innerhalb weniger Monate 1990 in der Pfeife geraucht wurde. Vor allem optisch war Kohls späteres Mädchen für alles noch ein erdiges Kind des protestantischen Ostens, im märkischen Sand verankert mit beiden Beinen. Die steckten in Jesuslatschen, der evangelischen Version von Birkenstock. Vor dem Abflug zu den Zwei-plus-vier-Gesprächen in Moskau, in denen es um Deutschlands Zukunft ging, bat Lothar de Maizière sie darum, sich feste Schuhe zu kaufen – so könne man nicht mal in Moskau auftreten.

De Maizière ist nicht nur der klassische deutsche Bildungsbürger, weshalb er Kohl, der schwarzen Walz aus der Pfalz, verdächtig war, sondern ein Ossi, dem das Talent der ironischen Weltbetrachtung gegeben ist. Ironie ist eigentlich nur bestimmten Wessis eigen. Der Ossi an sich, erst auferstanden aus, dann unverstanden auf Ruinen, misstraut ihr, weil er diese wortspielerische Kunst nicht versteht und Wessis allein schon deshalb für arrogante Schönschwätzer hält.

Nur die Prolos beider Seiten sprechen trotz verschiedener Dialekte die gleiche Sprache. Die kommt gewaltig daher und klingt dumpf. Auf dieser Ebene hat sich zusammengerottet, was zusammengehört. Pack schlägt sich, Pack verträgt sich. So ist nun mal das Volk. Die Spießergesellen, gemeinsam unerträglich, sind nicht schlimmer als der Pöbel aus Rotterdam oder aus Liverpool oder aus Rom, wie bei Fußballspielen der Champions League und Auftritten der Nationalmannschaften zu erleben ist.

Der Osten ist für uns Westeuropäer tiefe Provinz. Die lässt sich auch nur ertragen, wenn sie mal Heimat war. Unsere Heimat aber war nie die Nation. Das ist im Europa der Regionen nicht weiter schlimm. Wir möchten ebenso wenig in Eisenhüttenstadt leben wie in Kattowitz, auch nicht in Manchester, nicht in Lille und nicht in einer belgischen Kleinstadt, wo nachts, wenn die Pommesbuden dichtgemacht haben, Päderasten um die Häuserecken schleichen.

Ostprovinzler können nicht wie Westprovinzler nur an ihren IQ-Quotienten ausgemacht werden. Sie haben Wesensmerkmale, die sie von unseren Spießern unterscheiden. Ihr vierzig Jahre lang durch Enge und Engstirnigkeit bestimmtes Dasein prägte sie, und darum sind sie erkennbar anders. Verhasstes System und geliebter Mief waren untrennbar. Das eine erzeugte das andere, denn das andere war einziges Rückzugsgebiet ins Private, Ziel kleiner Fluchten vor Vater Staat zu Mutter Mief. In deren Dunst ließ sich leben, unter deren Rock ließ sich kuscheln, der hielt die kalten Winde ab. Der Geruch von selbst erzeugten Winden störte nicht, denn gestunken hat es ihnen überall.

Im Gegenteil.

Der Geruch wärmte.

Als ihre Bewohner die hassgeliebte Heimat zu Tode demonstriert hatten, löste sich mit dem System auch der wärmende Mief in Luft auf. Es blieb den Zonis nur ihr provinzielles Lebensgefühl, allerdings in einem luftleeren Raum, ohne festen Boden. Damit kamen sie nicht zurecht. Auch das war verständlich, denn Mauer und Stacheldraht und Zensur hinterließen nun mal Spuren, weil die Welt diesseits der sozialistischen Biedermeierei draußen vor der Tür blieb. Da sie aber fünfzehn Jahre nach dem Erwachen mehrheitlich immer noch Provinzler sind, muss es noch andere Gründe geben, denn sonst könnte sich Kleinmut nicht so lange halten. Weil es unmöglich ist, ein ganzes Volk auf die Couch zu legen, braucht es andere mögliche Erklärungen.

Eine simple zum Beispiel: Diese Provinzialität ist die einzige noch verbliebene Identität des Ostlers, mit der er sich abgrenzt von den ungeliebten Wessis. Dass sich Gruppenidentität immer gegen die Freiheit des Individuums richtet, also undemokratisch ist, hat ihm noch keiner erklärt. Er würde es auch nicht verstehen. Mief ist für ihn Nestwärme. Nach der sehnt er sich in kalten Zeiten wie jetzt. Diese Sehnsucht befriedigen seine hauseigenen Nazis. In einem Biotop von Vorurteilen wachsen die zweistellig.

Die Anziehungskraft der Provinz West dagegen entsteht zum Beispiel aus der Eigenständigkeit seiner Theater und Opern und Museen. Provinzen des Südens und Südwestens wie Bayern und Baden-Württemberg und Rheinland-Pfalz haben eine bemerkenswerte regionale Küche, auch die gibt es im Osten nicht. Das Gegenargument, dass es die auch im Norden des Westens nicht gab – Niedersachsen, Schleswig-Holstein, Hamburg oder gar Berlin –, sticht nicht. Deshalb gibt es dort viele italienische, chinesische, französische Restaurants, in die man vor der deutschen Hausmannskost – Labskaus, Eisbein, Grünkohl – flüchten kann.

Die Provinz drüben war eine miefige ohne geistige oder kulinarische Fluchtpunkte. Als die DDR gehen musste, blieb sie – eine geschützte Zone für Biedermänner und Brandstifter. Nicht lieblich, sondern bösartig. Nicht romantisch, sondern heimtückisch.

Das galt mal für die ganze Ostzone.

Deren Gaststätten, die eine Hinrichtungsstätte für Gast und Geschmack waren, boten statt eines Menüs Sättigungsbeilagen.

Für diese Gemengelage Ost musste man sich dennoch anstellen, als ginge es um ein Menü, aber anstellen gehörte zum Lebensgefühl Ost. Schlangestehen war ein Essential der Planwirtschaft und bei Ossis so beliebt wie in der Marktwirtschaft die Schnäppchenjagd. Selbst ihre Spreewaldgurken, die sie jetzt als Bananen des Ostens überhöhen statt schlicht reinzubeißen, waren Mangelware.

In ihren unwirtlichen staatlich gelenkten Wirtshäusern wurde man platziert, und wer auf Besuch aus dem Westen im Warten auf Platzierung die Geduld verlor, sich in gewohnter Eigeninitiative einen Platz im leeren Saal suchte, den bestrafte mit strengem Verweis das Leben in Gestalt einer knurrmäuligen Servierkraft. Die wäre zwar als Aufseherin anderenorts besser eingesetzt gewesen. Aber offenbar begannen Typen dieser DDR-Art ihre Ausbildung nicht direkt beim Ministerium für Staatssicherheit, sondern als Kellner oder Serviererin. Da ließ sich früh üben, was sie später brauchten: Drohgebärden der Macht.

Krisensicheres Auskommen als Blockwarte und Denunzianten und Informanten hatten sich Hunderttausende im Rahmen der staatlich organisierten Stasibanden gesichert. Alles Dienstleistung: Dienst an sich. Dienst fürs sozialistische Vaterland. Dienst im System. Dienst mit der Waffe. Dienst im Schriftstellerverband. Dienst in der HO-Gaststätte usw. Nach dem Zusammenbruch outeten sich neunzig Prozent der Bevölkerung, Babys und Greise mitgerechnet, als überzeugte Regimegegner. Uns im Westen kam dieses Muster von einem anderen Systemwechsel bekannt vor.

Pizza und Spaghetti und Quiches sind selbst dann noch verdaulich, wenn sie fern ihrer Heimat aus der Küche kommen. Broiler und Schweinebauch und zermanschte Kartoffeln schmecken immer nach Provinz, machen nur satt und verpesten verdaut die Luft.

Ein Gestank, vergleichbar mit dem, was hinten bei denen rauskam, die man in der Zone Autos nannte. Als sich die Generation Trabi auf den Weg nach Westen machte, natürlich in Schlangen, im gewohnten Kollektiv, als sich die Einheitswilligen über uns ergossen, die wir zufrieden im Trockenen saßen, gaben wir ihnen an der Grenze Begrüßungsgeld. Damit fuhren die Neudeutschen, von denen wir noch nicht ahnten, dass sie sich mit uns vereinigen wollten, in ihren bläulich rauchenden Mobilen in die nächstgelegenen Warenhäuser. Da wollten sie hin. Endlich anfassen, was sie aus dem Westfernsehen kannten.

Weil der Laden drüben Bankrott angemeldet hatte, reagierten die Läden hier wie gute Kaufleute. Der Westen empfing den Osten mit offenen Armen. Keine Rede mehr von Ladenschlussgesetzen.

Am Sonntag nach der feuchtfröhlichen Nacht der Deutschen, am dritten Tag nach dem Mauerfall, saß ich mit meinen Kollegen in der Redaktion des »stern«, im 7. Stock mit Blick in den novembergrauen Himmel über der Alster. Auf der Terrasse vor dem Büro rostete ein stahlblecherner Wolf. Die Skulptur als Symbol der Vergänglichkeit. Die Kantine, deren Köche freiwillig Dienst fürs Vaterland schoben, war auf die Verwandten eingestellt. Damals empfanden wir die noch als – wenn auch entfernten – Zweig der großen Familie, Motto: Lasset die Zonenkinder zu uns kommen. Es kamen Hunderte. Alle hatten Hunger. Draußen roch es nach ihren Abgasen, drinnen nach unserem Essen. So was Gutes hatten die noch nie zu sich genommen.

Bezahlen mussten sie nichts. An das Nichtbezahlen gewöhnten sie sich im Laufe der kommenden Jahre. Auch die Getränke waren frei, und ich glaube, es wurden ihnen außerdem alle Zeitschriften des Verlags überreicht.

Keiner wollte es sich entgehen lassen, live echte Zonis zu sehen. Die Pförtnerloge war voll besetzt. Der Dienstälteste rief an und fragte, ob er es ausgewählten Ossis erlauben dürfe, per Fahrstuhl nach oben zu fahren und einen Blick über die Stadt zu werfen.

Einverstanden.

Wir waren schließlich ebenso neugierig auf die anderen Deutschen, die wir lachweinend, glücksingend in den vergangenen Tagen und Nächten auf allen TV-Sendern gesehen hatten. Ihre Ankunft im freien Westen wollten wir mit einer Extraausgabe feiern. Ob die in Wirklichkeit so aussahen wie auf dem Bildschirm? Es quollen, mit Plastiktüten behangen, über den Flur Gruppen in hellblauen Jeans und schwarzen Lederjacken. Viele hatten darüber eine Art dicke Regenhaut gezogen, Kragen hochgeschlagen, wasserabstoßend grau. Diese Jacken gegen den Wind kamen uns irgendwie bekannt vor; wir kommen im fünften Kapitel auf sie zurück.

Die Ossis, damals noch Landsleute genannt, schauten von der Terrasse auf Hamburg, sprachen untereinander in einer Sprache, die wir kaum verstanden, aber es schien lautmalerisch betrachtet Deutsch zu sein, pressten ihre Nasen an die Fensterscheibe und schauten uns bei der Arbeit zu. Wir fühlten uns bedrängt von so viel Nähe.

Es gab nur eine Lösung, die bekanntlich erst später ausarten sollte zu einem Milliardentransfer: D-Mark auf den Tisch. Alle in der Runde zückten ihr Portemonnaie, legten Scheine in die Mitte, einer ging dann raus, drückte gerührten Zonis den Haufen in die Hände. Schönen Gruß an daheim, macht euch noch einen schönen Tag und weiterhin alles Gute, wo auch immer, Hauptsache nicht hier.

Das werde sich herumsprechen, meinte einer – und ich werde diesen weisen Mann, einen wahren Seher, nie vergessen –, bald würden die nächsten Osttrabanten kommen, und die wollten auch was haben, einmal sei das ja auch okay, aber nicht ein zweites Mal, und außerdem könnte es sogar sein, dass die von eben noch einmal auftauchten, denn diese Ostprovinzler – sehen sie nicht irgendwie alle gleich aus, wie sollten wir denn da Unterschiede erkennen?

Ich rief unten beim Pförtner an: Kantine weiterhin geöffnet, aber Fahrstuhl ab sofort tabu.

Schon nach der ersten Begegnung mit real existierenden Brüdern und Schwestern wollten wir lieber wieder unter uns bleiben.

War das gemein? Sicher. Aber ehrlich.

Was danach in der deutschen Wirklichkeit passierte, kann in vielen anderen Büchern nachgelesen werden. Ist alles bis ins letzte Detail dokumentiert, von den handelnden Personen Ost und West für die Nachwelt aufgeschrieben und gelebte Geschichte.

Knapp zwei Jahre später, im Duty Free Shop in Atlanta, vernahm ich wieder diese Urlaute der Provinzler, die ich damals so ähnlich auf der Terrasse gehört hatte. Inzwischen wusste ich natürlich, dass es sich um Sächsisch handelte. Die Sachsen hier warteten auf den Anschlussflug nach Miami, wohin sie eine günstige Gruppenreise gebucht hatten. Ihre Plastiktüten hielten sie fest an sich gepresst. Sie konnten zwar endlich in die weite Welt reisen, ohne an der Grenze wegen versuchter Republikflucht verhaftet oder erschossen zu werden, sie konnten es sich sogar leisten, denn ihr Plastikgeld, das sie gehortet hatten, weil es bei ihnen dafür kaum was zu kaufen gab, erst recht nicht anderswo, war *par ordre du mufti Kohl* umgetauscht worden gegen eine gültige Währung, unsere. Damit ließ sich die Fremde erkunden, die bis zur Wende für sie in unerreichbarer Ferne lag.

Aber ihr Misstrauen gegen alles Fremde hatten sie bewahrt. Darin waren sie sich einig. Fremde mochten die Zonis noch nie. Nennenswert viele gab es bei ihnen zwar nicht, und wenn es welche gab, so wurden sie als Arbeitssklaven eingesetzt zu noch niedrigeren Löhnen als den ihren, untergebracht draußen vor der

Stadt in gut bewachten Wohnheimen oder gleich in einer Ruine auf dem Gelände eines Kombinats. Umso größer die Xenophobie der Deutschländer. Passt zu ihrer Provinz, in der Frauen unbelästigt auf dunklen Straßen heimwärts in ihren Plattenbau wandern konnten, unbelästigt deshalb, weil nachts alle Brüder und Schwestern systemgetreu gleich waren, denn in der durch Stromausfall bedingten Dunkelheit waren Unterschiede zwischen Mann und Frau eh nicht erkennbar.

Von solchem Spießertum profitieren heute die Naziossis, die in einem Gestrüpp von Dummheit und Verschlagenheit gedeihen, genährt durch die ungebrochene Begeisterung der Generation ihrer Opas für Hitlers Bräuche. Eine Generation APO, die bei uns die Nazis von ihren Trögen in Justiz, Universität, Verwaltung verjagte, existierte drüben nie, eine außerparlamentarische Opposition konnte auch schon deshalb nie entstehen, weil es kein Parlament gab, das diesen Namen verdiente.

So viele Neger, wie die Sachsen in Atlanta in einem Raum sahen, waren bei ihnen einst im ganzen Land nicht frei umhergelaufen. Es gab Genossen von Brudervölkern aus Vietnam, auch dunkelhäutige aus Kuba oder Angola, aber außer deren Vornamen nahmen sie von denen nichts an, weshalb heute noch viele Zonis Enrico heißen oder Juan oder Carmen und nicht Erich oder Egon oder Hilde. Andere übrigens, die Rico heißen, Kevin, Peggy, Mandy oder Doreen, sind nach einer Vorabendserie des Westfernsehens gezeugt worden.

Die schwarzen Amerikaner im Duty Free Shop schienen von Natur aus freundliche Menschen zu sein, was dem Ossi auffiel, denn solche Freundlichkeit kannte er weder von sich noch von seinesgleichen, aber in Wirklichkeit amüsierten sich die nur prächtig über diese Fremden und drehten ihnen alles an, worauf die zeigten.

Es wäre sinnlos gewesen, den Verkäuferinnen zu erklären, dass es solche Deutsche gab und solche und diese hier solche waren. Ebenso sinnlos wäre es, Durchschnittsamerikaner davon zu überzeugen, dass aus zwei Deutschlands ein Land geworden war, das Deutschland hieß. Also sprach ich nur Englisch. Ich wollte mit meinen Landsleuten nicht verwechselt werden.

In Florida, genauer: am Ende der westlichen Welt, wohin ich später reiste, traf ich einige aus dieser Gruppe wieder. Zumindest sahen sie so aus. Sie saßen auf einer kleinen Mauer zwischen McDonald's und einem T-Shirt-Laden, hielten inzwischen, sichtbarer Fortschritt, Plastiktüten mit amerikanischen Markenzeichen an sich gepresst – und staunten. So wie ihre Artgenossen an jenem Sonntag in Hamburg. Key West, wohin sie wahrscheinlich per Greyhoundbus für einen Ausflug gebracht worden waren – aus verständlichen Gründen wollte ich sie nicht fragen, denn sonst hätten sie bestimmt mich gefragt, woher ich denn komme –, ist berühmt für seine pittoresken Häuser. Die meisten, egal ob verwittert oder renoviert, ob windschief oder prachtvoll, sind aus Holz gebaut, nur wenige aus Stein. Eines ist ihnen gemeinsam: der morbide Charme der Karibik. Das Leben ist den Temperaturen angepasst. Es fließt.

Auf der Halbinsel gibt es ein einziges Gebäude mit vielen kleinen Wohnungen auf vielen Etagen. Es liegt inmitten eines betonierten und auf den Zweck schnellen Konsums ausgerichteten Areals vor der kleinen Stadt. Da lebt man nicht, da kauft man ein. Das Haus wird deshalb von Angestellten der Geschäfte und Kaufhäuser bewohnt, weil sie von dort bequem ihren Arbeitsplatz erreichen können. Ein Fremder aber wohnte unter ihnen. Der verbrachte ausgerechnet dort mit Familie seinen Urlaub. Weil er sich zu Hause fühlte, fast wie im heimischen Plattenbau, weil es nicht weit war in den Supermarkt.

Woher ich das weiß? Weil ich in einem Anfall von Güte für ihn an einer Kasse etwas übersetzt habe und er mir, glücklich über diese unerwartete Überwindung der natürlichen Sprachbarriere, davon erzählt hat.

Inzwischen sind wieder viele Jahre vergangen. Angesichts der schwierigen heimischen Verhältnisse haben sich Zonis, die sich eine Pauschalreise in ihre Dominikanische Republik nicht mehr leisten können, wieder auf die äußeren Werte ihrer Heimat besonnen. Die Provinz lädt ihre Kinder zum Bade. Nicht nur an die Ostsee, wo sie sich früher schon tagsüber nackt in Scharen herumgetrieben haben, bevor ihnen abends in FDGB-Ferienheimen Sättigungsbeilagen auf den Tisch geschoben wurden, sondern auch an die vielen künstlich angelegten Baggerseen. Im alten System waren das die Gruben, aus denen im Tagebau die Braunkohle geholt worden war. Auch diese Renaturierung Ost ist finanziert vom Solibeitrag West.

Da tummeln sie sich im Sommer.

Aber was machen sie im Herbst und im Winter, wenn es in Dunkeldeutschland besonders dunkel ist? Da machen sie sich gegenseitig Mut: Weißt du noch, wie wir früher mit den jungen Pionieren durch die Wälder, durch die Auen zogen und die Lieder der Heimat sangen, also: Die Partei, die Partei, die hat immer Recht? Weiß du noch, wie wir zum ersten Mal der jungen Genossin das blaue FDJ-Hemd aufknöpften und die einzig echten Spitzenprodukte des Ostens erblickten?

Wiederum ein paar Jahre später stand ich mit der jungen Polin Anna, die besser Deutsch spricht als die meisten der mir fernen Landsleute aus dem nahen Osten, auf dem Marktplatz von Breslau. Ein Bus hielt. Eine Gruppe alter Weiber und Männer quoll heraus. Unter beifälligem Nicken zeigten ihre dickbäuchigen Führer auf wunderbar renovierte Häuser: »Gehörte alles mal uns, bevor es die Polacken klauten«, gaben sie an und scherten sich den Teufel darum, ob sie irgendeiner verstand von den so gemeinten Polen und sich hätte beleidigt fühlen können. Das seien wahrscheinlich ein paar von diesen Unverbesserlichen, diesen Heimatvertriebenen, entschuldigte ich mich bei Anna und wies auf das deutsche Nummernschild des Busses hin. Nicht der Rede wert. Auf dem Nummernschild stand DD, Abkürzung für Dresden. Es waren Sachsen. Ganz andere Heimatvertriebene, aber im Geiste mit den anderen ein Volk.

Mal ehrlich, das ist doch keine Thüringer Rostbratwurst! Kommen Sie mal zu uns nach Düsseldorf, da können Sie lernen, was eine richtige Thüringer Rostbratwurst ist!!!
THÜRINGEN
WC

3 *Ost* gegen West: Ihr seid hochmütige Angeber

Wie man einen Wessi für sich gewinnt?

Man muss ihn loben!

Am besten, wir fangen sofort damit an.

Denn geübt im Wessiloben sind wir nicht.

Nein, gar nicht erst lange abstreiten, wir sind es nicht. Stehen wir zu unseren Versäumnissen. Einsicht ist bekanntlich der Anfang aller Besserung.

Deshalb schlage ich einen Kurs in drei Schritten vor.

Grundsätzlich gilt dabei folgende Regel: Überfordern wir uns nicht, bleiben wir auch bei unserer Lobübung ostisch bescheiden. Alles andere wäre zu riskant, würde die Gefahr in sich bergen, dass wir gleich zu Beginn des übereifrigen Wessirühmens, das ja mit Erfolg auf uns zurückfallen soll, scheitern.

Lernen wir schrittweise.

Zunächst der erste Schritt:

Abends vorm Einschlafen stellen wir uns unseren Lieblingswessi vor. Es gibt ganz sicher einen, denken wir in Ruhe nach. Dann gilt es zu überlegen, was an diesem Exemplar reizvoll sein könnte.

Nein, noch nicht einschlafen.

Weitermachen!

Gehen wir die Karteisammlung unserer Westkontakte durch. Schauen wir uns einen von denen, die da gelistet sind, genauer an. Was macht ihn angenehm?

Wie, keine Ahnung?

Nun, notfalls tun es auch die Socken, die ganz nett aussehen. Zu banal? Das ist egal. Der Wessi hört jedes Lob gern.

Jedes?

Jedes!

Nun, da wir die Socken als Objekt zum Lobpreisen gefunden haben, können wir zufrieden einschlafen.

Am Morgen danach muss trainiert werden. Nehmen wir am besten vor dem Spiegel Platz, den Rücken bitte gerade, und sprechen uns das gefundene Lobeswort klar und deutlich vor. Bleiben wir beim Beispiel. Dann hieße es: »Sie haben immer so nette Socken an!« Jetzt auf keinen Fall prustend lachen. Das würde uns verraten. Selbst ein Wessi würde merken, dass wir es nicht ernst meinen. Vergessen wir nie, wir machen die Übung nicht zum Spaß, Seriosität ist unabdingbar. Also noch einmal, mit dem Ausdruck freundlicher Bewunderung: *»Sie haben immer so ausgesprochen nette Socken an!«*

Starten wir so in den Tag.

Dann warten wir auf den passenden Moment, um unser ganz persönliches Lob locker anbringen zu können. Es könnte während eines gemeinsamen Ganges auf dem Flur sein. Selbst wenn es am Anfang noch etwas holpert, der Triumph ist garantiert.

Deshalb schreiten wir fort zu Schritt Nummer zwei: Wählen wir nun einen Wessi, der uns eigentlich herzlich gleichgültig ist. Auch bei dem müssen wir Gründe für anerkennende Worte finden. Besinnen wir uns, wir können auch ruhig phantasievoll sein. Vergessen wir unsere persönlichen Neigungen und Vorlieben, schauen wir lieber, was für uns von Nutzen ist. Die Frisur?

Und falls er kaum noch Haare hat?

Die Brille?

Ja, die Brille geht.

Selbst dann, wenn das Kassengestell eher die kreisrunde

Mondgesichtsform unterstreicht – die getönten Gläser, ja, die machen den Unterschied.

Formulieren wir also erneut vorm Schlafengehen die passenden Worte. Zum Beispiel: »Ich habe noch nie so toll getönte Brillengläser gesehen. Die zu bekommen muss äußerst schwer gewesen sein!« Damit schlafen wir ein. Machen wir unsere Sprechübungen wieder am Morgen danach. Dann gehen wir mit dem frisch ausgeheckten Wessilob in der Tasche in den neuen Tag.

Diesmal könnte ein Besprechungstermin für das Anbringen des Lobes günstig sein.

Im Angesicht der Kollegen?

Im Angesicht der Kollegen.

Scheuen wir nicht davor zurück, bei Schritt Nummer zwei die Würdigung auch vor Zeugen auszusprechen.

Also los: *»Was ich Ihnen schon immer sagen wollte – Ihre Brillengläser, die sind auffallend gut getönt. Muss was Besonderes sein!«*

Ich spüre es deutlich: so etwas vor Publikum – rhythmisch gut gesetzt – steigert unser Ansehen bei dem Auserwählten ungemein.

Zeit für den dritten und letzten Schritt. Wir bringen uns bei, einen uns verhassten Wessi zu glorifizieren. Wenn es ernsthafte Probleme damit gibt, rühmenswerte Eigenschaften zu finden, und uns partout nur Wesenszüge einfallen, die abstoßend sind, reagieren wir dialektisch.

Philosophieren wir wie Marx und Engels. Das müsste uns doch noch aus früheren Zeiten vertraut sein. Stellen wir uns einfach das dem Hassbild entgegengesetzte Idealbild vor. Ziehen wir die Einheit der Gegensätze in Betracht.

Hier unterstützend wieder ein Beispiel: Ist unser persönlicher Hasswessi nicht arrogant?

Macht nichts.

Übersehen wir, dass er tatsächlich aufgeblasen und eingebildet ist, denken wir uns das Gegenteil: er sei selbstlos und gebildet. Phantastisch! Schon haben wir die Huldigungsworte gefunden, nach denen sich selbst der snobistischste Wessi sehnt. Sprechen wir nun wieder laut und bestimmt: »Ich bewundere, dass Sie trotz Ihrer umfassenden Bildung immer so bescheiden und selbstlos sind!«

Das klingt doch gut. Doch aufgepasst. Damit uns dieses Lob nicht im Halse stecken bleibt, üben wir es lieber ein paar Tage hintereinander, bis wir es flüssig über die Lippen bringen können. Wägen wir die passende Situation vorher wieder sorgfältig ab, dieses Mal könnte es zum Beispiel ein Freitagnachmittag vor dem bevorstehenden Wochenende sein. Nehmen wir mit beiden Beinen einen guten Kontakt zum Boden auf, und dann mit weicher Stimme: *»Ich kann Sie nur dafür bewundern, dass Sie trotz Ihrer bemerkenswerten Bildung immer so selbstlos und bescheiden sind!«*

Das kommt gut an. Das wird dem Wessi gefallen. Er wird gerührt sein und anfangen, uns zu mögen, auch wenn wir nur Ossis sind. Und er wird erwägen, uns vielleicht in den Kreis der Personen, die er fördert, einzubeziehen. Vielleicht? Vielleicht. Am Ende hängt alles davon ab, dass wir die Lobeshymnen langfristig gestalten. Doch ich bin sicher, es wird funktionieren. Mit Schmeicheln kriegen wir ihn.

So vollzieht sich, gelernt und geübt im Schnellkurs in nur drei Schritten, unser ganz persönlicher Fortschritt. Wir werden vorankommen.

Warum das so ist?

Strengen wir unseren Geist an. Was war der Grund, woran unser gutes Verhältnis zu den Wessis in den Nachwendejahren in die Brüche gegangen ist? Richtig: Dass wir Freiheit mit grenzenloser Offenheit verwechselt haben. Noch eingewoben in die Denke vom Kollektiv und den ständigen Drang nach Verbesserung desselben, dachten wir, im wieder vereinigten Deutschland sei es nun an der Zeit, kritisch und urteilsfreudig zu sein. Nach den vielen Jahrzehnten der unterdrückten persönlichen Meinungsäußerung im diktatorischen Staate DDR meinten wir, da jetzt nicht mehr nur die Gedanken frei, sondern auch sie zu äußern möglich war, sollten wir alles rundheraus sagen. Arglos haben wir auf die Stärken der propagierten Freiheit und Souveränität in demokratischen Verhältnissen vertraut. Uns bedenkenlos, nicht selten voller Vergnügen, der freien Rede hingegeben. Und sind dabei im Umgang mit den Wessibrüdern und -schwestern gnadenlos gescheitert. Wir kannten dieses verzwickte Spiel noch nicht, das da heißt: loben, bewundern und sich nur im Hinterkopf die richtigen Gedanken machen. Wir waren noch ohne Problembewusstsein für die Doppelmoral West. Oder wenn wir schon eine Ahnung davon hatten, mochten wir genau das eigentlich nicht. Glaubten, die Zeiten doppelzüngigen Wortes oder des Maulhaltens seien endgültig vorbei, und haben uns gewundert, dass es mit dem Miteinander nicht gut klappt.

Nun, da die Schonzeit vorbei ist: Werden wir cleverer, passen wir uns an dieser Stelle taktisch klug den Wessis an! Dann werden sie gar nicht auf den Gedanken kommen, uns »Provinznudel« zu nennen.

Der Wessi macht das mit dem Beweihräuchern übrigens ebenso. Keine falschen Hoffnungen: Seine anerkennenden, gar lobenden Worte waren, wenn sie einmal fielen, nie so recht ernst gemeint. Fragen wir uns doch wenigstens im Nachhinein, ob mit dem Schönreden nicht ein ganz bestimmtes Ziel verbunden war. Welches denn? Zum Beispiel: uns gefügig zu machen. Nicht traurig sein. Seien wir einfach nicht länger naiv. An dieser Stelle kann es durchaus nichts schaden, mal den Wessi zu kopieren.

Woher ich das alles weiß?

Ich habe die ersten Wessierfahrungen während meines journalistischen Volontariats im real existierenden Westfernsehen gemacht.

Ich trat mit großem Enthusiasmus an. Wollte denen beim Westsender zeigen, was eine Ossi so alles kann. War von dem Gedanken geleitet, eine Ostfrau müsse in jedem Fall durch Leistung überzeugen. Irrtum! Das nämlich wollen die Wessis gar nicht. Sie fühlen sich dann nur bedroht, ihre eigene Kompetenz und die eigenen Fähigkeiten relativiert. Davor haben sie Angst. So viel einfacher wäre es gewesen, hätte ich von Anfang an zu ihnen hinaufsehen können. Dann wäre ich elegant und ohne viel Aufwand durch die Arbeitstage gekommen. Doch Wessis bewundern, das hatten wir in der DDR leider nicht gelernt.

Berufstätig zu sein im Umfeld von Kollegen, die im Westen sozialisiert wurden, ist für uns Ossis eine komplizierte Angelegenheit. Wir müssen uns erst beibringen, geschmeidig und möglichst ohne anzuecken auf der Karriereleiter voran- und stets zu unserem Vorteil zu kommen. Das wiederum scheint am besten mit etwas schleimiger Tücke, mit einer Prise List und insgesamt mit viel Beharrlichkeit zu gehen. Und natürlich gut ausgestattet mit einem großen Paket voll mit Lobessprüchen, aus dem man jederzeit einen einigermaßen passenden greifen kann.

Der Sender, bei dem ich damals anfing, galt sogar im Westen als sog. Altanstalt. Also personell üppig ausgestattet. Und dieses Personal trug jede Menge lieb gewordener Besitzstände mit sich herum, die es um keinen Preis aufgeben wollte. Auch die Technik war schon etwas aus der Mode gekommen, die Räume abgewirtschaftet.

Was waren das für biedere Gestalten, jene Kollegen West, die vormittags auf ihrer Frühstückspause – gern auch mit Äppelwoi – beharrten und bei denen kein Dreh ohne gewerkschaftlich garantierte Mittagspause denkbar war. Zur Kreativität kaum befähigt, wurden Bilder komponiert, dass selbst mir als Anfängerin das optische Gruseln kam. In den Redaktionen wiederum planten Redakteure verkrampft und verkniffen. Späßchen zu machen war gar nicht vorstellbar. Gelacht wurde hier nur selten. Eine Sendung zusammenstellen hieß, Kontrollmechanismen wirken zu lassen anstatt gestalterische Freiheit. Komisch, so hatte sich der Wessi doch immer das Arbeitsleben in der DDR vorgestellt.

Es war ausgerechnet ein Italiener, mit dem ich mich bestens verstand. Warum? Aus dem Mezzogiorno jedenfalls stammte der nicht. (Muss man einem Wessi, der nicht weiß, wo Plovdiv liegt, erklären, was Mezzogiorno meint? Möge er doch bitte selber nachschlagen!) Uns jedenfalls verbanden nicht Armut und Dürftigkeit, uns verband die Lust am Ausprobieren, die Freude daran, Einfällen nachzugehen und produktiv zu sein. Jeden Tag spürte ich die Herausforderung, trat meist mit betont bunten Klamotten und guter Laune an in der tristen Sendeanstalt. Vorher hatte ich mir möglichst viele Gedanken um Themen und deren Umsetzung gemacht. Dabei war mir auch manch Merkwürdiges bis Sinnloses an den Redaktionsstrukturen aufgefallen. Heute weiß ich: alles ganz falsch!

Unterschätzen wir nie die Kollegen mit kastrierten Talenten und abgesägtem Machtbereich, auch nicht deren Gelangweiltsein. Allzu leicht sieht man sich als Neuer im alten System, statt anerkannt und geschätzt zu werden, ruckzuck in die Rolle des Störenfrieds versetzt.

Störenfried? Sie meinen, so deutlich hat das noch keiner zu Ihnen gesagt?

Kein Wunder, das wird auch keiner je sagen. Denn offen ausgesprochen wird so etwas beim Wessi nicht. Stattdessen lobt der doch vordergründig gern und grübelt hintergründig, wie er einen ausbremsen und verhindern kann. Wir dürfen nicht vergessen, dass Westler nur in sich selbst verliebt und vom illoyalen Verhalten gegenüber anderen zutiefst erheitert sind.

Wie man durchschaut, dass Lob nur als Mittel zum Zweck instrumentalisiert wird?

Zugegeben, das ist schwer, denn jeder ist hier eitel. Vielleicht daran, dass sich der Rücken verkrampft und sich Unwohlsein einstellt. Wie auch immer: Hinter einer scheinbar freundlichen Oberfläche kann der Wessi knallhart Rangordnungsspiele verhandeln. Nehmen wir das tiefe Hierarchiebewusstsein West nicht zuletzt bei Entmachteten und Bedeutungslosen zur Kenntnis. Denn die kämpfen besonders erbittert darum, nicht auf der allerletzten Stufe zu stehen. Da gehört für sie der Ossi hin.

Wenn jetzt die Groschen gefallen sind, dann ist das Prinzip erkannt und damit die Gefahr gebannt. So werden wir der Zukunft zugewandt voranschreiten.

Bravo, Ossi!

Aufwärts vorwärts!

Bestehen im Arbeitsleben West bedeutet nicht nur, sein Handwerk zu beherrschen. Es heißt, durchzuhalten in einem Prozess der Desillusionierung und standzuhalten in einer Atmosphäre, die, sagen wir es mal euphemistisch, durchwachsen ist.

Arrogante Durchschnittlichkeit aber will herunterziehen, wirkt erschöpfend. Wundern – so wie ich mich einst gewundert habe – sollte man sich darüber nicht.

Noch neu im Journalistenberuf, versuchte ich, so viel wie möglich mitzubekommen. Ich durchlief verschiedene Redaktionen von der Aktualität über die Kultur bis hin zur Wissenschaft. Zugegeben, ich war extrem neugierig. Außerdem strebte ich noch einen Aufenthalt in London an. Als Ossi ein bisschen weltläufiger zu werden schien mir angebracht zu sein. Auch Englisch wollte ich lernen.

Doch ich hatte nicht mit dem Neid gerechnet, den jene entwickeln können, die festgeklemmt hinter ihrem Schreibtisch sitzen, aber die letzte Entscheidung über begehrte Aufträge, also die Macht haben. Nicht wirklich wohlwollend, dennoch irgendwie jovial wurde mir dann mitgeteilt, ich könne die vorgeschlagenen Beiträge nicht realisieren, ich würde ja schon auf zu vielen Hochzeiten tanzen. Meine Ideen war ich damit los. Und die in meinem Kopf entwickelten Filme wurden schließlich von anderen Autoren gemacht. Ärgerlich war das. Aber es schien sinnlos, lange darüber wütend zu sein. Diese Erfahrung habe ich im anderen Deutschland nach der Wende der Werktätigen öfter gemacht.

Es blieb nicht sehr viel mehr, als sich dennoch immer wieder auf die Arbeit zu konzentrieren. Das war das Feld, auf dem ich mich beweisen wollte. Das funktionierte auch. Nur bedenken wir, niemand wird uns für diese Einstellung zur Arbeit dankbar sein.

Häme hat die schnelleren Füße.

Wie oft bin ich – auch nachts – dienstbeflissen und aufgerieben durchs Haus gerannt. Das blieb selbstverständlich unbeachtet, wurde nicht erwähnt. Ich lernte erst sehr spät, auch mal langsam durch die Gänge der Firma zu gehen, im »aufrechten Gang« nach Westmanier. Und wenn es dabei dann noch gelingt, zu loben, zu loben und nochmals zu loben, dann bleibt das ganz sicher nicht unbeachtet.

Am schlimmsten war es damals in einer der Nachrichtenredaktionen. Eigentlich ein Bereich, in dem es normalerweise hektisch zugeht, die Mitarbeiter von einer Meldung zur nächsten gejagt werden. Keiner hat zu viel Zeit, sich über den anderen merkwürdige Vorstellungen zu machen. Bei diesem Sender allerdings saßen einfach jede Menge Leute herum. Die mussten sich zwischen den Schlagzeilen, die auf zu viele Nasen verteilt waren, mit Kaffee und Geschwätz am Leben erhalten. So war die Nachrichtenredaktion ein ausgemachter Plauderverein, der in mir keine neue Tratschtussi gefunden hat. Und was haben die sich da über die Frau aus dem Osten für Gedanken gemacht. Ich kam mir vor wie ein Ausländer.

Langeweile in Staatsbetrieben, das war mir irgendwie vertraut. Aber dass die Stimmung dabei so dröge war, das kannte ich von drüben nicht. Wir haben auch hier aus der Not eine Tugend, uns aus der Langeweile eine Gaudi gemacht. Eine spezielle Kunst, die der Ossi selbst im Kollektiv beherrscht. So haben wir – anstatt andere zu mobben – zum allgemeinen Vergnügen einen Wettkampf im Kirschkernweitspucken veranstaltet oder muntere Quizspiele am Betriebstelefon abgehalten.

Eine ganz andere Anmutung hatte dann wieder mein Abstecher in die Kirchenredaktion. Dort saß eine skurrile Mischung von ziemlichen Exoten. Als ich hier vor lauter nicht gefüllter Arbeitszeit nicht mehr wusste, was ich denn tun sollte, begann ich »Emma« zu lesen.

Für mich durchaus ein spannendes Blatt, denn Feministinnen in lila Latzhosen mit ihren Theorien zur Emanzipation der Frau, so was kannten wir im Osten nicht als Lektüre, das lebten wir. Als mich der Kirchenchef jedenfalls mit der »Emma« sah, war er entsetzt und verbot mir das Lesen in seinen Redaktionsräumen – »Wenn es denn unbedingt sein muss, machen Sie das in Ihrer Freizeit!«, war sein Kommentar.

Lesen verboten? Das war einer der Gründe, weshalb ich aus dem Osten weggegangen bin. Es war meine Überzeugung, dass es derartige Verbote im Westen nicht geben kann. Außerdem glaubte ich, Journalisten müssten vielseitig informiert sein... Aber hier regierte offenbar autoritär ein Funktionär mit Scheuklappen über seine Schafe. Demutsvolles Niederducken war angesagt. Ein solches Verhalten kam mir bekannt vor. So war die DDR. Komisch, auch die Kirchenredaktion beherrschte ein bedrückendes Schweigen. Oder haben die, die so wenig miteinander sprachen, alle meditiert?

Bemerkenswert war auch der Ausklang des Tages. Egal, was und wie viel los war, immer galt: Erst wenn der Leiter der Redaktion seinen Hut nahm, den er immer auf dem Garderobenständer geparkt hatte, durften auch alle anderen gehen. Das war ein regelrechtes Ritual. Es wäre ein Sakrileg gewesen, sich vorher zu verabschieden oder sich nach eigener Termineinteilung eher als der Patron davonzumachen. Hüte sind inzwischen eine Seltenheit, aber mit Gutsherrenmanier operiert der Wessi weiterhin gern. Auch wenn es um sein generelles Urteil über den Osten geht.

Aufschlussreich war, wie sich nach all diesen Erfahrungen meine journalistische Beschäftigung beim neu gegründeten Sender für Thüringen, Sachsen und Sachen-Anhalt fortsetzte. Damals stand die Fernsehzentrale noch in Dresden auf dem Gelände des ehemaligen Trickfilmstudios der Defa. Dort hat der MDR in alten Werkhallen und Containern angefangen, für den Osten Programm zu machen. Es war eine Stunde null, und so kehrte ich voll Begeisterung in den Osten zurück. Hier herrschte ein anderes Klima, wehte ein frischer Wind. Pioniergeist war gefragt. Wir saßen in Ost-West-Teams zusammen und haben trotz schlechter Voraussetzungen gute Sendungen gemacht und vor allem dabei jede Menge Spaß gehabt. Auch in der Kirchenredaktion ist das so, wie ich inzwischen aus eigener Anschauung weiß.

Der angestammte Ossi honoriert das, indem er den MDR gerne einschaltet. Vom fernab sitzenden Wessi allerdings – vornehmlich bei intellektuellem Anstrich – wird dieses Fernsehprogramm heftig kritisiert. Je größer das Unverständnis, desto eifriger wird das Programm madig gemacht. Manche Kritiker glauben, es sei eine besondere Kunst, die Arbeit von anderen schlecht zu machen. Das aber ist ein anderes Thema. Dazu kommen wir später.

Wir wollten ja hier zunächst nur begreifen, wie es gelingen kann, den Wessi mit wohlfeilem Loben aus dem Sattel zu heben.

Das kann nicht alles sein?

Stimmt.

Manchmal vergeht einem nämlich selbst das Loben. Und das muss dann auch so sein. Deshalb springen wir zum Schluss noch einmal zum Ende des Berufslebens, um zum Thema Rente zu gelangen. Da taucht sie auch bei meinem Kontrahenten West auf, die Verdrehung der Tatsachen, die man nur als Rentenlüge bezeichnen kann. Sie besagt, der Ossi bekomme zu viel, in jedem Fall mehr als der Westrentner und bediene sich dabei aus einer Kasse, in die er nie eingezahlt hat.

Der Ostrentner als Räuber. Als Plünderer gar.

Phänomenal!

Die Zahlen, die bei Rentenwert und Rentenpunkt in der Öffentlichkeit kursieren, sind höchst unterschiedlich und würden auch hier nur verwirren. Möglicherweise ist diese Undurchschaubarkeit sogar ein Teil der Verteilungsstrategie, damit niemand so genau durchblicken kann. Experten jedenfalls meinen, eine gleiche Rente Ost und West gibt es auch nach den vielen Jahren der deutschen Einheit noch immer nicht. Rentner aus den neuen Ländern erhalten derzeit gerade mal ca. 88 Prozent des Wertes der Westrenten. In der Westpresse allerdings werden meist Renten verglichen, die nicht zusammengehören, werden entscheidende Fakten weggelassen, um dann, ja richtig, auf höhere Prozentzahlen zu kommen.

Wen erstaunt das?

Bei all dem Wirrwarr steht aber fest: Wenn zum Beispiel Ostfrauen mehr Rente als die im Westen ausgezahlt bekommen, dann liegt das ausschließlich daran, dass sie berufstätig waren. Im Schnitt über zehn Jahre mehr als die gleichaltrigen Westtanten.

Frauen im Osten haben es sich nicht angewöhnt, zu Hause zu bleiben und neben der Kindererziehung ausführlich shoppen, smalltalken oder Golf spielen zu gehen und sich vom Mann aushalten zu lassen, weil sie ihm im Gegenzug dafür die Hemden stärken oder mit guter Küche zum Wachstum des Wohlstandsbauchs beitragen.

Doch selbst wenn die Ostoma für ihre Arbeitsjahre ein paar Euro mehr Rente erhält, reich ist sie damit noch lange nicht. Kann sich in der Regel kaum den Kuchen zum Kaffee leisten. Denn die monatliche Zahlung für Menschen, die im Osten dreißig bis vierzig Jahre lang und oft unter sehr harten und gesundheitsschädlichen Arbeitsbedingungen tätig waren, liegt im Schnitt gerade mal bei ein paar hundert Euro. Die Tausenderschwelle wird selten erreicht.

Ostrentner spielen damit in der Mehrheit in der Liga des Sozialhilfeempfängers. Können sich zwar noch ernähren, aber keinen nennenswerten Lebensstandard im Alter entfalten. Zusätzliche Altersversorgungsansprüche, wie im Westen mit Betriebsrenten und Pensionskassen allgemein üblich, gibt es im Osten nicht. Allenfalls für die, die sich als Mitläufer des Systems eine zusätzliche Staats- und Intelligenzrente gesichert haben. Hat jemand freiwillig in eine DDR-Zusatzversorgung eingezahlt, wurde das nach der Wende meist nicht anerkannt.

Auch die im Westen übliche dritte Säule der Altersvorsorge, das Privatvermögen, gespeist aus Kapitalanlagen oder Immobilieneinnahmen, haben die Ostler nicht. Wie hätten wir auch in einem Land, in dem alles Eigentum des Volkes war, Derartiges ansparen und horten können?

Und dann kommt der hochmütige Wessi an und beschwert sich über die angeblich zu hohen Renten, oder er findet die Unzufriedenheit der Ostrentner »zum Kotzen«. Ja, das hat Altkanzler Helmut Schmidt wirklich so gesagt. Wohlsein! Es schon einmal mit einer Magen-Darm-Diät gegen Übelkeit probiert?

Aber was soll die Jammerei, sie bringt ja nichts.

Kehren wir am Ende doch lieber wieder zur gewonnenen Einsicht vom Anfang, kehren wir zu unserem Ausgangspunkt, dem Loben, zurück. Denn dass wir klagen, das wollen die Westler nicht, dann wettern sie, wir seien kleinmütige Provinzler.

Also lieber schick gemacht und hoch die Tassen!

Ein Prosit auf die Zeit, als wir noch Fehler gemacht haben.

Und ein zweites darauf, dass wir jetzt gescheiter sind. Denn mit der Strategie des Lobens wird alles nicht mehr ganz so schlimm, wir werden weiterkommen.

Wir hätten die Wessis einfach dafür loben müssen, dass sie unsere Industriebetriebe mit den vielen, vielen tausenden Beschäftigten platt gemacht haben. Anstatt zu streiken oder gar in Hungerstreik zu gehen, hätten wir Hosianna singend ausrufen sollen: »Prima Jungs, in eurer wunderbaren, großartigen Weitsichtigkeit habt ihr euch ganz sicher ganz viel dabei gedacht und wisst, wo wir im Anschluss an die Werksschließungen arbeiten können. Zeigt uns eure tollen Gutachten, nach denen wir nun zukunftsträchtige Jobs finden können. Nur der kurzsichtige Abbau Ost kann ja nicht das Ziel von wertschöpferischen, langfristig denkenden Wessis gewesen sein!«

Prost!

Wessis voller Bewunderung in die Pflicht zu nehmen ist doch eine prima Sache.

Bleiben wir dabei, denn auch bei den Fördermilliarden wart ihr sicher so klug und vorausschauend, uns nicht einfach Millionen über Millionen über Millionen in die Hände zu geben, mit denen wir dann nicht effizient umgehen können. Das macht man doch nicht einmal mit kleinen Kindern, oder wenn, dann nur mit ein bisschen Taschengeld.

Es wäre doch grob fahrlässig gewesen, solchen Dödeln wie uns die alleinige Verantwortung für Arbeit und Geld zu überlassen.

Ihr dagegen, ihr Wessis, die ihr so reich seid an ökonomischer Planungs- und Handlungssicherheit selbst in den rauen Stürmen der Marktwirtschaft, ihr habt doch sicher die richtigen Konzepte parat.

Also bitte, ihr Wirtschaftslenker West mit eurem omnipotenten Gebaren, verratet sie uns endlich. Wir sind schon sehr gespannt. Und wir werden sicher begeistert sein und unser Mund übervoll des ...

Na?

Richtig: des *Lobes*!

Hurra!

OSSI
WESSI
1000
Hanitzsch

4 **West** gegen Ost: Ihr habt uns betrogen

Jammernd über ihr neues Leben verteidigen Ossis trotzig ihr altes. Trauern dabei insgeheim ihrem jämmerlich gescheiterten System nach. Beklagen sich, dass schwarze Wolken ihr Jammertal verdunkeln, dass die Sonne nicht durchdringt, dass es an blühenden Landschaften mangelt, obwohl ihnen ein Westler diesen Himmel auf Erden versprochen hat.

Das war Helmut Kohl. An den müsst ihr euch wenden.

Wir ahnten, dass er vom Gartenbau nichts verstand.

Doch an allen Problemen sind für Ossis die Wessis als solche schuld. Sie haben uns als Kollektiv in Haftung genommen für alles, was seit der Einheit schief ging. Sie folgen den Ritualen aus der Vergangenheit. Für alles, was im Sozialismus nicht klappte, gab es nur einen Schuldigen. Den Kapitalismus. Die anderen vier Gegner wurden verschwiegen: Frühling, Sommer, Herbst und Winter.

Angst vor der Zukunft?

Ham wa nich jehabt.

Aber hattet ihr eine Zukunft?

Sie hatten sich über Jahrzehnte daran gewöhnt, dass man ihnen sagte, wohin die Reise geht. Wer zweifelte oder gar eine andere Route vorschlug als die vom Zentralkomitee verkündete, galt als Abweichler. Dessen Weg führte dann nach Bautzen oder nach Waldheim statt ins Paradies der Werktätigen. Hat nicht vor ein paar Seiten die Frau aus dem Osten voller Spott über die Parolen der Zeit geschrieben, der sie entronnen ist? Hieß da nicht eine: Vorwärts immer, rückwärts nimmer?

Eigentlich ein Kinderreim wie so viele SED-Sprüche.

Unsere Beutedeutschen sind Kinder geblieben.

Eigene Entscheidungen zu treffen fiel ihnen immer schon schwer. Dafür konnten sie nichts. Das war Teil der Methoden des Systems, nach denen sie erzogen wurden. Das ihr Weltbild prägte. Selbst über ihr Leben zu bestimmen war nicht vorgesehen. Selbst zu handeln mussten sie lernen, als der real existierende Westen, von dem sie träumten, in dem jeder – jeder? – selbst bestimmte, über sie hereinbrach.

Einer meiner Freunde, der in den fünfziger Jahren in Thüringen lebte und dort zur Schule ging, seit der Wende ein leidenschaftlicher Wossi, hat mir das anhand eigener Erfahrungen mal erzählt. Das Thema seines Abituraufsatzes in Schmalkalden lautete: »Zeige Elemente des sozialistischen Realismus in Scholochows ›Stillem Don‹ auf.« Eine leichte Übung, denn wäre das Werk nicht linientreu gewesen, hätte man es nie veröffentlicht. Er absolvierte sie mit der Bestnote eins. Studieren durfte er dennoch nicht. Sein Stiefvater besaß eine kleine Sägerei, die später verstaatlicht wurde, der Abiturient sollte zunächst seine »Verbundenheit mit der Arbeiter- und Bauernklasse« unter Beweis stellen, ein Jahr in die Produktion gehen, danach das Ehrenkleid der Nationalen Volksarmee anziehen.

Da machte er lieber rüber. Musste in Berlin allerdings erneut zur Schule gehen, das sog. Westabitur bestehen, weil seines aus der Zone hier nicht anerkannt wurde. Thema diesmal: Für und wider die Todesstrafe. Er ging zu seinem Lehrer und fragte: Ja was denn nun, für oder wider? Dass man zur eigenen Meinung aufgefordert wurde, war ihm noch nie zugestoßen. Das fand er gut, aber es verwirrte ihn. Note drei.

Vorwärts immer, rückwärts nimmer, also wieder zurück aus der Vergangenheit zu unseren Neufünfländlern.

Da Ostler schon zu DDR-Zeiten die Widersprüche zwischen ihrem subjektiv als berückend empfundenen Leben – Vollmond in der Dachluke, Kuscheleinheiten unterm Rucksack, Hermann Hesse in der Datsche – und dem objektiv als bedrückend erlebten Alltag – Engpässe in der Versorgung, verfallende Altbauten, denunzierende Nachbarn – verdrängt haben, verdrängen sie diese heute erst recht. Das als einfach und schön Erinnerte nannten sie schon damals echtes Leben im falschen, und diese Erinnerung lassen sie sich nicht nehmen, schon gar nicht von uns.

In merkwürdiger Vergangenheitsbewältigung empfinden vierzig Prozent der Ostdeutschen die Verhältnisse in der DDR im Nachhinein als einigermaßen erträglich. Da fragen wir sie noch einmal, warum sie dann 1989 auf die Straße gingen gegen unerträgliche Verhältnisse, wenn die so schlimm gar nicht waren?

Aber schon eine so simple Frage nach ihrer realen, nicht nach der gefühlten Existenz gilt bei denen drüben, wie ich sie kenne, als typisch westdeutscher Zynismus. Den wittern sie in jedem Satz. Passend dazu steigt aus meinem Gedächtnis die Geschichte von jenem kleinen Jungen, den es aus dem protestantischen Norden auf eine katholische Schule nach Bayern verschlug. Naturkunde. Ausgestopfte Tiere sollen erkannt werden. Die Nonne hält ein Eichhörnchen hoch. Fragt ihn, was das denn wohl sei? Antwort: Ich würde sagen, es ist ein Eichhörnchen. Aber wie ich den Laden hier kenne, ist es sicher das liebe, süße, kleine Jesulein.

Dabei leugnen wir doch gar nicht, dass die Ossis Großartiges geleistet haben, und erkennen deshalb voller Bewunderung an, wie geschickt sie sich nach der Wiedervereinigung als ein einziges Volk von Opfern verkauft haben, unsere Stiefschwestern und Stiefbrüder. Dass viele der armen Opfer in Wahrheit miese Täter waren, erfuhren wir erst nach und nach im Laufe der Jahre. Da hatten sie uns aber längst schon eine Art Schuldgefühl eingepflanzt, weil wir angeblich vierzig Jahre lang prassten, während sie darbten. Das wirkte nachhaltig. Generös entschädigten wir sie für ihre verlorene Zeit, weil wir in der unseren gelernt hatten, es sei unsere Pflicht und Schuldigkeit, denen zu helfen, die es nicht so gut haben wie wir. Zum ersten Mal in der bundesdeutschen Geschichte erleichterten wir unser schlechtes Gewissen nicht nur mit den üblichen Spenden für die Armen in der Dritten Welt, was Misereor und Caritas in ihren Bilanzen spürten. Wir schütteten unser Bestes über die Dritte Welt vor unserer Haustür aus. Das ging so lange gut, bis wir es selbst nicht mehr so gut hatten und das nicht mehr so gut fanden.

Wir ahnten zwar insgeheim, dass die Ostler uns ausnahmen, aber da es nun mal Verwandte waren, sagten wir es nicht laut. Denn auch wir können lieb sein, nicht nur die drüben. Obwohl zwei Drittel von denen bei Umfragen angeben, uns kaltherzigen kapitalistischen Wessis ginge es im Leben doch nur ums Materielle, ums Geld.

Und worum geht es ihnen?

Auch ums Geld.

Aber um *unser* Geld.

Fakt ist: Die mittleren Einkommensklassen hier zu Lande haben seit der deutschen Einheit einen Einkommensverlust von real fünf Prozent zu beklagen. Sie machen auch deshalb den Ossis ihren Alleinvertretungsanspruch im Jammern streitig. Die hatten ihren Lebensstandard von 1989 bis Mitte der neunziger Jahre locker verdoppelt, kamen ohne eigene wirtschaftliche Basis zu einem nie zuvor gekannten Wohlstand. Was die Statistik zu Ungunsten Ost verzerrt, sind die fünf Prozent von Superreichen im Westen, die es drüben nicht gibt. Andererseits vergessen sie beim Jammern gern, dass bei ihnen die Mieten niedriger sind als bei uns, die Dienstleistungen, die Lebenshaltungskosten insgesamt.

Ossis, lasst fahren alle Hoffnung, dass es so weitergeht, wie es bisher ging. Sechzehn Jahre nach der Einheit könnt ihr in Zukunft weder eure Schuld noch eure Schulden bei uns abladen. Falls ihr das Gefühl habt, wir würden euch durch Almosen von immer noch jährlich neunzig Milliarden Euro die Würde rauben, dann gibt es eine einfache Lösung, um eure Würde zu steigern:

Verzichtet einfach auf die Transferleistungen.

Das Geschrei möchte ich hören.

Zugegeben, wir haben im Rausch blind machender Gefühle am Anfang unserer Beziehung, in jenen magischen Momenten nationaler *amour fou*, die Vergangenheit der Braut nicht streng genug durchleuchtet, bevor sie uns zum Altar der Einheit schleppte. Haben ihre Aussteuer – Industrieanlagen, Bodenschätze, Werften – als willkommene Morgengabe für den gemeinsamen Hausstand betrachtet, statt sie auf ihre Substanz zu prüfen. So rückblickend betrachtet, ist der Westen von einer Mitschuld an den zerrütteten Verhältnissen also nicht freizusprechen.

Dass die DDR-Wirtschaftskraft Ende der achtziger Jahre nicht mal ein Drittel der unsrigen erreicht hatte, haben wir einfach nicht gewusst, was nicht unbedingt, wiederum zugegeben, für den Durchblick unserer Manager und Politiker spricht. Wir waren sogar so blauäugig gewesen, die einst von Franz Josef Strauß an euch vermittelten Milliarden für einen nur kurzzeitig nötigen Überbrückungskredit zu halten, wie er so auch in besseren Familien mal vorkam. Wir haben gutgläubig den Statistiken über das drüben stets beeindruckend wachsende Bruttosozialprodukt getraut. Es wäre die Aufgabe der Bundesnachrichtendienstler gewesen, hinter die Fassaden der potemkinschen Dörfer zu schnüffeln. Dass sie nicht so effizient waren wie die Stasibanditen, erfuhren wir erst nach den Flitterwochen.

Obwohl wir uns täuschen ließen von den Zahlen, die drüben als Beweis für den nicht mehr aufzuhaltenden Sieg des Sozialismus Jahr für Jahr veröffentlicht worden waren – Blauäugigkeit ist dumm, aber keine Straftat. Andere zu täuschen, zu betrügen, zu belügen dagegen gilt als strafbare Handlung. Falls man die Täter erwischt und ihnen ihre finsteren Absichten nachweisen kann, werden die verurteilt. Die Trickser und Täuscher der Zone sind die eigentlich Schuldigen am heutigen Desaster, d. h. die bis zur Wende herrschenden Greise. Die wenigsten von denen fühlen sich wenigstens schuldig, geschweige denn, dass sie verurteilt wurden im Namen des Volkes Ost, das sie betrogen hatten, oder im Namen des Volkes West, das sie arglistig getäuscht hatten. Außer Günter Schabowski und Wolfgang Berghofer kenne ich keinen vom einstigen Führungskader, der sich zu seiner Schuld bekannt hat.

Die Erkenntnis, dass die Zone kein Schnäppchen war, sondern eine Bruchbude, die zu renovieren an unsere Substanz ging, kam zu spät. Das Volk Ost war schon da. Hatte begonnen, hauptsächlich auf unsere Kosten zu leben. Dabei sind die Ostler bis heute geblieben. Gemeint sind gar nicht mal die Abermilliarden Euro für den Aufbau Ost, sondern nur die 130 Milliarden D-Mark, die beim Umtausch gegen 200 Milliarden der wertlosen Ostmark quasi über Nacht bei der Währungsunion den Besitzer wechselten.

Hätten wir die Brüder und Schwestern auch dann so freudig zur Brust genommen, wenn wir gewusst hätten, dass sie uns auf Dauer nicht so recht lieb werden würden, dafür aber teuer zu stehen kämen?

Ja.

Wir wussten, dass wir unterhaltspflichtig waren.

Wir hätten euch nicht an eure guten Freunde verwiesen, in Russland oder Bulgarien oder Rumänien (denen es übrigens im Vergleich zu euch beschissen geht). Aber genau deshalb nervt es uns so, wenn ausgerechnet ihr uns vorwerft, euch enttäuscht zu haben.

Ihr nämlich habt uns getäuscht.

Wer einen anderen betrügt, muss dem etwas wegnehmen, was

ihm nicht gehört. Worum bitte hätten wir euch betrügen sollen? Um eure verfallenden Städte? Um eure verrotteten Kombinate? Um eure vergiftete Luft? Was hätten wir euch wegnehmen sollen? Eure hohe Arbeitslosigkeit ist auch eine Folge der DDR-Wirtschaft, nicht nur eine Folge der Fehler bei der Umsetzung der Einheit.

Aber zunächst muss weiter von euren Schwächen geredet werden, bevor wir euch gönnen, über die unseren zu schreiben. Es wäre naiv anzunehmen, dass nach einer friedlichen Revolution alle Strukturen, die von der DDR in pedantischer Art über vierzig Jahre aufgebaut wurden zur systematischen Unterdrückung des Volkes, schlagartig verschwunden wären ab 1990. Natürlich war es nicht so, dass diese sinistren Baumeister der Zone alle in Rente gingen und endlich wenigstens das Maul hielten, das große. Die Demonstranten skandierten »Stasi in die Produktion«, was man ganz besonderen Genossen nicht zweimal sagen musste.

Da waren die nämlich schon, weil sich viele nach dem Schock, Macht und Pfründe verloren zu haben, zusammengesetzt und überlegt hatten: Was können wir, was die aus dem Westen nicht können? Was haben wir, was die nicht haben?

Funktionierende Seilschaften mit Ortskenntnissen.

Als die Glücksritter aus dem Westen, dort zumeist namentlich bekannt aus der damals erfolgreichen TV-Serie »Nepper, Schlepper, Bauernfänger«, in den nahen Osten ritten, um Claims abzustrecken, trafen sie auf viele solcher Genossen, die ihren hauptamtlichen Arbeitgeber verloren hatten: das Ministerium für Staatssicherheit, die Staatliche Planungskommission. Aber sich auskannten im Land, kein Wunder. Die Ostamateure waren mit Herrschaftswissen gedopt und fähig zu Höchstleistungen auch unter den neuen Bedingungen. Sie brauchten, was ihre moralische Grundhaltung betraf, keinen Vergleich zu fürchten mit westdeutschen Abzockerprofis. Viele einstige Planwirtschaftler gingen deshalb mit einem genauen Plan in die Marktwirtschaft.

Bei historischen Umwälzungen wie der Wiedervereinigung und der Transformation von der Plan- zur Marktwirtschaft ist ein gewisser Bodensatz an Kriminellen unvermeidbar, also normal. Es ist im Osten nicht mehr betrogen oder geklaut worden als in einem Kaufhaus, sowohl von den Angestellten als auch von den Kunden. Das Kaufhaus Deutschland allerdings war ziemlich groß.

Die Ex-Genossen, eure Landsleute!, haben beispielsweise aus volkseigenen Betrieben selbsteigene Betriebe gemacht. Es ging nicht nur um Dutzende von Tarnfirmen aus dem Schalck-Reich Kommerzielle Koordinierung (KoKo), sondern um das Vermögen von Parteien und Massenorganisationen, also um den Besitz des Ministeriums für Staatssicherheit und der Nationalen Volksarmee etc. Ob die gewendeten Kommunisten viele hundert Millionen D-Mark über Auslandskonten verschwinden ließen, ob die Erben der Blockparteien CDU und LDPD sich außer den bekannten sechzig bzw. einundneunzig Millionen mehr unter den Nagel gerissen haben, warum eine Organisation wie die »Vereinigung der gegenseitigen Bauernhilfe«, unter der Abkürzung VdgB nicht so bekannt, fast 400 Millionen DM Vermögen auf ihrem Konto hatte und wie die »Gesellschaft für Sport und Technik« an 1,2 Milliarden kam, interessiert zwar heute niemand mehr.

Gehört aber auch zur Geschichte der Einheit.

Weshalb sollten wir schuld sein an diesen Durchstechereien?

Stimmt: Wirtschaftskriminelle sind auch im Westen viel zu oft als Falschparker in der Marktwirtschaft behandelt worden und nicht als Verbrecher. Diese Einstellung hat sich gerächt im Osten, denn in Neufünfland fanden die nicht nur ideale Bedingungen, sondern anfangs einen fast rechtsfreien Raum und in dem viele Wendehälse, ein gut funktionierendes Old Boys' Network.

Eure Wendehälse, eure.

Zu spät auch erfuhren wir hier von den sieben Weltwundern der DDR. Wir hielten für einen guten Witz, was auf Tatsachen beruhte: Obwohl niemand arbeitslos war, hatte die Hälfte nichts zu tun. Obwohl diese Hälfte nichts zu tun hatte, fehlten Arbeitskräfte. Obwohl Arbeitskräfte fehlten, übertrafen die Arbeitenden alle staatlichen Planvorgaben. Obwohl sie die Pläne erfüllten, gab es in den HO-Läden nichts zu kaufen. Obwohl es in den Läden nichts zu kaufen gab, hatten die Leute fast alles. Obwohl die Leute fast alles hatten, meckerte die Hälfte von ihnen. Obwohl die Hälfte meckerte, wählten 99,9 Prozent die Kandidaten der SED.

Im Mutterland des »Ham wa nich« hat der normalsterbliche Zoni nicht wissen können, wie gnadenlos die Bilanzen gefälscht wurden. Woher auch. In den Zeitungen bei euch stand ja nur das, was der staatlichen Propaganda genehm war. Bert Brecht zielte zwar auf die andere deutsche Diktatur, das Nazireich, das einst uns gemeinsame Vaterland, als er lästerte, ein guter Propagandist mache aus einem Misthaufen einen Ausflugsort. Aber es passt seine Erkenntnis auch auf die bis 1989 aktiven DDR-Hähne auf dem Mist: »Und noch etwas macht ein wenig bedenklich/ Über den Zweck der Propaganda: je mehr es in unserem Land Propaganda gibt/ Desto weniger gibt es sonst.«

Wer Melkmaschinen zu Robotern erklärt, wer den Chip von Robotron als Fortschritt feiert, in Wirklichkeit aber auf dem Weltmarkt dafür nur umgerechnet vierundzwanzig Westmark bekommt, bei Herstellungskosten von 536 Ostmark pro Stück, muss irgendwann von der Wirklichkeit eingeholt werden. Wer so lügt, den bestraft eben das Leben. Billige Lebensmittel, billige Wohnungen, Vollbeschäftigung, soziale Sicherheit hatten wir, jammern die Ossis, aber all das wurde erkauft durch eine Staatsverschuldung im kapitalistischen Ausland, die zwangsläufig zum Bankrott führen musste, denn gleichzeitig verrottete die Industrie, wurde ihre Substanz ausgehöhlt, war sie am Ende buchstäblich nicht mal mehr das Papier wert, auf dem ihre Schlussbilanz stand.

Honeckers bester Freund war nicht Mielke, sondern der Plan. Den ließ er, getreu dem Beispiel Ulbrichts folgend, so lange hintricksen, bis ihm die Zahlen gefielen. Das Gerüst der Planwirtschaft bildeten die Bilanzen, also wurden sie gefälscht. Wenn der oberste Zoni vier Prozent jährliches Wachstum verlangte, was immerhin ein Fortschritt war, denn sein Vorgänger Walter Ulbricht tat es nie unter zehn, wurden von den Genossen der Staatlichen Planungskommission, die natürlich wussten, wie weit dies von der Wirklichkeit entfernt war, vier Prozent in die Statistik reingeschrieben. Nicht mal eine schwarze Null hätten sie belegen können.

Nach vollzogener Einheit, deren feierliche Inszenierung die gesamtdeutsch Herrschenden nicht durch Horrormeldungen von der zusammenbrechenden Wirtschaftsfront draußen im Lande stören wollten, wurde schnell klar, dass eure DDR kein so guter Deal und eigentlich ein Fall für den Konkursverwalter war. Der Zorn traf täglich die Überbringer der Nachrichten und nicht die Verursacher der tristen Wirklichkeit. Die meisten von denen, die einst in der Zone regierten, mussten nicht so teuer für ihren Betrug am Volk bezahlen wie das Volk, das sie systematisch belogen hatten und das nunmehr uns Wessikapitalisten für die Bösewichter hält, die ihnen die Arbeitsplätze nahmen und die preiswerten Lebensmittel und ihren Kindern eine Zukunft in der geliebten Heimat.

Für uns in den alten Bundesländern, die unsere ewig jungen waren, bevor die neuen kamen und uns alt aussehen ließen, war Arbeit nicht mehr Lebenszweck. Sondern Mittel zum Zweck, und der Zweck hieß: besser zu leben.

Weil ihr uns systematisch aussaugt, und dies seit gut fünfzehn Jahren, geht es uns jetzt nicht besser als euch. Okay, nicht allen.

Aber im Ruhrgebiet ist die Stimmung nicht besser als in der Lausitz, liegen die Quoten der Arbeitslosigkeit ähnlich hoch. Nicht mal Schuldige konnten die so schnell finden, da habt ihr es leichter. Für euch standen die Schuldigen von Anfang an fest.

Wir.

Vor ein paar Monaten, in einem ziemlich deutschen Herbst, stieg ich aus auf einem ziemlich grauen Bahnhof in einer ziemlich grauen Stadt und nahm den nächsten Regionalexpress und fuhr noch eine halbe Stunde durch eine ziemlich graue Landschaft. Industrieruinen. Fensterhöhlen, verrostete Zäune, Steintrümmerhaufen.

Trostlos ostig.

Ich fuhr von Duisburg nach Gelsenkirchen, Städte in der Zone West. In Duisburg wie in Gelsenkirchen hat die Arbeitslosigkeit Oststandard erreicht. Die Zukunft dort war vorgestern. Bürgermeister im Westen müssen Sozialleistungen kappen, Kulturetats halbieren, Sportplätze sperren, Schulen vergammeln lassen, weil ihre Kommunen pleite sind – und gleichzeitig ihren Bürgern erklären, dass die drüben trotzdem noch Anspruch auf Solidarbeiträge haben, mit denen sie ihre einst von Transferleistungen finanzierten Spaßbäder unterhalten.

Das zu behaupten ist allerdings wirklich zynisch.

Denn auch die sind längst geschlossen.

VEB
WIE …
… AUS DEM …
… AUFBAU OST …
… BLÜHENDE …
… LANDSCHAFTEN ENTSTANDEN

4 *Ost* gegen West: Ihr habt uns belogen

»Blühende Landschaften« und »Chefsache Ost« – das sind die bekannten Schlagworte, mit denen uns Zukunft versprochen wurde. Versprechen lässt sich vieles, die Wirklichkeit sah anders aus.

Sollten wir Ossis deshalb nach all den durchlebten Jahren der deutsch-deutschen Wiedervereinigung tatsächlich behaupten, dass Bundeskanzler Lügner sind?

Nein, so offen und ehrlich, ja so gemein sind wir nun wirklich nicht. Und dass kampfsportaktive Ossis nach dem Ende des Kalten Krieges nicht mehr den Ernstfall mit Eiergranaten proben, sondern faule Eier in Richtung Bundeskanzler werfen, das sind lediglich Ausnahmehappenings. Der Ossi an sich nimmt normalerweise die Schuld, so wie gern von ihm erwartet, erst einmal auf sich. Tapfer trägt er das Kreuz ein Stück. *Wir* sind ja stark und sagen zunächst, dass *wir* da wohl etwas falsch verstanden haben.

Denn das mit den blühenden Landschaften war wohl vom schwarzen Kanzler nie flächendeckend gemeint und schon gar nicht so gottgegeben wie der Ausbruch des Frühlings. Beschwerden sind also zwecklos, außerdem blüht uns ja aus der ein oder anderen Ruine was.

Und zugegeben, wir haben damals nur zugehört, uns gefreut und gestaunt, aber noch nicht nachgefragt: Wie genau ist das mit dem Blühen gedacht? Wo und wie viel wird das sein?

Selber schuld, grinst der Wessi da.

Als das östliche Deutschland im Hochwasser nahezu versank,

da war dann der andere, der rote Kanzler mit seinen grünen Gummistiefeln da. Davor und danach fehlte er. Auch die Chefsache Ost war also nur eine *punktuelle* Angelegenheit.

Eine *was*?

Fragen ungläubige Ossis da, denn schließlich wurden sie atheistisch erzogen. Als Bürger, die gelernt haben, nur den Leitsätzen der DDR-Regierung Glauben zu schenken, können sie mit Sprüchen von anderen, die das große Ganze beanspruchen, dann aber doch nur eine sehr begrenzte Gültigkeit haben, wenig anfangen.

»Aber *wer* hat denn *wen* zuerst belogen, und *wer* ist im Verkünden von Parolen, die sowieso nicht stimmen, geübter als wir?«, kontern altkluge Wessis da und zeigen mit ihrem spitzen Zeigefinger auf uns, nachdem sie ihn vorher drohend vor unserem Gesicht hin und her geschüttelt haben.

Wir Ossis: Lügner?

Wir Ossis: Meister verlogener Parolen?

Das waren doch nicht wir. Das waren doch die Lügner und Phrasendrescher vom Zentralkomitee der SED, das waren die von der Sozialistischen Einheitspartei. Wessi, du verwechselst da was.

Vermutlich nicht mal aus Versehen, sondern mit voller Absicht, um von deinem eigenen Versagen abzulenken. Denn du, Wessi, hast nicht auf uns gesetzt, sondern auf die falschen Genossen gebaut. Was können wir dafür, dass ihr Westler denen, die früher über uns herrschten und zu euch auf Staatsbesuch kamen, ihre frisierten Planerfüllungszahlen und gefälschten Wirtschaftsbilanzen abgenommen habt? Wir DDR-Bürger jedenfalls wussten, dass die *über*erfüllten Leistungsnormen von hundert bis hundertfünfzig Prozent, darunter ging es offiziell ja nicht, purer Lug und Trug waren. Doch uns habt ihr nicht gefragt, uns nicht zugehört, und wenn die Ohren ausnahmsweise auf Empfang gestellt waren, habt ihr unsere Worte nicht ernst genommen. *Ihr* wusstet immer alles besser als wir.

Selber schuld, grinsen wir Ossis da.

In der DDR erlebte man es jeden Tag, dass die neuen Plattenbauwohnungen aus dem ehrgeizigen Wohnungsbauprogramm für den Bedarf nie reichten, immer eine Mangelware waren. Tag für Tag schauten wir zu, wie die Altbauwohnungen langsam, aber sicher verkamen, weil kein Geld für Rekonstruktion (so sagt es der Ossi) oder Sanierung (so sagt es der Wessi) zur Verfügung stand. Wir haben in diesen alten Häusern gehaust, wo das kaputte Dach jeden Regen spürbar nass an uns durchgab. Wer oben wohnte, brauchte keinen Wetterbericht.

Wir haben es auch in den Betrieben gesehen, dass kein Geld für Investitionen da war, denn die Maschinen blieben weit über ihre Zeit hinaus im Einsatz, wurden so lange an- und ausgemacht, bis sie endgültig kaputt waren. Wir wussten bei jeder Reise mit der Deutschen Reichsbahn, dass mit diesen keuchenden Zügen kein Wettrennen mehr zu gewinnen war. Und jede Fahrt über die holprige Autobahn oder über unsere Straßen, deren Schlaglöcher Vulkankratern glichen, machte klar, dass mit unserer Infrastruktur beim Aufbau des Sozialismus bei weitem nicht alles stimmen kann.

Wenn ein Land kein Geld mehr hat, regieren Verfall und Verschleiß, das hatten wir über die Jahre gelernt, selbst wenn ein paar von Machtgier besoffene Greise dabei noch das Zepter schwenken, ihre Parolen hochhalten. Die bevorstehende Pleite war in der DDR deutlich absehbar. Doch ihr Wessis habt diese Zeichen der Zeit nicht erkannt.

Ihr habt geglaubt, wir seien eine potente Industrienation, unter den ersten fünfzehn der Welt sogar, ja ein vermögendes Land. Wie konntet ihr nur nach der Wende auf die Idee kommen – oder euch davon überzeugen lassen –, dass wir eine Treuhand brauchen, die das riesige Volkseigentum gerecht an alle Ossis verteilt? Wart ihr noch betrunken vom Rausch der deutschen Wiedervereinigung oder wolltet ihr, anstatt zu denken, lieber euren Kater ausschlafen? Warum war euch nicht klar, dass sich längst die inzwischen vertriebenen Obergenossen und ihre Mitwisser alles Verwertbare unter den Nagel gerissen hatten, unterstützt von den Halunken, die aus dem Westen kamen? Das Volksvermögen also für die öffentliche Hand bereits auf Nimmerwiedersehen verschwunden war. Was bitte schön sollen wir Ossis denn von euch Wessis halten, die ihr uns immerzu eure Weitsicht und euren Durchblick angepriesen habt?

Schon Anfang der achtziger Jahre hatte doch die Weltbank dem Osten Kredite gesperrt, und wäre nicht in dieser Zeit Franz Josef Strauß mit seinen Milliarden gekommen, die DDR hätte schon damals schlappgemacht. Spätestens danach gab es keinerlei Anlass mehr, unserer Wirtschaftskraft zu trauen. Bleibt die Frage: Warum habt ihr es trotzdem getan?

Für uns dagegen lag es auf der Hand, euch nach all den Jahren planwirtschaftlicher DDR-Ökonomie mit Enteignungen in der privaten Wirtschaft und sozialpolitischem Größenwahn vertrauensvoll die Hand zu reichen. Weil es so schön bunt blühte bei euch, weil der Überfluss aus euren Regalen quoll, deshalb waren wir davon überzeugt, dass *ihr* das ökonomisch stärkere und außerdem ja eh das demokratische System seid. Wirtschaftlich standet ihr im ostdeutschen Wendejahr einfach blendend da, das belegen die Zahlen.

Und dann kamen wir, als neuer Absatzmarkt Ost mit siebzehn Millionen frischen Konsumenten. Wir haben euch von der Couchgarnitur bis zum Autoreifen alles abgekauft und euch so entzückende Gewinne spendiert. Die Wiedervereinigung schob zumindest bei euch im Westen für ein paar Jahre die Konjunktur kräftig an. *Wir* haben dafür gesorgt, dass ihr erst später als andere westeuropäische Länder in die Krise kamt. Seid wenigstens dafür ein wenig dankbar.

Außerdem hattet ihr es erfolgreich geschafft, eure Zukunftsprobleme – zum Beispiel das Problem mit der leeren Rentenkasse oder das mit der alles erstickenden Bürokratie oder das mit der verwirrenden Überregulierung des Arbeitsmarktes – einfach auszublenden.

Wir durchschauten damals eure Spiegelfechterei noch nicht. Wie auch? Wir hatten ja keine Chance, einfach mal so zu euch Marktwirtschaftlern in Anschauungsunterricht zu gehen. Deshalb haben wir euch und eurer Bundesrepublik, die nun auch uns beherbergen sollte, einen großen Vertrauensvorschuss entgegengebracht, auch deshalb wollten wir unbedingt eure D-Mark. Dabei sein war alles, mit allem, was dazugehörte. Und was passierte dann?

Die Zeit, als wir aufatmen konnten, weil wir glaubten, jetzt sind wir richtig angekommen und frei, war viel zu kurz. Kaum hatten wir glänzende Augen und hüpfende Herzen bekommen – ja, auch davon, dass wir die neuen Geldscheine berührten, warum nicht? Seid ihr etwa weniger geldfixiert als wir? –, kaum also waren wir von der Wende beglückt, war's auch schon wieder vorbei. Viel zu schnell rutschten wir nach der knappen Pause von der über vierzigjährigen politischen Zwangsherrschaft in neue Zwänge hinein. Der allgegenwärtige Konkurrenzkampf und das ständige Nachdenken über das, was am Ende des Tages noch übrig bleibt, übernahmen die Vorherrschaft.

Genügend Zeit, das Neue zu genießen, hatte kaum einer. Der eine rannte und hetzte sich, um mit seinen Brüdern und Schwestern West Schritt zu halten, dem lief das Glück hinterher. Der andere kam überhaupt nicht mehr voran, verlor seinen Arbeitsplatz, dann die Familie, zum Schluss jede Illusion, dem lief das Glück ganz schnell davon.

»Warum freut ihr euch nicht, dass ihr jetzt bei uns seid, warum seid ihr so undankbar?«, rief der Wessi da, interessierte sich aber nicht wirklich für die Ursachen. Wir hatten unsere Gründe, denn aus der falschen Bewertung der DDR wurde bald eine komplette Entwertung. Egal, ob es um die Industrie oder die Landwirtschaft, um unsere Bildungsabschlüsse oder um unsere Arbeitskraft ging. Alles war nicht mehr gut, jedenfalls nicht gut genug. Aus dem Aufbau Ost wurde ein systematischer Rückbau. Ein Rückbau von Betrieben und Kombinaten, in denen früher viele tausende Menschen beschäftigt waren und die das Leben ganzer Regionen bestimmt hatten. Heute ist das kaum noch vorstellbar, denn wo einst Massen hin und her gewuselt sind, herrscht jetzt Leere. Im besten Fall werden noch ein paar hundert Arbeitskräfte gebraucht.

Aber nicht nur Sichtbares wurde zurückgestutzt. Mehr noch: Einst fröhliche Erwartungen und Wünsche, die mit der Wendezeit gerade erst aufgeblüht waren, wurden nüchtern abgewickelt. Nun welkten sie vor ihrer Zeit verkümmert, nicht selten verdurstet vor sich hin, landeten auf dem Kompost und kehrten nur manchmal als neue Blütenträume in den Kreislauf des Alltags zurück. Ja, es gibt sie im Osten immer noch, die unverwüstlichen Optimisten.

Doch wissen Wessis, welches Gefühl es ist, wenn als letzte Beschäftigung im alten Betrieb nur noch der Abriss bleibt? Steht auch die letzte Halle nicht mehr, wartet am Ausgang das bittere Aus, die neue Zukunft mit dem Namen Arbeitslosigkeit.

9,7 Millionen erwerbstätige Menschen gab es am Ende der DDR, jetzt sind es im Osten nur noch rund sechs Millionen, die Arbeit haben. Fast vier Millionen Arbeitsplätze wurden abgebaut. Das sind nur die nackten Zahlen, die keinen berühren, der nicht selber betroffen ist. Die Arbeitslosigkeit liegt im Osten im Schnitt derzeit bei achtzehn, in manchen Regionen sind es sogar vierzig bis fünfzig Prozent. Ganze Dörfer und Kleinstädte werden von Menschen bewohnt, die keinen Grund mehr haben, morgens aufzustehen, die kaum noch einer braucht und die aus einer ehedem durch Arbeit geregelten Existenz in existenzielle Abgründe fallen. Proportional zur Höhe der Arbeitslosigkeit steigt nun auch in den wirtschaftlich schwachen Regionen von Ostdeutschland die Zahl der Suchtkranken an.

Es ist kein herzerquickendes »Zum Wohl«, das dann in der Kneipe erklingt, eher ein schlaffes, ein resigniertes. Deshalb ordnet neuerdings die Arbeitsagentur für ihre Kunden, die langzeitarbeitslos sind, gern mal Fitnessprogramme an – möge wenigstens das noch helfen.

Nahezu in jeder Familie im Osten gibt es einen, der ein Lied von der Arbeitslosigkeit singen kann. Und dies ist keine Jubelarie.

Neulich habe ich mich mit einer Taxifahrerin aus meiner Heimat unterhalten, die mich regelmäßig zum Flughafen bringt. Eine energische Frau, die schon zu DDR-Zeiten Kraftfahrerin war und so viele Kilometer auf dem Buckel hat, dass sie fünfzig Mal die Welt hätte umrunden können. Ich fragte sie, warum sie in ihrem Alter noch jeden Morgen um zwei ins Taxi steigt, um auf dem schwierigen Leipziger Taxenmarkt möglichst vor der Konkurrenz die ersten Gäste aus den Flugzeugen abzupassen.

Da hat sie kurz einen undefinierbaren Laut ausgestoßen und dann erzählt, dass sie arbeitslos gewesen war. Vorbei die Zeiten, als sie sich in ihrem Chemiebetrieb als Fahrerin der Chefs wichtig vorkam. Weg das soziale Netz aus Kollegen, die tagsüber miteinander plauderten und sich in ihrer Freizeit zum Chorgesang oder Kegeln trafen. Wer nach dem Ende der DDR seinen Arbeitsplatz verlor, dem kam mehr als der Job abhanden. Er verlor sein Kollektiv und seine Kumpel, die fürs Wohlfühlen von Bedeutung waren.

Bald nach der Einheit saß die ehemalige Berufskraftfahrerin die meiste Zeit zu Hause herum. Als sie ihren 58. Geburtstag feiern wollte, blieb auch ihr Ehemann für einen Tag daheim und sah ihr zu, wie sie stundenlang die Stühle an der Geburtstagstafel mal ein wenig nach links und dann wieder etwas nach rechts rückte und dabei ziemlich unleidlich war. War sie mit den Stühlen fertig, nahm sie sich die Servietten vor, legte auch die einmal ein Stück weiter nach links und dann wieder ein wenig weiter nach rechts, um danach wieder mit den Stühlen anzufangen. Hätte man sie nicht gekannt, man hätte vermutet, sie sei irre geworden.

»Maoche du disch aouf Aorbeit, egaol waos es ist«, polterte ihr Mann da, denn bei so merkwürdigen Beschäftigungen hatte er sie noch nie vorher beobachtet. Also wurde sie Taxifahrerin, das war allemal besser, als in den eigenen vier Wänden wie ein eingesperrtes Tier herumzulaufen.

Dass eine Planwirtschaft, die vom Brötchen bis zum Betriebsferienplatz alles subventioniert, nicht sehr weit kommen kann, das wussten oder ahnten wir. Niemand jedoch hat uns gesagt, wie schwierig es für uns in der Marktwirtschaft werden kann. Niemand hat uns darauf vorbereitet, was geschieht, wenn der Mensch zum Kostenfaktor verkommt und Glück schon bedeutet, dass man einen Arbeitsplatz hat. Einen Arbeitsplatz, wie er zu DDR-Zeiten selbstverständlich war. Das Recht auf Arbeit wurde vom Staat garantiert. Man kann das als ökonomischen Schwachsinn belachen – bitte schön, Lachen ist gut für die Gesundheit –, aber niemand kommt daran vorbei, dass diese enge Bindung an den Beruf für DDR-Bürger jahrzehntelang wie ein Naturgesetz war und hier jetzt ein großer und regelmäßig wiederkehrender Phantomschmerz herrscht. Eine wirksame Therapie dagegen kann sich das kränkelnde Gesundheitssystem nicht mehr leisten, leider sind die neuen Bundesländer nur Kassenpatienten.

Die Treuhand, ja, die hatte es gut gemeint, sie wollte so viele Arbeitsplätze wie möglich für den Osten erhalten und wurde doch – eher unfreiwillig – zur Verkünderin von nicht nachlassenden Hiobsbotschaften. Die Hände, die treu über den Osten wachen sollten, unterschätzten die Glücksritter aus dem Westen, die nur nach Profit für sich selber gierten und zuerst die Frage »Was habe ich davon?« klärten. Und sie überschätzten den Patriotismus von Westlern, von denen sie glaubten, der uneigennützige Aufbau Ost würde ihnen eine Sache des Herzens oder der moralischen Verpflichtung sein.

Erfahrungen mit der Abwicklung eines ganzen Landes und seiner Planwirtschaft, auf die man hätte zurückgreifen können, gab es nicht. So wurde das Spiel von Anfang an nach der im Westen geltenden Regel »Konkurrenz belebt das Geschäft« gespielt. Also »West *gegen* Ost« anstatt »West *mit* Ost«. Das war die reale Ausgangslage, während die Politik munter vom Gemeinschaftswerk – ja, auch das war sicher gut gemeint – und später von der Chefsache faselte. Im Wettkampf von Konkurrenten kann aber nur einer der Gewinner sein, führt das Aufsteigen des einen zwangsläufig zum Scheitern des anderen.

Raten wir mal, wer meistens der Sieger und wer der Verlierer war?

Aha.

Die Startbedingungen, sie waren denkbar ungleich verteilt. Während ihr Wessis jahrzehntelang florierende Geschäfte mit Kapital- und Wohlstandsbildung hinter euch hattet, standen wir im Osten mit fast leeren Taschen da, allerdings mit arbeitswilligen Händen und visionären Köpfen. Für die kreditgebenden Institute reichte das nicht als Sicherheit. Deshalb haben sie ihre Geschäfte vorzugsweise mit euch Wessis gemacht. Geld für Ostler, die weder ein dickes Konto noch Häuser zu beleihen hatten, gab es von den Banken nicht. Wer auf private Kreditgeber oder die Verheißungen vollmundiger Berater baute, landete nicht selten in der Pleite. Und die neuen Märkte, die haben sich die großen Konzerne lieber unter sich aufgeteilt. Sie taten alles dafür, mögliche Konkurrenz aus dem Osten von vornherein auszuschalten. Ist dabei was schief gelaufen, nun, dafür waren dann wir Ossis als Vorzeigedeppen da.

Über die Treuhand wurde viel geschrieben, wiewohl das letzte Wort und Endurteil sicher noch nicht gesprochen sind. Fest steht allerdings, dass vor allem die Parole galt: Wer Geld hat, der kann etwas bewegen. Fördergelder und Investitionsmillionen haben die Einheimischen jedoch kaum erhalten, sie wurden an Westunternehmer gezahlt. Die haben damit erfolgreich im Osten Arbeitsplätze abgebaut, dann die Betriebe dichtgemacht, aber die neuen Aufträge mit in die Stammfirma in den Westen genommen. Grundstücke und Ostimmobilien für eine Mark wurden nicht selten später wieder Gewinn bringend verkauft.

Ein Ossi hat nach der Wende den Spruch kreiert: Es gibt drei Möglichkeiten, einen Betrieb zugrunde zu richten: mit einer Frau, das ist die schönste. Mit Suff, das ist die sicherste. Durch einen Wessi, das ist die schnellste.

Schauen wir Ossis uns die vielen, vielen, vielen Millionen an, die Berater aus dem Westen, in welcher Funktion auch immer, manchmal nur fürs Liquidieren von der Treuhand bekamen, sind wir fassungslos: Mit so viel Geld hätte selbst der dümmste Ossi seinen Betrieb selber platt machen oder verramschen können.

Fatal für den Osten: Auch die in DDR-Betrieben angesiedelten Forschungsabteilungen wurden weitgehend geschlossen oder nur noch in den Mutterfirmen im Westen am Leben erhalten. Diese Labore für die Zukunft fehlen uns jetzt und müssen mühsam wieder angesiedelt werden. Das alleinige Setzen auf Billigarbeitskräfte hier im Osten ist nämlich perspektivisch zu kurz gedacht, da werden wir im Zuge der EU-Osterweiterung automatisch weiter zurückfallen.

Inzwischen ist ganz Deutschland so arm, leider auch im Geiste, dass es nur noch danach trachtet, einen Sündenbock für die Misere ausfindig zu machen. Und dabei lügt ihr Wessis unverfroren weiter. 1250 Milliarden Euro hätten wir in den Sand gesetzt, heißt es da. Eine Rechnung, die nicht stimmt, aber die dem Ziel nützt, nun den schwarzen Peter öffentlich zu verteilen. Da werden geschickt und populistisch die notwendigen Ausgaben des Staates mit den notwendigen Sozialausgaben und den echten Aufbauleistungen zusammengemischt.

Wen kümmert es noch, dass die reinen Aufbauhilfen zwischen 1990 und 2003 nur 250 Milliarden Euro betrugen? Wen kümmert es, dass von jedem Transfereuro fünfundsiebzig bis achtzig Cent über den Verbrauch von Waren und Dienstleistungen wieder in den Westen wandern? Ganz zu schweigen davon, dass auch wir im Osten Steuern und Verwaltungseinnahmen und auch den Solizuschlag an den Bund abführen. Und ganz zu schweigen davon, dass eine gute Infrastruktur und ein Gedeihen des Ostens Gesamtdeutschland zugute kommen.

Nun, da die Goldgräberstimmung vorbei ist und viele Betriebe und Arbeitsplätze verloren sind, suchen uns die Totengräber heim, beschwören unseren Osten als ein Billionengrab. Doch es gibt keinen Ossi, der wie der Drachen auf dem Schatz der Nibelungen sitzt und von Siegfried bezwungen werden müsste. Dennoch werden wir dazu verdonnert, uns kollektiv schuldig zu fühlen, werden unter Generalverdacht gestellt.

Dabei ist es doch umgekehrt: Es war *eure* Politik, *ihr* habt es hingekriegt, dass wir nach dem Rückbau Ost zu Transfergeldempfängern heruntergekommen sind und nun am Tropf hängen, sichtbar. Was nicht so ins Auge fällt: Noch immer holt ihr euch bei uns Dahinsiechenden alles, was ihr noch gebrauchen könnt. Ja, ja, ich höre schon auf. Es gibt auch Positives bei uns vorzuweisen. Menschen in Ostdeutschland, die im Schnitt dreieinhalb Wochen länger als ihr Wessis für weniger Geld arbeiten, die beim Tarif- und Arbeitsrecht flexibel sind. Achtzig Prozent der ostdeutschen Bevölkerung, die in der Wendezeit mitten im Leben standen, haben noch einmal umgelernt und neue Berufe ergriffen. Sie haben nachgeholt und sich verändert, bewiesen, dass sie alles andere als schwierige, in Stagnation verharrende Ossis sind.

Besonders ausländische Unternehmer wissen uns Ostler zu schätzen: gut qualifiziert, enorm motiviert, wenig Ausfallzeiten und gute Teamarbeiter, die von sich aus mit Verbesserungsvorschlägen kommen, bilanziert man da. Von Rotkäppchen über Florena bis hin zur Jenoptik, von der Computerbranche über den Automobilbau bis zur Biotechnologie stehen einige Regionen im Osten deshalb inzwischen spitzenmäßig da. Und auch das modernste und größte Logistikzentrum Europas wird von der Post in Leipzig angesiedelt.

Das sind Erfolge, auf denen wir uns nicht in Ruhe ausruhen können, denn inzwischen machen wir uns Sorgen um ganz Deutschland, wo Abzocken zum Volkssport geworden ist. Vom Vorstand der Deutschen Bank bis hin zu manch einem Leistungsempfänger des Staates.

Der Bankrott der DDR ist nicht automatisch die Bestätigung dafür, dass euer System das einzig wahre und gute ist. Statt aber selbstkritisch über den Stand der Dinge zu reflektieren und nach *gemeinsamen* Wegen zu suchen, habt ihr uns mit feistem Siegerlachen das scheinbar bessere System übergestülpt mit all seinen unbehandelten inneren Krankheiten wie Rentenlücke, Bürokratie und Überregulierung. Der Wettkampf der Systeme wurde damit gewonnen, ein gesundes Deutschland entstand so leider nicht. Nein, Deutschland einig Vaterland ist nicht das

Vielbesserland. Und dennoch wollen wir Ossis nicht noch einmal zurück auf Los, wir können nicht noch einmal von vorne anfangen. Aber Misstrauen wird bleiben, weil auch die Lügen, siehe »Euro kein Teuro« oder »Halbierung der Arbeitslosigkeit«, nicht weniger geworden sind.

Vor ein paar Wochen sah ich mal wieder einen hellblauen Trabant mit großem Anhänger. Als ich eine Weile hinter ihm herfuhr und den vertrauten Gestank einatmete, rutschte ich zurück in eine andere Zeit, spulte der Film in meinem Kopf von der Gegenwart in die Vergangenheit zurück. Ja, die DDR war ökonomisch ein schlechter Witz, über den man, wie über einen Trabi, lachen kann. Aber sie hat uns ermöglicht, berufstätig zu sein, sie regte am Arbeitsplatz den sozialen und kulturellen Austausch an und hat uns Verantwortungsgefühl für die gesamte Gesellschaft und den Blick für den Rest der Welt beigebracht.

Räumen wir deshalb auf im gemeinsamen Haus Deutschland. Schmeißen wir weg, was stört und unnötig belastet. Zum Beispiel die »Chefsache Ost«. So wie sie gehandhabt wurde, können wir darauf verzichten. Wenn es einer Region in Deutschland schlecht geht, sollte es auch künftig normal sein, dass sich die Regierung kümmert und sich Gedanken über Sondermaßnahmen macht. Egal, ob diese Region im Osten oder Westen liegt. Es muss auch wieder selbstverständlich werden, dass sich die Entscheider in der Wirtschaft auf ihren gesellschaftlichen Auftrag besinnen und nicht nur die Höhe ihrer eigenen Abfindung oder das Wohl der Aktionäre im Blick haben.

Auch einen Ostbeauftragten wollen wir so, wie erlebt, nicht mehr. Wir Ossis sind nämlich keine Übeltäter auf Freigang, die einen Bewährungshelfer brauchen.

Begriffen, Wessi?

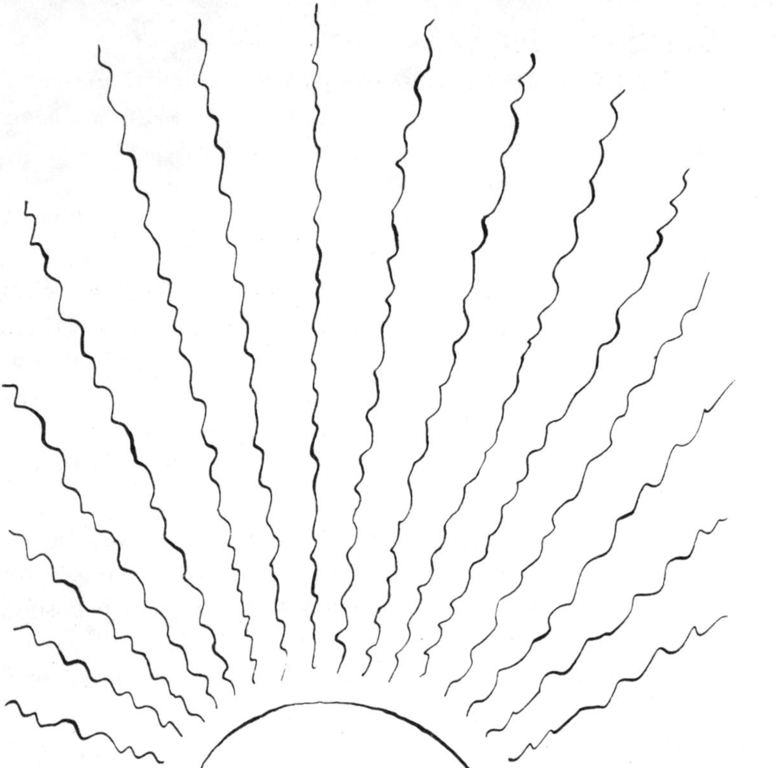

„BRÜDER, ZUR SONNE, ZUR FREIZEIT…“

5 **West** gegen Ost: Ihr habt keinen Geschmack

Der Mann stieg ein in Hannover. An seinem Äußeren war nicht zu ersehen, ob er aus dem Westen stammte und in den Osten fuhr oder aus dem Osten kam und zurück in die Heimat fuhr. Sein hellblauer Anzug und das lindgrüne Hemd und die orangefarbene Krawatte und die schwarzen Cowboystiefeletten passten zwar nicht zusammen, aber das zeigte nur, dass er keinen Geschmack hatte.

Mangel an Geschmack ist im Westen unabhängig von der sozialen Stellung oder vom Kontostand. Was Woche für Woche bei »Bunte«- und bei »Gala«-Leserinnen Neid oder Häme auslöst, wenn sie die Fotos der vorgeblich Schönen und angeblich Reichen betrachten, vor allem dann, wenn in Bayreuth und Salzburg Festspielzeit ausbricht.

Mangel an Geschmack ist aber auch im Osten alltäglich sichtbar. Ist nichts Neues in den neuen Bundesländern, gehörte zur DDR wie ihrer grauen Städte zerfallende Mauern und ihr antifaschistischer Schutzwall. Bis zur Wende war das irrelevant, und danach gab es erst einmal wesentlichere Fragen als die nach dem Geschmack. Heute aber wissen wir, auch dieser Mangel, der Mangel an Geschmack, gehört zum Wesen der Ossis. Denn vierzig Jahre Mangelwirtschaft in Verbindung mit proletarischem Klassenkampf gegen die bürgerliche Klasse und ihre Werte, zu denen neben Aufklärung und Zivilcourage auch Stil und Lebensart zählen, prägten sie fürs Leben.

Das ist wahr und wahrnehmbar.

Geschmacklosigkeit kennt, wie zum Beispiel Dummheit, auf die ich immer wieder gern näher eingehe, keine Grenzen und hat nichts mit nationaler Herkunft zu tun. Texaner auf Europatour und Russen an der Côte d'Azur und Briten in der Toskana und Holländer wo auch immer sind auch keine Augenweide.

Ein weites Feld also. Wir bleiben im nahen Osten.

So einfach wie früher, auf einen Blick, sind Ostler von Westlern nicht mehr zu unterscheiden. Beispielsweise in Fußgängerzonen. Einkaufsbummelanten in Leipzig oder Dresden sprechen zwar eine andere Sprache, was ich ihnen an dieser Stelle nicht vorwerfe, aber solange sie stumm bleiben, könnten sie auch Cousinen und Vettern aus Dingsda sein.

Cousinen vor allem.

Dass zwischen Bauchnabel und Schamansatz Westlerinnen und Ostlerinnen vor dem Grundgesetz gleich sind, wird selbst von der PDS niemand bestreiten wollen. Das offenbarte sich im Jahrhundertsommer 2003, aber scheute auch danach die Öffentlichkeit nicht. Die Mode unter dem Motto: Mein Bauch gehört mir, aber ich zeig ihn unaufgefordert auch dir, schwappte über alle Grenzen.

Vor allem über die des Geschmacks. Nackig war es Zonenbewohnern bekanntlich früher schon am wohlsten. FKK war anders als im Westen eine Massenbewegung, neben der SED die größte Partei der DDR. Die Nackten und die Roten sangen am Ostseestrand »Brüder, zur Sonne, zur Freiheit«. Die Sonne war frei. Die Schwestern sichtbar. Die Brüder so frei.

Nach der Wende hatten es die Männer leichter. Sie folgten der Parole: Bäuche schaffen ohne Waffen, was ohne großen Aufwand durch entsprechendes Essen und vor allem Trinken erreichbar war und sich in allen sozialen Schichten verbreitete. Da im Osten bekanntlich Gleichberechtigung herrschte, zogen die Frauen nach.

Die Rede ist nicht von jungen Mädchen, die mir im Vorübergehen die Sinne verwirrten, bis ich wieder mein tatsächliches und nicht mein gefühltes Alter spürte.

Andere sind gemeint.

Die quollen plötzlich und unvermutet und ungeachtet der Jahreszeiten und jenseits aller ästhetischen Normen aus allen Ecken, ließen selbst dann frische Luft an ihre Nabel, als diese unter stolz gepushter Brust und hinter real existierenden Bauchfalten nur zu ahnen waren.

So genau wollte das niemand wissen, für manche Schreckensvisionen reicht schon die Vorstellung. Zu den Todsünden wider den guten Geschmack zählt auch diese Mode, die im Osten sichtbarer ist als im Westen.

Denn angezogen sind unsere Landsleute – Frau, Mann, Kind – nicht mehr wie früher ohne weiteres erkennbar als typische Ostdeutsche. An ihren geschlechtsneutral gebleichten Jeans, den schwarzen Kunstlederwesten, senffarbenen Kreppsohlenslippern, weißen Blockabsatztretern oder jenen grauen Überziehern, bei uns Windjacken genannt und lange schon aus der Mode, bevor die von drüben im November 1989 zum ersten Mal bei uns auftauchten.

Damals glühten bekanntlich die Herzen, aber draußen war es kühl. Den Ossis war über Jahrzehnte hinweg eingetrichtert worden, dass bei uns gemäß dem kapitalistischen System außerdem soziale Kälte herrscht. Sorgsam bereiteten sie sich deshalb vor auf den ersten Trip in den Westen. Gegen Nässe und Frost boten ihre nur mit Pappe verkleideten Trabis keinen Schutz. Also hatten sie sich vorsorglich immer darauf vorbereitet, den Fährnissen des Lebens zu trotzen, zu Hause oder in der Fremde, in jene fehlfarbenen Windjacken gepackt, die wir ihnen einst bei Besuchen geschenkt oder per Paket rübergeschickt hatten.

Deshalb kam mir damals beim ersten Kontakt mit Ostlern vor

meinem Büro und der Terrasse über der Alster diese Art von Jacken so vertraut vor.

Als in Hannover aber jener Mann zustieg, mit dem dieses Kapitel begonnen hat, war es Sommer und die Zeit der Windjacken bereits vierzehn Jahre passé – wahrscheinlich hatten die Ostler die ihren auf dem Flohmarkt verkauft an Polen, die wiederum was Wärmeres brauchten, weil sie im Westen bei den Spargelstechern in Oberfranken oder den Obstbauern im Alten Land oder den Winzern in Rheinland-Pfalz einen Job als Erntehelfer bekommen hatten.

Ich weiß natürlich nicht, ob es so war, aber die Vorstellung der von West nach Ost und zurück nach West wehenden Windjacken gefällt mir. Außerdem könnte es tatsächlich so gewesen sein.

Obwohl es viele freie Plätze gab im Erste-Klasse-Abteil des ICE, bestand der Mann auf seinem vorgebuchten Platz. Wedelte wichtig mit seinem Ticket, dieser Sitz sei seiner. Noch war er nicht einzuordnen, hätte in dieser Haltung sowohl als auch sein können, sowohl arroganter Wessi als auch eingebildeter Ossi, denn an einem »Hier sitze aber ich!« lässt sich rein phonetisch nicht bestimmen, woher der Mensch kommt. Die Zeiten, da Ostler grundsätzlich in der zweiten Klasse reisten, weil die im Vergleich zu dem, was sie gewohnt waren von ihrer Deutschen Reichsbahn, komfortabel war, sind leider längst vorbei.

Ist es nicht unmöglich, Menschen nach Äußerlichkeiten und ihrem Auftreten zu beurteilen?

Ja, ist es.

Ist es nicht möglich, innere Werte wenigstens nach dem zweiten, dritten Blick zu erkennen?

Nein, ist es nicht.

Deshalb weiter in dieser Geschichte vom Mann im hellblauen Anzug.

Die Dame, die seit der Abfahrt in Hamburg auf dem von ihm

eingeforderten Platz saß, demonstrierte souveräne Haltung, verwies nicht auf die vielen freien Plätze, sprach nicht, lächelte nicht, blickte ihn nur kurz angewidert an und suchte sich einen anderen Sitz. Immer noch hätte keiner im Waggon mit Sicherheit sagen können, ob er einer von uns war oder einer von denen.

Kurz darauf, noch vor der einstigen Zonengrenze, ertönte über seinem Kopf »Auf in den Kampf, Toreheheheró« aus »Carmen«. Wer sich derart anklingeln lässt, hat nicht zufällig den falschen Anzug, das falsche Hemd, die falsche Krawatte, die falschen Schuhe gewählt. Dahinter steht eine Haltung, und die stand jetzt fest. Bis er endlich in der Ablage das Handy in seinem Aktenkoffer gefunden hatte, verging quälend viel Zeit. Einige Fahrgäste senkten bei den immer wieder neuen Toreheheheró-Klängen ihre Zeitung, Hass keimte in ihren Zügen. Andere wachten auf, setzten sich senkrecht hin und blickten verstört.

Mord im Auge hatten aber alle erst dann, als der Mann zu reden begann. Nicht nur, weil seine Stimme laut war wie das Klingeln seines Handy. Der Ton machte es. Denn jetzt wussten alle, woher er kam und wohin er gehörte. Sein Dialekt grenzte ihn aus. Er sprach Sächsisch. Diese schwer verständliche Weichspülerei ist für ältere Westler nach wie vor die Sprache Walter Ulbrichts. Der Zonenbonze wiederum gehörte zu Lebzeiten nie zu den fünftausend beliebtesten Politikern Deutschlands.

Sein Landsmann hier brüllte Dschau statt Ciao, wobei selbst ein korrekt ausgesprochenes Ciao, als Beweis deutscher Weltläufigkeit eingesetzt, ziemlich uncool ist. Ciao, Schatzimausi klingt nicht weniger grauenvoll als Dschau, Knusperstange.

Sein Dschau machte dennoch Hoffnung, denn Ciao bedeutet Tschüs. Abschied. Ende. Doch der Ossi hielt sich nicht an das dem Wort innewohnende Versprechen, sondern sprach unentwegt weiter, sich unterbrechend durch selbstgefälliges Lachen, seiner Freude darüber Ausdruck gebend, dass man ihn in dem Westbetrieb, in dem er eigenen Angaben zufolge erbarmungslos effizient tätig war, den kleinen Stalin nannte.

Das fand er toll.

Seine Zuhörer nicht.

Ein älterer Herr, klassisches Tweedjackett, graue Flanellhose, offenkundig FAZ-Leser, stand langsam auf, musterte den Lautlaberer schräg gegenüber, nickte ihm scheinbar leutselig zu, was der als Ermunterung verstand, rief »Bravo, Genosse Stalin« und begann zu klatschen. Es schien, als hätte es nur dieses Anstoßes bedurft, als hätten alle im Waggon nur auf ein solches Signal gewartet. Sie klatschten, verlangten Zugaben, skandierten »Bravo, Stalin«, lachten, lachten, lachten. Manchen kamen dabei die Tränen. Nicht ganz so wie einst, als der Ostler zum ersten Mal auf der Mauer tanzte. Damals wurde der Typ Zoni an sich angelacht, einer für alle Zonis, hier wurde er jetzt ausgelacht, wieder einer für alle.

Der ICE-Ossi senkte sein Handy und schwieg verblüfft. Langsam, aber erkennbar an seinem ersterbenden Lächeln, dämmerte ihm, dass er verarscht wurde. Die Ironie der Westler erreichte sein Vorderhirn. Da wohnt, selbstverständlich auch bei den anderen Deutschen, die Fähigkeit, eins und eins zusammenzuzählen, Ursache und Wirkung zu begreifen. Simpel ausgedrückt, dass von so was eben so was kommt. Er wurde rot, holte seinen Koffer aus der Ablage, packte sein Handy ein, stand auf und ging, vom Schlussbeifall begleitet, mit bösem Gesichtsausdruck Richtung Bordbistro.

Da würden Landsleute von ihm warten, wie wir aus der Hier-spricht-Ihr-Zugchef-Durchsage, die sich um hochdeutsche Aussprache bemühte, geschlossen hatten. Da hatte er was zu erzählen über diese Wessis, die einem Ossi nicht mal die freie Rede erlaubten. Wir dagegen freuten uns über unseren Sieg, und danach blieb jeder wieder für sich.

Selbst bei dialektfreien Ansagen kann man übrigens leicht die Herkunft des Zugchefs heraushören. Sagt einer, zum Beispiel, sein Name sei Fritz Gantenbein, dann kommt er aus dem Westen. Betont einer, mein Name ist Herr Gantenbein, dann kommt er aus dem Osten und hat nur den ihm einst so vertrauten Genossen durch den Herrn ersetzt.

Woher ich das alles weiß?

Ich war dabei.

Bei der Rekonstruktion der Begegnung mit Stalin kam mir ein geradezu bahnbrechender Einfall für die Deutsche Bahn, die ich als ständige Begleiterin bei Reisen in den Osten schätzen gelernt habe, denn sie bietet geschützte Zone bei der Fahrt durch die andere. Meine Idee ist einfach umzusetzen. Da der schicke *Metropolitan* zwischen Hamburg und Köln mangels Zuspruch aufs Abstellgleis gestellt wurde, wären einzelne Teile von ihm zu verwenden. Die *Silence Cars*. Das waren jene Waggons, in denen es verboten war zu telefonieren, Handys stumm bleiben mussten. Auch klickklackernde Laptops mit ihrem Bing hatten zu schweigen.

Könnte man nicht für Fahrten von West nach Ost und zurück die Idee der *Silence Cars* wieder aufleben lassen, in denen ja absolute Ruhe herrschte, nur ab und an unterbrochen von Schnarchlauten? Könnte man nicht diesen Service in einzelnen Waggons der üblichen ICEs gegen Aufpreis anbieten als einen Solidaritätsbeitrag Mehdorn? Zufriedene Kunden und kostendeckende Auslastung wären garantiert. Denn die Bahn hat nicht weniger Schulden als zum Beispiel die Stadt Halle/Saale und weiß auch nicht, wie sie von denen herunterkommen soll.

Ich springe vom einzelnen Ostler, dem im hellblauen Anzug, der wieder mal alle seine Vorurteile Ost über die arroganten Wessis bestätigt gefunden und natürlich sich selbst nichts vorzuwerfen hatte – er hat doch nur geredet, oder? –, zum Ossi an sich.

Von wegen, Ossis sind im normalen Leben ohne Handy eher wortkarg. Man sollte als Westler schon die Sitten der Eingeborenen Ost richtig deuten können, bevor man sie vorverurteilt. Dann würde man wissen, dass sie nicht etwa deshalb oft stumm bleiben, weil sie nichts zu sagen haben, sondern weil sie noch darüber nachdenken, was sie sagen würden, falls sie was sagen wollten. Solange sie nichts sagen zum Beispiel, gilt das Schweigen in fünfundneunzig Prozent aller Fälle als Nein und nicht wie bei uns als nonverbale Zustimmung. Ossis waren nicht vor Begeisterung sprachlos, als man ihnen die zonentypischen Plattenbauten aufs freie Feld setzte oder in den Innenstädten rigoros Platz schuf für architektonische Verbrechen gegen Stil und Geschmack, die sie Palast der Republik nannten oder Haus der Kultur.

Dass Zonis unter modischen Aspekten betrachtet nicht unbedingt zur Avantgarde gehören, hat also noch andere Gründe als die einfachen des Geschmacks. Den hätten die Spießer drüben ja entwickeln können in den vergangenen Jahren, nachdem es alles gab, was sie zuvor nicht kannten, H&M statt HO. Haben viele der Spießer West im Laufe der Zeiten ja auch geschafft.

Der Osten aber blieb stillos. Ossis versuchten zwar mutig den großen Sprung ins Unbekannte, das stimmt, landeten aber hart im geschmacksfreien Raum. Sie hatten sich günstig eingekleidet und dabei einen ganz eigenen Stil gefunden.

Doch erstens ist seit der Wende auch bei ihnen jede Geschmacksrichtung straffrei, gilt auch bei ihnen *chacun à son goût* (für Zonis sinngemäß übersetzt: Zieht doch an, was euch gefällt). Und zweitens war es wahrscheinlich so, als sie sich bei der Anprobe in einem Kaufhaus oder einem Geschäft im Spiegel sahen, dass sie entsetzt schwiegen und nach dem richtigen Wort suchten, dem Nein, dieses aber nicht rechtzeitig fanden. Als ihnen einfiel, was sie eigentlich hatten sagen wollen, war es zu spät. Da war die Rechnung schon beglichen, die Ware vom Umtausch ausgeschlossen – weil zwanzig Prozent günstiger erworben –, und was bezahlt ist, das wird aufgetragen. So wie Ossis aufessen, was auf dem Teller liegt, auch wenn das wie früher schmeckt, weil sie es schließlich bezahlen müssen.

Männer sind die eigentlichen Vertreter vom Stil Ost. Sie haben schon früher nie Nein geschrien, weil das nicht ihrer Art entspricht, und jetzt erst recht nicht. Wenn überhaupt, dann lassen sie sich von ihren Frauen einkleiden, und da schließt sich ein Teufelskreis. Denn auch die wissen kaum mehr als sie. Sind unsicher, was Stil ist und was nicht. Deshalb haben sie nur höchst selten einen eigenen entwickelt.

Sie ahnen jedoch, dass irgendwas mit ihnen nicht stimmt. Sie merken es daran, dass bei ihren heimischen Festen im Biotop Ost oder bei Gruppenreisen per Charter alles gut ist, solange sie unter sich sind. Man kann sich riechen. Sobald sie auf Westdeutsche treffen, werden sie von denen abschätzig gemustert, obwohl die eigentlich vor ihrer eigenen geschmacksfreien Haustür kehren sollten. Vor allem die Frauen fühlen sich ausgegrenzt, denn auch im Osten sind Frauen sensibler als Männer. Sie registrieren deshalb ganz genau ein hämisches Kichern der Geschlechtsgenossinnen West. Wobei es vom Aussehen allein her keinen Grund gibt, sich vor den Westfrauen zu verstecken.

Aber ich bleibe zunächst noch bei bestimmten Männern des Ostens, die meinen Vorurteilen als lebende Beweise dienen. Mit Leid tragender Miene durchschlurfen sie ihre freudlosen Gassen oder mustern uns feindlich, Bierdose in der wie einst geballten Faust, wenn wir uns reinen Herzens durch ihre Trinkhallen schleichen, die Provinzbahnhöfe. Das auffallend größte Leid, das sie tapfer tragen, ist ihr Jeansanzug. Den lieben Arbeiter auch außerhalb ihrer Fabriken, während Angestellte eher zu Kombinationen neigen, die so aussehen, als wären sie noch in einem Kombinat VEB Textil entwickelt und hergestellt und nach der Abwicklung der Fabrik als Schnäppchen verteilt worden.

Favorit für Ostfreizeit im Alltag, im Urlaub ganztägig aufgetragen, ist der geliebte Trainingsanzug aus Plastikmaterial (für Ossis: Plastik = Plaste). Im Sommer lassen sie ein Kettchen unterm halb offenen Reißverschluss auf gekräuseltem Brusthaar baumeln, im Winter tragen sie drunter ein dickes Sweatshirt. *Sweat* heißt Schweiß, aber das muss ja nicht übersetzt werden, man riecht es. Dazu zieht Mann am liebsten Schläppchen an oder bei widrigen Wetterverhältnissen speckig glänzende Sportschuhe.

Als diese jungbunte Schuhmode bei uns im Westen vor einigen Jahrzehnten als *dernier cri*, als letzter Schrei, Mode wurde, wovon der Ostler durch die Werbung im Westfernsehen erfuhr, konnte er endlich mal stolz an sich herunterschauen und verkünden, habe er schon und immer schon und überall getragen, vor allem grau meliert mit seiner Umgebung farblich abgestimmt.

Immer dann, wenn die Temperaturen steigen, siehe der kleine Stalin, wird es komplizierter mit dem an Äußerlichkeiten erkennbaren Geschmack oder dem erkennbar nicht vorhandenen. Drinnen in klimatisierten Räumen wie dem Zugabteil, draußen unter freiem Himmel. Zum Beispiel wäre selbst für Fachleute im August 2004 unseres Missvergnügens nicht zu unterscheiden gewesen, woher sie kamen, die Protestler gegen Hartz IV. Kurze Hosen, über denen das pralle Leben hing, prägten hier wie dort das Straßenbild. Dazu trugen Ostler wie Westler weiße Socken, ein paar besonders Wagemutige auch Kniestrümpfe. Ihre Gesinnungsgenossinnen demonstrierten in eng anliegenden Leggings, T-Shirt drübergehängt, und das ganze Volk steckte in Sandalen. Denn es war Sommer, und der Zorn gegen die da oben trieb den Schweiß, und es stank ihnen die ganze Richtung.

Zonenfrauen bis zu einem bestimmten Alter können sich mit

einem Lächeln davor retten, dass Mann genauer anschaut, was sie tragen und für den letzten Schrei halten. Der Weltbürger West, weil gut erzogen, allerdings verschluckt seinen Schrei des Entsetzens, um sie nicht zu verletzen. Ostfrauen sind nämlich schneller gekränkt als Westfrauen, weil sie sich doppelt benachteiligt fühlen.

Einmal als Frau. Einmal als Ossi.

Früher war bei euch alles billiger und besser, das weiß ich. Geschenkt. Richtige Ostfrauen, die mit beiden Stiefeln fest im Leben standen und da ihren Mann, hatten wenigstens Phantasie. Wenn es das nicht zu kaufen gab, was sie gerne an- oder ausgezogen hätten, also fast immer, machten sie es sich aus Resten selbst nähend zurecht. Aus dem Westen stammende Schnittmuster zersetzten subversiv den sozialistischen Einheitslook.

Sie tauschten selbst geerntete Kartoffeln und selbst gezogenes Gemüse gegen Baumwolltextilien und horteten die, bis es in den Zelten auf ihren Campingplätzen, auf denen sie sich sonst dem wahren Leben hingaben, auch dafür zu kalt wurde, schneiderten sich nachts unter der Bettdecke, wenn der Vollmond mal gerade nicht durch verfallende Dächer auf ihre Blößen schien, ihre Jeans selbst oder mischten die volkseigenen Wisent- oder Goldfuchs-Hosen mit Nieten auf, damit die irgendwie aussahen wie die von Levis, stickten sich kleine Blümchen drauf und hielten sich für Blumenkinder.

Dass es die drüben bei uns und noch weiter drüben beim imperialistischen Klassenfeind Nummer eins in Massen gab, hatten sie ebenfalls aus dem Westfernsehen erfahren. Dessen zersetzende Programme anzuschalten war natürlich verboten. Also schauten sich kluge Ossis in schlechter schwarz-weißer Qualität, von Schneegestöber auf dem Bildschirm gestört, jede erreichbare Sendung an und sprachen tunlichst nicht darüber. Warteten geduldig auf den passenden Zeitpunkt, modisch aufgeputzt ihre

Plattenbauten zu verlassen, denn zu warten hatten sie gelernt, siehe die zehn Jahre, die es im Durchschnitt dauerte, bis sie ihren vorbestellten Trabi bekamen, und zeigten sich erst in der sozialistischen Öffentlichkeit, als die Mode im Westen und mit ihr die Träume der Blumenkinder längst Vergangenheit waren.

Was insgesamt erklärt, dass sie durchschnittlich zehn Jahre hinter dem herhinkten, was als angesagt galt, um in unserer Sprache zu bleiben.

Geschmack brauchten sie nicht im Osten, durften sie von Staats wegen auch nicht haben, denn alle waren gleich, aber eine Geschmackspolizei, die hatten sie. Wer so genannte Nietenhosen trug, war ein verdächtiges Element. Wer als Jungmann die Haare länger trug, galt als Rowdy. War wie einer jener die Jugend verderbenden Rocker aus dem Westen, die man im DDR-Fernsehen als abschreckendes Beispiel zeigte, was ein schwerer taktischer Fehler war, denn nun wussten selbst die im Tal der Ahnungslosen, was bei uns Mode war. Als Staatsfeinde waren sie an den Frisuren auszumachen, wurden entsprechend barsch behandelt, zur Selbstkritik vorgeladen und unter Beobachtung gestellt.

Persönlicher Geschmack war verpönt als typisch westliche Dekadenz, besserer Stil lenkte nur ab beim Aufbau einer besseren Welt. Weil es nur von oben verordnete Normen gab, konnten sich Lebensart und Stil im Osten nicht frei entwickeln. Nach der Wende holten die Ostler erst einmal die sechziger, die siebziger, die achtziger Jahre nach – unsere. Ihre hatten sie zur Genüge erlebt. Sie tragen inzwischen modisch geschnittene Jeansanzüge, aber gern noch mit Blumen bestickt. Die blühen bis zur Ferse, was sie wie einst Achilles verwundbar macht, denn solche Muster fallen auf, weil es die in dieser Pracht nur noch im Osten gibt.

Aber sie lieben bunte Farben, die nostalgischen Ostfrauen, weil es früher bei ihnen so grau war. Ihren Männern gefallen diese blühenden Landschaften und wenn die vor ihnen auf die Knie sinken, vertrauen sie ihren Schwüren und schreiten wohlig seufzend zur Vereinigung. Wenn ihnen dagegen ein Westler ein Kompliment macht, beispielsweise über ein schlicht schwarzes Kleidungsstück, bricht ihr antrainiertes Misstrauen durch, und sie sind erst einmal vorbeugend beleidigt. Wie meint der das? Doch sicher nicht so, wie er es gesagt hat? Will der mich vorführen? Oder gar verführen? Ziehen das, was ihnen gut steht, schützend unterm Kinn zusammen, zum Geschlechterkampf Ost gegen West bereit, und kontern, dies sei eine schlichte Jacke, nichts für draußen, nur drinnen für eine kalte Datschennacht geeignet, wo das wahre Leben tobt.

Da spielt auch die Musik, die sie gerne hörten. Ich darf, gerecht wie ich bin, in diesem Kapitel nicht nur die modischen Verirrungen der Zonis schildern, ihre Klamotten, es muss auch über andere Beispiele von Geschmack gesprochen werden. Über ihre Lieblingsbands, nach deren Songs sie einst die Sau rausließen, soweit ihnen dies unter den vorgegebenen Umständen erlaubt war, also nach Ostart abrockten. Was sie an denen liebten, ist der besungene Wunsch nach Freiheit, geschickt im Reim versteckt unter der Sehnsucht nach jener, die allenfalls über den Wolken wohnt, um nicht auf Erden die lauschenden Stasizensoren misstrauisch zu machen. Was sie auswendig mitsangen, war melancholischer Herz-Schmerz-Sound. So etwas kam an. Denn die offiziellen Lieder zum Kampf, begleitet auf der Klampfe, waren nur Krampf.

Dass ihnen Puhdys, Karat, City usw., an deren Musikern die Zeit sichtbar nicht spurlos vorübergegangen ist, während sie in ihrem Sound stehen blieb, noch heute die Tränen in die Augen treiben, ist allerdings zu verstehen. Denn mit Rock 'n' Roll hatte deren Musik nichts zu tun. Da die ihre Stücke heute noch so spielen wie einst in ihrer Jugend Blüte, ist das beweisbar. Am Alter liegt es nicht. Viele Oststars sind Mitglieder von Rentnerbands, aber die Rolling Stones sind auch nicht mehr die Jüngsten, Bob Dylan schon *Knockin' on Heaven's Door*, Jim Morrison und Jimi Hendrix und George Harrison und John Lennon und Janis Joplin und Kurt Cobain längst im Himmel. Ihre Musik hat sie überlebt, ist zeitlos und allemal stärker als der Tod.

Das behaupten die Zonis von ihren noch lebenden oder schon toten Helden auch, und in der Tat waren oder sind Die Prinzen und Tamara Danz und Herbert Dreilich und Nina Hagen so gut, wie Udo Lindenberg und Herbert Grönemeyer und Marius Müller-Westernhagen und die Toten Hosen waren oder sind. Klasse setzt sich durch.

Sogar im Osten.

Stalin hat übrigens am Ende der Reise doch noch gewonnen. Als wir, die Sieger von Wagen 23, in Dresden ausstiegen, stand er bereits in inniger Umarmung mit einer Schönen auf dem Bahnsteig. Sie hatte rappelkopfkurze Haare und große Augen und sah umwerfend aus, auf ihren engen Jeans blühten keine Blumen, und ob sie Carmen hieß, weiß ich natürlich nicht. Offenbar besaß der Ostler im Gegensatz zu uns innere Werte, die Ostfrauen wie sie magisch anzogen. Er unterbrach den Kuss, während wir an ihm vorbei Richtung Ausgang strebten, und schaute uns provozierend an, als wolle er sagen, na, ihr blöden, arroganten, gemeinen, widerlichen Wessis, das hättet ihr mir wohl nicht zugetraut. Dann drehte er sich wieder verächtlich weg und setzte seine Nachforschungen in Carmen fort.

Neid? Ach was. Ich war ja nicht zum Vergnügen in die Zone gefahren.

Als Stalin Carmen küsste, klingelte mein Handy. Bayerische Wohllaute. Mein alter Freund Georg fragte, ob ich denn weiterkomme mit meinen Recherchen drüben und wann er wieder was zu lesen bekäme.

Wenn du wüsstest, antwortete ich, wenn du ahntest, was ich gerade erlebt habe, das glaubt mir bestimmt keiner, falls ich es aufschreibe und nicht vergesse. Pass mal auf. Also, ich steige in Hannover in den Intercity, und dann ...

Kein Schamgefühl, diese Ossis! Aber findest du nicht, ich sollte mir Silikon spritzen lassen?!
Besser Plaste und Elaste aus Schkopau...!!
FKK

5 *Ost* gegen West: Ihr seid gestylte Schickis

Jeder Wessi hat uns irgendwann die Frage aller Fragen gestellt:

Und, wie war's?

Das erste Mal ...

... im Westen?

Dabei zuckten ihm vor kaum verhaltenem Grinsen schon die Mundwinkel, die Augenbrauen stellten sich voller Erregung auf, die Antwort schien vollkommen klar. Von uns wurden nicht zusammenhängende Worte, sondern Stammellaute erwartet. Ein »Ah«, ein »Oh«, spitze Aufschreie der Begeisterung, die in etwa so was wie »super, toll und noch mal super« umschreiben sollten.

Wenn sich der Wessi nicht so sicher gewesen wäre, wie schön alles bei ihm ist, hätte er die Frage anders, viel indirekter gestellt und garantiert nicht mit dem Wörtchen »Wie« angefangen. Dieses »Wie war's?« war nämlich nie von Neugier geprägt. Der Wessi wollte keine Antwort von uns hören. Seine Nachfrage war lediglich rhetorischer Natur. Aussagen wie »Es ist umwerfend bei euch! ... so reizende Schaufenster ... so überexotische Düfte ...« wollte er hören.

Damit waren die Rollen gleich von Anfang an verteilt, bevor es noch zu einer zweiten oder dritten Frage kam: auf der einen Seite der Wessi, der auf seine prächtige, glitzernde Warenwelt stolz sein kann, auf der anderen der ausgemergelte, nachholbedürftige Ossi, der vor lauter demutsvollem Staunen nahezu in Ohnmacht fällt. So zumindest hat sich das der Wessi vorgestellt.

Wir aber wissen: Im Westen ist bei weitem nicht alles Gold, was glänzt. Und das hat jeder von uns spätestens mit dem zweiten Blick erkannt.

Also: Wie war es wirklich?

Es war ein kalter Dezembertag, und es dämmerte schon, als ich mit offenen Augen durch die Straßen meiner neuen Wahlheimat Frankfurt am Main lief. Alles war neu für mich und ich noch unbehaust in der funkelnden Bankenstadt. Ich brauchte dringend eine Wohnung. Die Übergangswohnheime für Flüchtlinge aus dem Osten waren schon voll, obwohl bis zur Maueröffnung noch etliche Zeit vergehen sollte. Ich war zunächst für ein paar Tage in einem Aufnahmelager in Gießen untergekommen. *Aufnahmelager* – was für ein Wort, man hätte auch *Auffanglager* sagen können, denn wir vom Stamm DDR Abgefallenen wurden ähnlich wie Fallobst behandelt, das massenhaft, nicht selten angeschlagen in einen Behälter fällt und sortiert werden muss. Dort mochte ich nicht länger bleiben.

Das Lager in Gießen war ein Sammelbecken von frisch Ausgereisten, die aus verschiedenen Gründen der DDR den Rücken gekehrt hatten und gerade erst im Westen angekommen waren. Wir Heimatlose hatten keine strahlenden Augen, wir hatten einen beunruhigenden Blick. Es war eine wechselnde Mischung aus purer Freude darüber, der tristen Vergangenheit entkommen zu sein, und existenzieller Furcht davor, wie es im fremden Land in Zukunft weitergehen könnte. Angst war spürbar. Es ist nicht einfach, solchen Augenblicken standzuhalten. Wenn die Fragen größer als die Antworten sind, meldet sich im Unterbewusstsein automatisch der Reflex, lieber auszuweichen.

Zudem waren wir in kasernenartigen Baracken gleich an den Gleisen des Bahnhofes mit sechs Doppelstockbetten pro Zimmer untergebracht. Unter mir schlief eine Frau, die sich alle zwei Stunden den Wecker stellte, kurz aufstand und sich dann wieder hinlegte. Auch ich wurde dabei wach. Dann fragte ich sie, warum sie das tat. Sie sei von der Sorge getrieben, etwas zu verpassen, war die Erklärung. War sie verrückt? Nein, ich denke nicht. Wir waren einfach nur bis zum Platzen voll mit Erwartungen und in einer Ausnahmesituation. Jeder bewältigt solche Anspannungen auf seine Weise. Sie eben auf die ihre.

Die Gießener Meldebehörde bot mir dann eine Unterkunft in einem »Posterholungsheim« in Schmitten an. Ich orientierte mich auf der Landkarte. Schien ein idyllischer Ort mitten im Taunus zu sein, aber was bitte schön sollte ich dort? An Urlaub und lange Spaziergänge im Wald hatte ich bei meiner Flucht in den Westen am wenigsten gedacht, vielmehr an Aufbruch und Neuanfang. Für Erholung und sportliche Gänge durch die Natur hätte ich auch im Osten bleiben können. Ich musste mich also auf eigene Faust aufmachen in Richtung Großstadt. Vieles sprach für das nahe gelegene Frankfurt am Main, das eine Universität hatte, an der ich mein Studium fortsetzen wollte. Also galt es, dort eine Wohnung zu finden. Im Osten hatten wir ja gelernt, wie das geht. Man zieht mit Späherblick durch die bevorzugte Gegend, hält Ausschau nach Leerständen, knackt Türen, baut neue Schlösser ein, und fertig ist die Laube. Natürlich habe ich schnell begriffen, dass das im Westen so nicht geht. Eigentümer achten hier mit Argusaugen auf ihre Immobilien, treiben bei hoher Nachfrage und gering gehaltenem Angebot die Mieten in die Höhe, und nicht zuletzt wollen auch die vielen Makler ihre Courtagen verdienen. Für den Wessi nichts Neues, für mich schon.

Bei meinen ersten Streifzügen durch die winterlichen Straßen der Stadt habe ich noch eine andere, unfassbare Erfahrung gemacht. Weil es inzwischen schon dunkel war, konnte ich ohne Probleme durch die Fenster in die beleuchteten Räume von Parterrewohnungen sehen. Bei dem, was ich da sah, blieb mir der Mund offen stehen. Das konnte doch nicht wahr sein!

Nein, Berge von Schokolade oder Bananen auf irgendwelchen Tischen hatte ich nicht entdeckt. Ich sah vielmehr, dass an den Wänden ähnlich geschmacklose Blümchentapeten klebten, wie ich sie aus meiner alten Heimat DDR kannte. Und schlimmer noch: Auch die gleichen dunkelbraunen Schrankwände mit Eichenfurnier standen da. Ich blickte in düstere Räume, aus denen Muffiges kroch. Und das inmitten der Bankenmetropole des Westens. Sollten das etwa alles Ossis sein?

Die Mauer war noch verriegelt, Ossis als solche erst in sehr überschaubaren Mengen da. Also war auszuschließen, dass die Besitzer solcher Wohnungen aus der DDR kamen und deshalb nicht über den Stil ihrer früheren Einrichtung, über ihre ostige Geschmacklosigkeit hinausgekommen waren. Ich erfasste eine Wohnung nach der anderen mit blassgelblichen oder giftgrünen Blumenmustern an der Wand, mit rustikalen Möbeln aus schwerem Holz und grauen Stickdeckchen auf dem Tisch, es fehlten auch nicht die kariert gemusterten Schonbezüge auf der massigen Couchgarnitur. Es waren einfach zu viele Zimmer, die ich allein an diesem einen Abend zu Gesicht bekam. Was für ein Schreck, als mir klar wurde, solche Scheußlichkeiten sind auch im Westen ganz normal.

Wie also war's das erste Mal, Wessi?

So war das für mich, als ich das erste Mal im Westen die Augen aufmachte. Genau hinsah. Da hatten sie die Möglichkeit, aus Hunderten von Tapeten auszuwählen, und entschieden sich freiwillig für das einfältige Blümchenmotiv. Da gab es unendlich viele Möbelgeschäfte, zehn Finger hätten zum Zählen nicht ausgereicht, und darin unzählige Schränke, Sessel, Tische, Stühle: hell, freundlich, aus Naturholz oder farbig lackiert. Doch nichts davon in diesen Wessiwohnungen, in denen schien die DDR aufzuerstehen. Mein erster Eindruck vom Westen: spießig, kleinbürgerlich.

Wozu also der ganze Kalte Krieg? Wofür die Atomraketen?

Blümchenraketen und Atomtapeten hätten offenbar ausgereicht, um zwar ein wenig naiv, aber friedlich nebeneinander zu leben.

Und was lag auf den Fußböden? Auch das wollte ich sehen und betrat voller Neugier mit dem Motiv der Wohnungssuche etliche Zimmer, die vom Fußweg aus nicht einsehbar waren. Da lag meist ein grob gewebter mausgrauer Synthetikteppich herum oder abwaschbare Auslegware. »Plaste und Elaste« aus Schkopau ließen grüßen. Es war die Wiederholung der DDR mit anderen Mitteln – wer weiß, vielleicht hatte ja Walter Ulbricht mit seinem kryptischen Ausspruch »Überholen ohne einzuholen« genau das gemeint.

Verzweifle nicht, Ossi!

Auch wenn der Wessi sich nun ausgerechnet über unseren schlechten Geschmack mokiert: Da stehen wir doch souverän drüber. Denn um den Lifestyle des Westlers zu erreichen, müssen wir in Zukunft nur noch eines: kräftig angeben!

Ab sofort werden wir, so wie er, über jeden Einkauf, den wir hinter uns gebracht haben, ausführliche Referate halten. Vergessen wir dabei das regelmäßige Platzieren von Markennamen nicht. Beim Preis dagegen dürfen wir durchaus vergesslich sein, hier lohnt es sich, großzügig aufzurunden. Es kann nichts schaden, aus fünf gleich mal fünfzig Euro zu machen. Der Wessi kauft uns das gerne ab, sofern wir an unseren Worten keine Spur von Zweifel aufkommen lassen. Mehr noch: Er wird von unserer markenorientierten Konsumfreudigkeit beeindruckt sein. Denn der Wessi glaubt, ein Markenname sei bereits der Beweis für guten Geschmack. Kühen oder Schafen auf der Wiese gleich, hat er deshalb überall seine Marke dran. Sogar die Bibel hat sich der Wessi so interpretiert: »An ihrer Marke sollt ihr sie erkennen«, heißt es da für ihn.

Gar keine Frage, wir Ossis lieben auch das Edle, haben es oft genug entbehrt. So wenig wie die Mangelwirtschaft Geschmack unterbinden kann, so wenig ist die Marktwirtschaft automatisch Garant dafür. Wir wissen das Gute zu schätzen, das wussten wir auch schon früher, als eure Westpakete in den Osten kamen und wir darin eine Ansammlung vom Billigsten fanden. Ja, wir haben uns brav gefreut, wollten nicht undankbar sein, doch wir wussten: Wir, ja wir, sind nicht solche Billigheimer! Niemand anderes als ihr Wessis habt den knallharten Preiskampf zum Renner gemacht. Das ganze Jahr gellt es nun: *»Geiz ist geil«* – so laut, dass die Ohren schmerzen.

Wir wussten schon früher, dass Qualität ihren Preis hat. Bei uns in der DDR gab es deshalb einen verbindlichen EVP (für Wessis = Endverbraucherpreis): Alles kostete überall dasselbe. Wir haben also unsere wertvolle Lebenszeit nicht mit der Suche nach Schnäppchen verplempert. Na gut, wir mussten manchmal lange in der Schlange stehen, aber das ist etwas anderes. Dabei kommt man ins Gespräch, lernt Menschen kennen, anders als bei der hektischen Schnäppchenjagd.

Erst nach der Wende, am Ende der DDR, sind bedauerlicherweise die substanzlosen Fast-alles-umsonst-Wessis mit ihren dürftigen Angebotsblättchen, bei denen die Druckerschwärze an den Fingern haften bleibt, über uns hergefallen. Zeitungen und Zeitschriften sind jetzt voll von Werbeinseraten, auch hochwertige Fernsehfilme werden mit Werbepausen zerstückelt, kunstvolle Dramaturgie mit idiotischen Plattitüden wie »Ich will so bleiben, wie ich bin« zerstört.

Und so manch einer im Osten hat das übernommen, was die Westverwandtschaft schon seit Jahren macht: Statt über Büchern zu hocken, werden tagelang Supermarktpreise studiert.

Statt über die Literatur der Welt zu reden, werden Debatten über drei bis zehn Cent Differenz geführt. Wo, was, wann am billigsten ist, bestimmt nunmehr das Tagesgespräch. An dieser Stelle sind sich Ost und West sehr schnell näher gekommen, zu schnell.

Doch welche Armseligkeit herrscht nun durch diesen Einfluss auch in unserem Teil des Landes: Aus der Heimat der Dichter und Denker wurde eine Müllhalde mit Reklamebeilagen, übertroffen höchstens noch durch die Unterhosengeschichten aus den Boulevardorganen. Zu lange schon wird nun auch in Ostköpfen nicht mehr frei gedichtet und gedacht – denn die Gedanken waren auch im Osten immer frei –, sondern es wird nur noch und immer wieder der zwanghafte Preisvergleich gemacht.

Und da wundern sich die Wessis noch über das schlechte Abschneiden bei PISA, wo es ja um die Kompetenz von Fünfzehnjährigen in den Bereichen Lesen, Mathematik, Naturwissenschaften geht. Also untersucht wird, ob sie fit sind für die Herausforderungen der Zukunft. Auch hier könnte eine Rückbesinnung auf das Bildungssystem Ost nicht schaden, das nicht nur von Übel und nicht vollständig von Margot Honecker durchdrungen war, allerdings die Abiturreife nach zwölf Schuljahren ermöglichte.

Doch Besinnung ist nichts für den eiligen Wessi, der uns und unseren Osten mit einem Nebelschleier des Überflüssigen überzieht, uns mit seinem »Kauf mich! Nein, mich! Nein, mich!« förmlich ganz benebelt macht. So haben sie uns zugebaut mit gleichförmigen Einkaufszentren und voll gestopft mit Discountermärkten, die den DDR-Plattenbauten in ihrer Gesichtslosigkeit in nichts nachstehen.

Alles haben zu können und dennoch nichts zu sein, alles kaufen zu können und dennoch etwas ganz anderes zu brauchen, solche Wohlstandsprobleme hat uns der Westen in den Osten gebracht.

Ossi, pass auf dich auf! Den Wessi kümmert das nicht, der stürmt lieber weiter mit seinen Geschmacklosigkeiten auf uns und unser Land ein.

Und anstatt das wenigstens zuzugeben, protzt der Wessi schon wieder, bläst seine Hamsterbacken auf, okkupiert den guten Stil für sich und bemüht, sich selbst vergötternd, zum Beispiel seine gehobene Esskultur.

Esskultur?

Ja, als Esskultur verpacken die das. Dabei hat der Wessi sich schon lange vor der deutschen Einheit den Bauch mit billigem Fastfood auf Papiertellern voll gemacht. Und wem, wenn nicht dem Wessi, haben wir die Fresstempel à la Burger King oder McDonald's zu verdanken, die unsere Geschmacksnerven nach all den DDR-Jahren mit Salzkartoffeln und Sättigungsbeilage noch viel übler verdarben? Wer verschlang zuerst die wabbeligen Brötchen mit dem faden Hackfleisch drin, am Fließband hergestellt, von unmotivierten Niedriglohnkräften über die Theke geschoben, verschlungen in einem seelenlosen Schnellbedienungsrestaurantambiente. Da behaupte noch einer, die DDR hätte ein Privileg auf lustlose Bedienung besessen.

Dass Dienstleistung keine Stärke der Deutschen ist, liegt nicht am grundsätzlich dienstunwilligen Ossi.

Alles anzubieten, doch wenn es darauf ankommt, nicht zuständig zu sein, das hat bei euch Wessis System. Ob in Hotels oder im Flugzeug, der Gast wird nicht selten als Feind, zumindest als lästig wahrgenommen. Noch schlimmer allerdings ist die gehobene Unfreundlichkeit gegenüber dem Kunden beim Anrufen von so genannten Servicetelefonnummern. Man landet in x-beliebigen Callcentern, mit denen diverse Firmen ihre Kosten drücken wollen. Die benötigte Auskunft erhält man kaum, das Anliegen wird auch nicht bearbeitet. Die im Schnellkurs präparierten »Fachkräfte« haben nämlich schlichtweg keine Ahnung, weil sie vor allem darin geschult sind, sich freundlich und bestimmt aus der Verantwortung herauszureden, also unverbindlich zu sein. In der dabei vergehenden Zeit steigt dafür die eigene Telefonrechnung, und die Nerven liegen blank. Dieser Stress aber ist nur eine von vielen Krankheiten, die uns der Westen als Morgengabe auf den Altar der deutschen Einheit gelegt hat.

Da erinnere ich mich voller Wehmut an die Geschäfte von Mensch zu Mensch in der DDR, als der Ossi nicht König sein musste, um Kunde zu sein.

Was aber noch viel fataler ist, spätestens seit dem Film »Super Size Me« wissen wir, welche gesundheitlichen Folgen der häufige Konsum von Fastfood hat: Kopfschmerzen, Depressionen, Impotenz. Nun müssen wir uns eigentlich nicht mehr aufregen, warum ihr so seid, wie ihr seid, Wessis.

Übrigens: Zu DDR-Zeiten ins Restaurant gehen und aus der zugegeben schlichten Speisekarte auswählen, das konnten wir nur selten. Es gab viel zu wenige gastronomische Einrichtungen, und das Essen dort kostete für uns zu viel. Dort einzukehren, das haben wir den Wessis überlassen, und denen wurde dann ein lauwarmes, ödes Mahl serviert. Der Ossi nimmt eben seinen Auftrag ernst, der Klassenkampf war am Kochtopf keinesfalls zu Ende. Selbst dran schuld, wenn der Wessi das nicht bemerkte oder keinen Vorkoster, der ihn vorm Schlimmsten bewahren sollte, dabeihatte. Wenigstens dafür hätte er doch seine Ehefrau auf die Reise in den Osten mitnehmen können.

Wir normalen DDR-Bürger haben uns Frühstück, Mittag- und Abendessen lieber selber gemacht. Gemeinsam gekocht, gemeinsam am Küchentisch gesessen, uns das Mahl auf der

Zunge zergehen lassen. Oh, wie kann das schön und gemütlich sein. Wir sind gut satt geworden, ganz ohne Mikrowellengerichte oder Fünf-Minuten-Terrinen, die dem Mund schmeicheln wie ein Cocktail aus Chemie und voller künstlicher Substanzen sind. Wir haben in vertrauter Runde unsere Bäuerchen gemacht, denn der Ossi hat kein Problem damit, sich freizurülpsen, wenn es ihm gut geschmecket hat.

Zugegeben, Wessi ist nicht gleich Wessi. Und wer in der Klassengesellschaft oben hingehört, der wird nicht beim Fertiggerichteanbieter stehen. Der geht zum Sternekoch und genießt ein asketisch durchgestyltes Gourmetmenü. Sehr überschaubare Blätter besten Salates werden da mit Fleisch oder Fisch in Carpacciodicke mit einem Teelöffelchen feinster Soße für mehr als hundert Euro pro Abend präsentiert. Dass Gerhard Schröder da lieber beherzt in eine fette Currywurst beißt, hat ihn den Ossis sympathisch gemacht, dafür haben wir ihn dann Kanzler werden lassen. Damals ahnte der Ossi eben noch nicht, dass nach dem Hauptgang mit der Wurst Hartz IV kommen und ihm unverdaubar aufstoßen würde. Aus Rache wählten wir danach die geschmacksfreie Ostfrau Angela Merkel.

Doch zurück zu den betont Reichen aus der ersten Klasse der Gesellschaft. Ähnlich karg wie auf seinem Essteller sieht es auch in seiner ästhetisierten Wohnung aus. Designermöbel stehen da – aalglatt, poliert und mit der Ausstrahlung eines Iglus. Ziehen wir uns warm an, wenn wir zu solchen Wessis gehen. Unsere Kinder lassen wir lieber zu Hause, denn Abdrücke von Dreckfingerchen, wie sie die Kleinen nun mal hinterlassen, würden in diesen durchgestylten Schickiwohnungen die Optik stören. Also hat der Ästhetikwessi lieber gleich gar keine Kinder. Dafür gibt es sündhaft teure Stühle, bei denen bequemes Sitzen nicht im Preis enthalten ist. Überdimensionierte Liegelandschaften stehen in hallenartigen Räumen herum. So riesig, dass man keine normale Sitzposition auf ihnen einnehmen kann. Entweder man nimmt vorne, auf dem Rand Platz, kann sich so aber nicht anlehnen und wirkt verklemmt. Oder, wenn man den Rücken entlasten will, muss man nach hinten rutschen, sitzt dann aber mit ausgestreckten Beinen da, was ziemlich doof aussieht.

Die einzige Alternative wäre, es sich gleich in der Liegeposition bequem zu machen. Aber wie sieht das denn aus, wenn man nicht zu den Leuten gehört, die fast jeden Tag eingeladen sind? Und wer will schon öfter bei einem Luxuswessi zu Gast sein, wo einem vor lauter kaltem Styling, gestaltet nach dem letzten Schrei, eine Gänsehaut überkommt? Wer will sich bei ihm wie bei einem Analytiker auf der Couch herumfläzen, sich in einem gefühllosen Ambiente emotional erleichtern?

Zumindest kein Edelossi.

Was sich nämlich darböte, wäre der in die neueste Trainingshosenmode von Bogner oder Adidas gezwängte Wessikumpel, der sich einbildet, darin tausendmal besser als im NVA-Anzug auszusehen. Manchmal würde es sicher auch der letzte Fummel der Haute Couture sein, der sich an Normalfiguren nicht sehr vorteilhaft ausnimmt. Dann würden wir zugelabert von einem Typ, der nicht von seinem Auto, sondern nur von seinem Porsche oder seinem SEL spricht. Der keine Uhr, sondern eine Rolex oder Cartier umbindet. Und der uns noch den ganzen langen Abend mit weiteren, für ihn eminent wichtigen Statussymbolen die Ohren heiß quatscht. Was uns da auf den Leib rücken würde, wäre eine Person, die höchstens wegen der Marke an der Hose noch eine einigermaßen gute Figur macht.

Brrrrrrrrrr.

Zum Übergeben bitte die zweite Tür links.

Aber wer will denn das?

Apropos Körperlichkeit. Hier müssen wir uns im direkten

Vergleich zwischen Ost und West nun wirklich nicht verstecken. Schauen wir einfach auch hier wieder nur genau hin. Während der Westmann mit seinem Kukident-gereinigten Gebiss oder den Zahnimplantaten um schönen Schein bemüht künstlich in die Landschaft flunkert, haben wir noch echte Zähne, und die haben – das ist offiziell medizinisch nachgewiesen – auch noch ordentlich Biss. Und während die Westfrau selbst mit ihrem Brustersatz noch Probleme hat und sich nicht einmal mit ihrem prallen Silikonbusen nackt an einen Strand getraut, lieben und zelebrieren wir die freie Körperkultur, auch FKK genannt.

Im Gegensatz zu Wessis, die ganz gern mal mehrere tausend Euro in sich investieren und körperlich aufrüsten, um sich auf die Straße zu wagen – ertragen kann er oder sie sich dann übrigens noch lange nicht –, haben wir gar nicht erst so viel Geld übrig, um auf dumme Gedanken zu kommen. Manchmal ist es von Vorteil, im Portemonnaie ärmer und innerlich reicher zu sein. Wir müssen uns keine prothesenähnlichen unnatürlichen Kugeln, die so gar nichts Mütterliches mehr haben, machen lassen, bei denen Mann zwar glotzt, die aber – so die Auskunft von Kennern – beim Anfassen ziemlich unerotisch sind. Da können wir wirklich herzlich lachen.

Und was die Klamotten angeht: Entscheidend ist nicht, sexy auszusehen, sondern der Sex. Nicht was auf der Hose steht, ist von Belang, sondern das, was drinnen abgeht. Ja, ich weiß, da rümpft ihr Verklemmten die Nase. In Ordnung, Ossi kann das auch feiner sagen: lieber von der Lust träumen und sie lieben, wenn sie einen überfällt, als Lustgewinn in Schönheitskliniken, Wellnessstudios oder Boutiquen ersatzweise kaufen. Im Osten ist Lust vergnüglich, bei euch ist sie teuer.

Wollten nicht auch Wessis, wenn sie es denn könnten, lieber lustvoll penetrieren als penetrant dem Schönheitswahn verfallen sein? Mehr verraten wir nicht, der Rest ist genüssliches Schweigen ...

Übrigens, ich habe dann in Frankfurt am Main erst einmal im Studentenwohnheim eine Bleibe gefunden. Mein Zimmer war ca. fünfzehn Quadratmeter groß, mit Waschbecken, Bett und Schreibplatte am Fenster. Selbst Wessis, die mich besuchten, fanden es schön, obwohl alles vom Sperrmüll, von Flohmärkten oder aus Secondhandläden war. Ich fühlte mich wohl.

Dass wir Ossis keine herausgeputzte Oberfläche nötig haben, das jedenfalls ist unsere Stärke. Wir müssen unsere Schwachstellen nicht wie der Wessi krampfhaft verbergen.

Wir scheuen nicht davor zurück, alles - auch im kollektiven Miteinander am Sonnenstrand - zur Schau zu stellen und uns aneinander zu erfreuen. Wenn es um die nackten Tatsachen geht, muss sich nur der Oberflächenfetischist West verstecken.

Wer hat hier noch mal ein Problem mit seinem Selbstwertgefühl?

Ohne schönen Schein glücklich sein ...

Wie wär's denn zur Abwechslung mal damit, Wessi?

SPRING' ENDLICH, DU FEIGLING!
FREIHEIT
DEMOKRATIE
Haitzinger

6 **West** gegen Ost: Ihr wisst nichts von Freiheit

Wenigstens einmal im Jahr treffen sich Ostdeutsche und Westdeutsche auf Augenhöhe. Am neudeutschen Tag der Einheit wird dann des 3. Oktobers 1990 gedacht, als siebzehn Millionen Ossis ihre Behauptung, dass wir ein Volk seien, endlich in Realität verwandelt hatten. Offiziell beschworen, besiegelt, verkündet. Umtausch war laut Vertrag ausgeschlossen, was aber nur im Kleingedruckten stand. Keiner von uns hatte das gelesen.

Als Festredner für solche Feierstunden wird Wolfgang Thierse gern genommen, weil der so was pflegeleicht Ostwestbäriges hat, nicht mit der üblichen beleidigten Zoniattitüde die Mauer in den Köpfen geißelt, sondern väterlich Ost und West zur Einigkeit mahnt. Dem Tag entsprechend werden Themen diskutiert wie: Deutsches Vaterland, Segen oder Fluch? oder: Wohin treibt die Republik? oder: Welchen Preis hat die Freiheit? Und aufgrund verschiedener Erfahrungen reden wir dabei wie üblich aneinander vorbei.

Zum Beispiel beim Thema Freiheit.

Ab hier, Zonis, lest bitte ganz genau, wie es weitergeht in meinem Text. Schreibt euch die wichtigsten Thesen auf. Ich erkläre euch Freiheit nur einmal. Freiheit wovon? Freiheit wofür? Freiheit wozu? Freiheit wohin? Ganz schön verwirrend.

Ganz schön einfach.

Es gibt nämlich viele Arten von Freiheit, und Freiheit zu leben ist schwieriger, als sie zu fordern. Da zieht sich der Ossi erst einmal verwirrt zur Beratung unter seinesgleichen zurück. Das kann, wie früher, als sie ratlos über den Mangel berieten und keine Lösung des Problems fanden, bis sie am Ende das Problem zur Lösung erklärten, im Osten ziemlich lange dauern. Beratungen sind ihnen vertraut. Der Begriff Beratung, der bei uns Besprechung heißt oder Meeting, hat das System überdauert, in dem er gebraucht wurde.

Noch heute höre ich regelmäßig nach einer mündlich vorgetragenen Bitte, mit diesem oder jenem verbunden zu werden, aus Ostvorzimmern den Standardsatz, Herr X oder Y sei gerade in einer Beratung und nicht zu sprechen.

Ostler misstrauen der Freiheit. Obwohl sie die nicht vom Westen geschenkt bekamen, sondern selbst erkämpften, ihr Misstrauen aus ihrer Sicht also sogar berechtigt sein könnte. Statt stolz zu sein – top that, Wessi! – auf diese einmalige Leistung, verbunden mit dem Hinweis darauf, dass es die Deutschen West waren, die nach dem Krieg die Freiheit geschenkt bekamen, und dass die nichts dafür tun mussten außer *thank you* oder *merci* zu sagen, jammern sie wieder mal rum und verlangen eine Gebrauchsanleitung für Freiheit im Alltag, Punkt eins bis Punkt zehn, und entsprechende Schulung durch Fachleute wie einst durch ihre Kader.

Das hat Ursachen, die natürlich, wieder mal, in eurer Geschichte begründet liegen. Jede Art von Freiheit außer der erlaubten, voller Inbrunst die weisen Beschlüsse des Zentralkomitees zu preisen, war von Staats wegen unter Artenschutz gestellt. Die Partei sorgte Tag und Nacht dafür, dass sie nicht aus ihrem streng bewachten Gehege ausbrach und sich unters Volk mischte. Meinungsfreiheit zum Beispiel.

Die Freiheit, die sie meinte, ließ die SED organisieren. Auf geplanten und streng kontrollierten Spontankundgebungen forderte das Volk zwischen 1949 und 1989 immer wieder lautstark grimmig Freiheit. Doch gemeint war jene, die in der Ferne unterdrückt wurde, und nicht die in der Nähe eingesperrte. Freiheit für

Nelson Mandela. Freiheit für Angela Davis. Freiheit für Vietnam. Freiheit für Palästina. Freiheit für wen auch immer und wo auch immer, Hauptsache weit weg. Wer Freiheit im eigenen Land verlangte, bekam von den zuständigen Organen die Chance, jahrelang über seine Forderung nachzudenken. In den Zuchthäusern der Zone war immer ein Plätzchen frei.

Büttel in Zivil, von denen es bei euch in der DDR zur Sicherung bestehender Verhältnisse pro Kopf der Bevölkerung mehr gab als in jedem anderen kommunistischen System, mehr noch als beim Großen Bruder in Moskau, sorgten dafür, dass die Untertanen Ost im Wissen um die Folgen freiwillig das Maul hielten. Verblüfft und mit sprachlos geöffnetem Maul standen deshalb die Stasibanditen, diesmal auch die in Uniform, als sich die zum Schweigen erzogene Mehrheit des Volkes in jenen Tagen des Oktober wie in Leipzig und November 1989 wie in Berlin auf der Straße die große Freiheit nahm.

Die Machthaber zogen sich zur üblichen Beratung zurück, doch als sie von der zurückkehrten, hatten sie keine Macht mehr und ihre Zukunft hinter sich. Die Freiheit hatte ihre Schutzhaftzone verlassen, die Käfigtüren standen offen.

Und ihr? Habt ihr sie in den Arm genommen? Habt ihr mit ihr getanzt? Habt ihr sie geküsst und ihr ewige Treue geschworen und mit ihr geschlafen und sie für immer in euer Herz geschlossen und ihr die Sterne vom Himmel geholt?

Versteht ihr nicht, schon gut. Ich versuche es mal weniger poetisch, prosaischer, etwa so: Kaum hatte sich die Freiheit unters Volk gemischt, kaum hatten die Ostdeutschen ihre Herrscher verjagt, kaum war das verrottete System Geschichte, ging es nicht mehr um die Freiheit als Idee, auch nicht um persönliche Freiheit, sondern um die freie Marktwirtschaft. Die verhieß eine Freiheit der anderen Art. Die D-Mark. Frei nach der Parole »Wenn die D-Mark nicht zu uns kommt, kommen wir zu ihr«, was im Westen helles Entsetzen auslöste, setzten die Ossis ihre Forderung durch. Die D-Mark kam.

Sie wurde nicht gehütet für möglicherweise schlechtere Zeiten, sondern sofort eingesetzt im Tausch für Pauschalreisen, folgend Kohl's Motto, der Ossi habe wie der Wessi ein Recht auf Mallorca, damit er erholt bei den ersten gesamtdeutschen Wahlen an der richtigen Stelle sein Kreuz machen kann. Die in Bonn regierende Koalition von CDU/CSU und FDP errang tatsächlich satte 54,8 Prozent.

Diese Rechnung ging also auf.

Andere Rechnungen nicht.

Was der Ossi offensichtlich in bleiernen Zeiten am meisten vermisst hatte, waren Pornofilme und Sonnenbänke. Solche erogenen Zonen gab es in ihrer heterogenen Zone nicht. Der Bedarf schien deshalb groß zu sein. Flugs wurden, ohne die übliche Beratung, aber unterstützt durch westliche Berater, von denen wir euch abgeraten hätten, aber ausgerechnet da habt ihr uns nicht um Rat gefragt, Videotheken und Sonnenstudios gegründet. Die blühten auf in allen Landschaften. Freizeit hieß die Parole, was ähnlich klang, zumindest im entsprechenden Dialekt, wie Freiheit.

Weil zu viele zur gleichen Zeit diesen genialen Einfall in die Tat umsetzten, lernten viele einen der wichtigsten Mechanismen der Marktwirtschaft im Crashkurs kennen, hautnah, nämlich den Zusammenhang zwischen Angebot und Nachfrage. Der Crash kam schnell, der Kurs erwies sich als falsch, die Läden waren kaum entstanden und schon wieder verschwunden. Ihre Besitzer, die nur volkseigene Ruinen kannten, saßen jetzt fassungslos auf ihren eigenen, waren ihre in Westmark umgetauschten Ersparnisse los, hatten zudem Schulden bei den Banken und beschlossen nach eingehender Beratung, wer schuld war an dieser Misere.

Wir und die Freiheit.

Wir hätten ihnen vorher sagen müssen, dass sie zwar frei sein würden in allen ihren wirtschaftlichen Entscheidungen, aber dass diese Freiheit nichts zu tun hatte mit jener, die in der Verfassung garantiert ist. Die hatten sie eh nie gelesen. Wir kannten sie. Deshalb sind wir Verfassungspatrioten, ihr dagegen nur heimatlose Patrioten und damit anfällig für Demagogen.

Dazu später mehr.

Wir hätten ihnen sagen müssen, dass es künftig bei Eigenbedarf Ost vom Westen keinen Nachschlag geben würde, abzuholen bei den bekannten Verteilungsstellen, falls sie ihre D-Mark ausgegeben hatten. Transfermillionen reichten wir denen, die sich das Volk in den fünf neuen Ländern als seine Vertreter gewählt hatte, zu treuen Händen oder steckten es via Treuhandanstalt in die Privatisierung, Sanierung, Abwicklung der industriellen Kolosse.

Eine unendliche Geschichte.

Ein anderes Kapitel.

Weiter in diesem.

Bei einer anderen Geschäftsidee überließen die Westler nichts dem Zufall oder gar den Einfällen der Ossis. Diesmal ging es nicht um staatliches Geld. Die Investoren prüften erst, welche Bedürfnisse die Brüder drüben, weniger die Schwestern, sonst noch haben könnten, und ließen nach Marktlücken suchen. Die Spähtrupps stießen dabei auf eine andere tiefe Sehnsucht des Ostlers, pflanzten die nach gründlicher Analyse auf grüne Wiesen vor den Toren ihrer Städte, umrahmt von riesigen Parkplätzen.

Baumärkte. Volltreffer. Erfolgreich bis heute durch alle Krisen hindurch und in den jetzigen erst recht. Die Freiheit zu schrauben und zu hobeln und zu tünchen und zu kleistern und zu dübeln und zu bohren hatte der Zonenmann immer schon gehabt. Aber die Mangelwirtschaft setzte seiner Freiheit Grenzen. Es fehlte an Farbe, daher das einheitliche sog. Zonengrau, es fehlte an Schrauben, denn die vorhandenen brauchten sie in den Kombinaten, es fehlte an Tünche, denn damit mussten die Lücken in den Plänen zugekleistert werden.

Nun gab es alles, und alles auf einmal. Die Baumärkte wurden zu wahren Paradiesen der Werktätigen, der Handwerktätigen und der nicht mehr in Werken Tätigen. Da konnte der Ostler günstig seine Triebe befriedigen. Die Lust nachzubessern und auszubessern hat er sich aus jenen Zeiten bewahrt, als er sich seine Schrauben zwischen den Zähnen noch selbst drehen musste – daher die starken Beißerchen, nicht vom tapferen Sich-Durchbeißen.

Mit vagen Vorstellungen, die ihr euch von Freiheit machtet, habt ihr euer zweites Leben nach der Stunde null 1989 begonnen, aber dabei das erste nicht mit dem Fazit War-wohl-nicht-so-toll analysiert, sondern nur verdrängt ins Unterbewusste. Dort blubbert es jetzt herum und produziert nostalgische Blasen. Ihr könnt wieder mal nichts dafür. Wahrheit und Zweifel und Risiko gehören zur Freiheit, und von denen habt ihr natürlich auch noch nie etwas gehört.

Ehrlich wäre gewesen, euch zu sagen, dass es nicht nur ein paar Jahre dauern würde, bis der Osten mit der westlichen Glitzerwelt gleichgezogen hat, was in der Sprache von Politikern Angleichung der Lebensverhältnisse heißt, sondern dass dies nie der Fall sein wird zu Lebzeiten jener Ostler, die für die Freiheit auf die Straßen gegangen sind. Wer gegen die allgemeine Juhu-Stimmung dennoch vor den Folgen einer zu schnellen und hastigen Einheit warnte, den bestrafte nicht das Leben, sondern der empörte Zoni am Wahltag.

Das zu behaupten ist keine der von euch inzwischen als typisch unterstellten Gemeinheiten des Wessis, der euch nicht mehr subventionieren will und die Einheit unter seinesgleichen zutiefst bedauert, ohne darüber lange beraten zu müssen. Ungleiche Lebensverhältnisse innerhalb eines nationalen Lebensraums sind auf anderem Niveau auch im Westen gegeben. Nicht von Gott, sondern von den wirtschaftlichen Bedingungen vor Ort.

Der Westdeutsche hat darüber nicht etwa gejammert, sondern sich eingerichtet oder den schwierigen Entschluss gefasst, zu besseren Standorten zu ziehen. Also seine Heimat zu verlassen. Mobilität fällt dem Deutschen als solchem schwer. Immerhin ist die Entscheidung eine eigene freie, die ihm keiner vorschreibt und niemand abnimmt. Sogar der Ostler bewegte sich, durch die Umstände gezwungen, weg aus seinem Biotop. Man schätzt, dass trotz aller Bemühungen, durch Subventionen gleiche Lebensverhältnisse zu schaffen, seit der Wende rund zwei Millionen Ossis in den Westen gezogen sind.

Viele Wessis haben ihren Solidaritätsbeitrag zwar vor allem deshalb ohne Murren bezahlt, weil sie davon ausgingen, dass im Gegenzug die Verwandten drüben bleiben und nicht zu ihnen kommen würden. Aber dürfen sich nur Ossis täuschen oder täuschen lassen und wir nicht? Das Gesetz macht auch keinen Unterschied zwischen Ostler und Westler, was die Solidarität betrifft. Die drüben werden ebenfalls zur Kasse gebeten und müssen sich quasi selbst subventionieren.

Auch zwischen Recklinghausen und Reutlingen gab es in der Geschichte der Bundesrepublik nie gleiche Lebensverhältnisse. Zwischen Neumünster und Starnberg herrschen keine gleichen Verhältnisse und auch nicht zwischen Hannover und Köln. Warum sollte es sie geben zwischen Grimma und Göttingen, zwischen Brandenburg und Buxtehude?

Weil sie euch versprochen wurden.

Richtig, ihr seid belogen worden. Mit Lügen umzugehen müsste euch aus dem früheren Leben jedoch vertraut gewesen sein. Selbst linientreue Zonis wussten, dass nichts von dem stimmte, was da verkündet wurde, und haben sich deshalb Enttäuschungen erspart.

Versprechen in der Politik aber, das gehört zum Lernprozess in der Demokratie, sind oft Schall und Rauch. Schon der erste demokratisch frei gewählte Bundeskanzler bei uns hat den klassischen Satz gesprochen – und danach gehandelt –, was interessiere ihn heute sein Geschwätz von gestern. Konrad Adenauer wurde dennoch wieder gewählt, und zwar oft.

Ossis, akzeptiert endlich, meinetwegen nach eingehender Beratung, dass Demokratie nicht die schlechteste aller Staatsformen ist, so wie ihr grummelt, sondern die schlechteste außer allen anderen. Ihr habt immer noch nicht begriffen, dass im Carepaket Aufbau Ost nicht automatisch Demokratie und Freiheit inbegriffen sind wie einst die Schokolade und der Kaffee im Päckchen aus dem Westen. Dass Demokratie ein Zustand ist, den ihr, Mensch Meier Ost!, pflegen müsst. Wie früher eure Kartoffelbeete im sozialistischen Hinterhof.

Muss ich wirklich noch deutlicher werden?

Na gut, ihr wollt es nicht anders.

Es gibt viele Wahrheiten, nicht nur eine. Und wer verkündet, im Besitz der allein selig machenden Wahrheit zu sein, den solltet ihr tunlichst meiden. Eine Wahrheit zum Beispiel lautet, dass Freiheit täglich neu erkämpft werden muss und nicht nur einmal, so wie ihr es 1989 geschafft habt. Habt ihr angenommen, dass sie sich dann für den Rest des Lebens zu euch legt und nebenbei auch noch eure Kinder wärmt? Weil ihr das Einfache liebt, denn ihr seid nun mal anfällig für simple Parolen, fallt ihr immer noch auf die rein, die sich zu euch ins Bett kuscheln und euch weismachen, es nur gut mit euch zu meinen. Denen gebt ihr euch hin, und wenn ihr morgens aufwacht und merkt, dass euch die Bettgenossen nur für ihre Zwecke benutzt haben, fangt ihr an zu weinen.

Nicht etwa über eure eigene Dummheit, was verständlich wäre, sondern über die Ungerechtigkeit der Welt an sich, speziell der von Westdeutschen geprägten. Ihr jammert uns nicht nur zu

Tode, wogegen wir uns mit den üblichen Gemeinheiten wehren könnten. Ihr wollt uns sogar eure eigene Blödheit heimzahlen, für eure eigenen Fehler Rache nehmen.

In diesem Geiste haben bei euch die Rechtsradikalen zugenommen wie früher eure anderen Gurken. Die auf adrett gewichsten Nazis haben sich nicht heimlich bei Nacht durch die Hintertür in die Gemeindeparlamente und in die Landtage geschlichen und einfach auf die Plätze gesetzt, die den Anständigen von der CDU, der SPD, den Grünen, der FDP und der PDS vorbehalten sind.

Ihr habt sie gewählt.

Am Tag.

Ihr, das Volk.

Nur die dümmsten Kälber, wie selbst ihr wissen dürftet, wählen sich ihre Metzger selber. Es ist wahr, dass es Nazideppen schon zu DDR-Zeiten gab und sie von Staats wegen niedergeknüppelt wurden, falls sie sich öffentlich zeigten. Beispielsweise mit Parolen gegen Vietnamesen, die ihr Fidschis nanntet und als Arbeitssklaven benutzt habt. Doch die rechte Gesinnung, die hatte man den Nationalen ebenso wenig aus dem Leib prügeln können wie anderen Oppositionellen ihre aufrechte. Den Umweltschützern. Den Friedenskämpfern. Den Menschenrechtlern.

Freigelassen sind die Extremisten stark. Predigen den Hass auf Ausländer, die angeblich eure Zone überschwemmen. Die Wirklichkeit sieht eher so aus, dass erstens gerade Ausländer jene Gegenden meiden, in denen sich die NPD oder die DVU mit Zustimmung der Bevölkerung breit machen, und zweitens der Anteil von ausländischen Mitbürgern bei euch in den neuen Bundesländern eher gegen zwei Prozent tendiert als gegen drei, auf jeden Fall weit entfernt ist von jenen sechzig Prozent, die von den Neonazis während der Wahlkämpfe des vergangenen Jahres behauptet wurden.

Habt ihr vergessen, dass schon 1991 in Hoyerswerda unter großem Applaus der erwachsenen Sachsen von ihren Kindern Vietnamesen gejagt wurden? Habt ihr vergessen, dass in Rostock, wiederum begleitet vom Beifall der Bevölkerung, Wohnheime angezündet wurden, in denen Asylbewerber lebten? Ich weiß, auch in Solingen (West) und in Mölln (West) undundund starben Menschen, nachdem rechtsradikale Verbrecher ihre Häuser in Brand gesteckt hatten. Aber es gab doch einen gewaltigen Unterschied zu euren Mordbrennern – sie wurden dafür nicht von ihren Nachbarn gefeiert.

Dass ausgerechnet im proletarischen Osten, dessen Genossen stets auf ihre antifaschistische Tradition verwiesen, die Volksgenossen salonfähig geworden sind, dass ausgerechnet aus der Wahlzone Ost die Gefahr droht, dass bei der nächsten Bundestagswahl zum ersten Mal seit Gründung der Bundesrepublik eine Bande von Rechtsradikalen ins Parlament rückt, stärkt bei uns im Westen nicht die Neigung, euch weiterhin an unsere Brust zu drücken.

Ich würde übrigens, falls ich Bürger der Schweiz wäre, gegen eure Sächsische Schweiz eine einstweilige Verfügung erlassen und der verbieten, mit dem guten Namen Schweiz, der steht für Demokratie und Freiheit, siehe Wilhelm Tell, Schindluder zu treiben.

Seht also zu, wie ihr mit euren Nazis fertig werdet. Wenn ihr die für eure latent vorhandenen völkischen Stimmungen als Stimmungskanonen braucht, dann verschont uns mit diesen dauernden Rückrufen, wir seien ein Volk. Sind wir nicht. Dass ihr selbst für eure Nazis uns verantwortlich macht, weil eure armen Jugendlichen, diese Dumpfbacken Ost, gar keine andere Wahl gehabt hätten, als ihren Protest gegen Arbeitslosigkeit und ihre Angst vor der Zukunft durch das Kreuzchen bei den ewig Gestrigen auszudrücken, ist typisch für euch. Immer sind nur die anderen schuld.

Ihr dagegen nie.

Ihr glaubt nach wie vor, Freiheit hin oder her, dass der Staat zuständig sei für die Rundumversorgung seiner Bürger und die soziale Sicherheit und einen Arbeitsplatz und für die Rente und ihr dann machen könnt, was ihr am liebsten macht. Also Familienausflug zum Baumarkt, labern in der Datsche, grillen im Vorgarten.

Ihr habt nicht begriffen, dass Freiheit und Demokratie und Toleranz nicht über euch gekommen sind wie an Weihnachten die Engel des Herrn, bei euch Jahresendfiguren mit Flügeln genannt, und siehe, sie verkündeten eine große Freude. Ihr liegt nicht mehr in Krippen. Ihr lebt nicht mehr in Ställen. Ihr steht nicht mehr unverstanden auf euren Ruinen. Ihr wohnt inzwischen in geheizten Häusern und viele sogar in den eigenen.

Wenn ihr die in freier Entscheidung verlasst, wenn ihr euch dem Leben stellt, müsst ihr euch auch auf Gefahren und Risiken, also auf kalten Gegenwind, einstellen. Freiheit und Wohlstand sind in funktionierenden Staaten gleichberechtigte Geschwister wie in intakten Familien. Aber wenn man sich für eine von beiden entscheiden muss, dann ist Freiheit wichtiger als Wohlstand.

Ich weiß, das ist leicht gesagt, aber ich nehme nicht uns Wessis als Beispiel für euch, sondern verweise auf eure Nachbarn, die Polen. Begriffen, was ich damit meine?

Solidarność statt Bananen.

Ihr bezeichnet euch als Heimatlose, aber darüber haben wir gesprochen, als ich euch erklärte, dass der Sturz des Tyrannen Erich H. auch den Verlust der Mutter Mief bedeutet hat, die Abschaffung der Bevormundung auch den Abschied von der Fürsorge.

Muss man euch denn wirklich alles zweimal sagen?

Ihr bezeichnet euch in entsprechenden Umfragen als entmutigt, resigniert, depressiv.

Ach, mir bricht das Herz.

Ihr wollt Liebe und Gerechtigkeit und Frieden und Arbeit und gutes Wetter. Und zwar alles auf einmal und für alle und für immer. Das ist erstrebenswert, aber wir werden es nicht mehr erleben, und die nach uns kommen auch nicht.

Es gilt für euch im Osten wie für uns im Westen die selbstverständliche, die verbriefte Freiheit, als Bürger sicher zu sein vor willkürlicher Verhaftung, sich gegen Unrecht vor Gericht wehren zu können, seine Meinung zu äußern, ohne Repressalien befürchten zu müssen, also zu leben innerhalb der geltenden Gesetze, wie immer man will. Diese Freiheit gibt euch das Recht, zu demonstrieren und eine andere Regierung zu wählen, wenn euch die alte enttäuscht hat. Nur zu. Das alles gehört zur Demokratie. Das alles habt ihr seit fünfzehn Jahren – und ernsthaft wollen das nicht mal die PDS-Dogmatiker, die ihr euch freiwillig als Vertreter eures Volkswillens gewählt habt, wieder rückgängig machen.

Aber ihr habt die Demokratie nicht ins Haus gelassen, geschweige denn in euer Herz geschlossen, sie verinnerlicht. Ihr liebt sie nicht, ihr fürchtet sie. Deshalb eure Sehnsucht nach der Vergangenheit. Bisschen Zonenmief wie einst, bisschen Freiheitsluft wie jetzt, bisschen Arbeit wie einst, bisschen Einheit wie heute.

Freiheit ist eine Geisteshaltung, und die ist euch fremd. Früher habt ihr vor Aufregung zitternd geklatscht, als das Theater dunkel war und euch keiner sah, wenn im Geiste Schillers Marquis Posa auf der Bühne von Philipp II. forderte: »Geben Sie Gedankenfreiheit.« Nun habt ihr nicht nur die, müsst nicht mehr warten, bis es dunkel wird, könnt das täglich in eurem Dunkeldeutschland verlangen und ausüben, ohne dass euch einer belangen kann.

Und was macht ihr?

Jammert rum. Kann es sein, dass euch die Rolle des stets beleidigten Opfers so gut gefällt, dass ihr sie nicht mehr abgeben wollt? Dass ihr bei der Suche nach den Schuldigen immer wieder auf uns trefft und euch laufend bestätigt fühlt? Man hätte euch, Kinder des Ostens, in den ersten Jahren nach der Wende an die Hand nehmen und Schritt für Schritt in die Freiheit begleiten müssen, bis sie euch vertraut gewesen wäre. Man hätte euch die Angst vor ihr nehmen müssen. Wir wären nie auf die Idee gekommen, für die Jugend der Welt zu marschieren oder die internationale Solidarität oder ganz allgemein für die Völkerfreundschaft. Ihr habt bis zu jenen denkwürdigen Tagen 1989 immer nur für die von oben befohlenen Aufmärsche auf die Straße gehen und euren Greisen auf der Tribüne zuwinken dürfen. Und die haben zurückgewunken.

Das waren eure Demos.

Wir haben in aller Freiheit demonstriert gegen Atomwaffen und Atomkraftwerke, gegen Notstandsgesetze und gegen den Vietnamkrieg, gegen die Nachrüstung und gegen die Nazis, deren Enkel jetzt bei euch, ich muss es wieder erwähnen, die Luft verpesten.

Das waren unsere Demos.

Eure typische Für-etwas-Demo hatte mit unserer Gegen-etwas-Demo nichts gemein, obwohl beides äußerlich betrachtet Demonstrationen waren. Ein und derselbe Begriff bezeichnete völlig unterschiedliche Ereignisse.

Das scheint auch das Problem zu sein mit der Freiheit. Am besten, ihr zieht euch zurück zu einer internen Beratung. Wir halten uns raus.

Wenn ihr euch einig seid, ruft uns einfach an.

Im Westen angekommen...

6 *Ost* gegen West: Ihr habt Angst vor der Einheit

Frieder ist ein zurückhaltender Mann. Viele Sätze direkt hintereinander spricht er nicht. Trifft er auf jemand, bei dem das anders ist, steht er also einem gegenüber, der gern redet und rhetorisches Geschick hat, ist Frieder das verdächtig. Ihm jedenfalls ist es nicht wichtig, wichtige Worte zu machen. Dennoch wusste Frieder immer ganz gut Bescheid. Er beobachtete gern. Auf diese Art und Weise war er auch einigermaßen respektabel durch die Jahre seiner Kindheit und seiner Jugend in der DDR gekommen.

Als Frieder erwachsen wurde, entschied er sich, Steinmetz zu werden, und spezialisierte sich auf Grabsteine. Ein krisensicheres Geschäft, denn gestorben wird immer, dachte er. Er heiratete eine Frau, die etwas älter war als er und die bereits ein kleines Kind hatte und bald ein zweites bekommen sollte, von ihm. Da er sich als gleichberechtigter Mann verstand oder die Frau als gleichberechtigt gegenüber dem Mann ansah, übernahm er selbstverständlich und ohne Murren seinen Teil an der Hausarbeit. Er kaufte ein, bügelte, kochte bald besser als seine Frau und machte auch ab und an mal sauber.

So verging die Zeit.

Als in seinem Land die friedliche Revolution begann und immer am Montag auf den Straßen der Kampf für mehr Freiheit tobte, war Frieder zunächst nicht mit dabei. Er kam einfach nicht dazu bei all seinen Verpflichtungen im Haushalt. Nur ein einziges Mal ist er dann montags mit siebzigtausend anderen um den Stadtring von Leipzig gelaufen. Frieder war beeindruckt. Weil die friedliche Masse nun aber mit ihrem Protest in kürzester Zeit so überraschend erfolgreich gewesen ist, war es mit den Demonstrationen schnell wieder vorbei. Und bald darauf auch mit der DDR.

Es war ein paar Montage später, im Jahre 1990, als Frieder wie jeden Morgen auf den Friedhof kam, um seine Arbeit als Steinmetz zu machen. Da rief ihn der Friedhofsverwalter zu sich und teilte ihm mit, dass die Zeit der staatlichen Fürsorge nun vorbei sei. Der Friedhof werde jetzt von einem privaten Beerdigungsinstitut übernommen, mehr als einen Steinmetz brauche man da nicht, und dieser eine sei nicht er. Er müsse bitte verstehen, dass man an dieser Stelle dem etwas älteren Kollegen mit mehr Berufserfahrung den Vorzug gab. Es hieß, zwei Mann, das rechne sich einfach nicht. Selbst wenn die Buchstaben auf den Grabsteinen in Zukunft etwas schief sein würden, weil in der gleichen Zeit dann zwei statt nur ein Stein von einer Hand fertig werden müssten, die Toten, da unten, die störe das sicher nicht, und die Angehörigen, die würden eh lieber am Tod als im Leben sparen.

Wie angekündigt, drückte der Verwalter einige Wochen danach Frieder die Papiere in die Hand, sagte herzlichen Dank und was man sonst so sagt in solchen Fällen und schenkte ihm die Freiheit. Eine Freiheit, die Frieder bisher nicht kannte.

Es war ihm etwas mulmig im Bauch, zögernd steckte Frieder die Papiere und die neue Freiheit in seine Tasche. Dann holte er tief Luft, grüßte freundlich zum Abschied und machte sich auf den Weg. Nein, man kann nicht behaupten, dass Frieder unglücklich war.

Zu Hause angekommen, packte Frieder als Erstes die neu geschenkte Freiheit aus. Er nahm sie mit ins Bett und schlief lange aus. Er musste sich ja nicht mehr früh den Wecker stellen, um rechtzeitig an seinen Arbeitsplatz zu kommen.

So ging es ein paar Tage, bis Frieder sich schließlich die Freiheit nahm, einen neuen Arbeitgeber zu suchen. Das war nicht schwer, denn gebaut und saniert wurde viel in der Zeit nach der Wende. Da konnte man einen Steinmetz gut gebrauchen. Außerdem machte es Frieder Spaß, nach all den Jahren auf dem Friedhof keine Grabsteine mehr, sondern Fensterbänke, alte Stuckteile oder Stuckdecken in Form zu hauen.

Seine neue Freiheit nahm er jeden Morgen mit zur Arbeit und legte sie ganz oben in den schmalen Schrank, wo während des Tages auch seine anderen persönlichen Sachen lagen. Abends nahm er sie dann wieder mit nach Hause.

Irgendwann in diesen Tagen ist Frieder dann seine Freiheit abhanden gekommen, was er zunächst nicht einmal bemerkte. Jetzt aber grübelte er und wusste nicht genau, wie viel Zeit ohne ihre Begleitung vergangen war. Er vermisste und er suchte sie.

Stunden vergingen, doch er war erfolgreich. Frieder fand die noch junge Freiheit unter dem Schrank mit den persönlichen Sachen, wo sie etwas griesgrämig lag. Sie musste in einem unachtsamen Moment dorthin gefallen und liegen geblieben sein. Die ersten Tage der harten Arbeit auf dem Bau waren ihr offenbar nicht so gut bekommen. Das tat Frieder Leid. Er packte die Freiheit sorgsam in seine Tasche, gelobte Besserung und passte künftig genauer auf sie auf. Nahm sie sogar mit auf Reisen nach Frankreich, Portugal und Italien.

Das gefiel der Freiheit. Nur das Portemonnaie von Frieder war bald leer. Und der Mangel an Geld setzte der Freiheit und ihm deutliche Grenzen. Gern hätte Frieder mit ihr im großen Café La Coupole in der Mitte von Paris bei Champagner und Austern gesessen und einen fröhlichen Toast auf sie ausgebracht. Er hatte auch nichts dagegen, mit seiner Freiheit in Lissabon beim Fadokonzert zu sitzen. Doch die Karten waren einfach zu teuer. Auch eine Barkassenschunkeltour über den Canal Grande in Venedig, ganz eng mit seiner schönen neuen Freiheit im Arm, hätte Frieder gefallen. Welle für Welle hätte er sie fest an sich gedrückt und auf die Nase geküsst. Doch auch das ging leider nicht.

Also stand Frieder mit seiner Freiheit am Kai, beide schauten auf den Kanal und die morbiden Fassaden am anderen Ufer, und Frieder erzählte ein wenig von früher, als die Freiheit noch nicht bei ihm war. Er erzählte, dass es damals eine Mauer um sein Land herum gab und eine Reise nach Venedig überhaupt nicht in Frage kam, dass man seine Worte abwägen musste und nicht alles freiheraus sagen durfte.

Es waren viele Freiheiten, die in der Vergangenheit von Frieder unterdrückt waren, es gab keine Reisefreiheit, keine Meinungsfreiheit, keine Konsumfreiheit, keine Freiheit, *gegen* etwas zu demonstrieren. Wenn, dann demonstrierte man im Sozialismus von der Parteileitung angeordnet immer nur *für* etwas: *für* Frieden und Sozialismus beispielsweise. Oder *für* die Befreiung der unterdrückten Menschen beim Klassenfeind in den kapitalistischen Staaten. Wie es mit der Unterdrückung im eigenen Land aussah, darüber redete die Staatsführung natürlich nicht. Die Freiheit hörte staunend zu und begann zu frösteln, obwohl es Sommer war.

Ein paar Tage später fuhren sie zurück in die Stadt, die schon früher Frieders Heimat war und die er am Kai stehend als düster, grau und stinkend beschrieben hatte.

Nun begann der Alltag von vorn, das Leben mit der gerade erst erworbenen, noch fremdelnden Freiheit wurde nicht besser. Denn schon zum dritten Mal hatte Frieder es nun erlebt, dass der Lohn von seiner Firma erst spät und dann gar nicht mehr kam. Und als der Bauboom vorbei war, rutschte Frieder – wie so viele seiner Kollegen – in die Arbeitslosigkeit.

Da saß er nun mit seiner Freiheit zu Hause, mal im Sessel, mal auf dem Sofa, mal auf dem Bett herum. Und die Freiheit meinte es gut mit ihm, als sie sagte: »Kauf dir ein paar schöne CDs.« Doch Frieder musste antworten: »Das Geld reicht leider nicht. Hören wir heute Abend einfach die alte Musik.« Da sprach die Freiheit: »Gehen wir lieber ins Kino oder in einen Freizeitpark?« Frieder lächelte bedauernd und entgegnete: »Auch dafür reicht es nicht.« Die Freiheit darauf: »Dann lass uns wieder auf Reisen gehen.« Frieder zog die Schultern nach oben, seufzte müde, obwohl er eigentlich ausgeschlafen war: »Auch das geht nicht.« Die Freiheit blieb unbeeindruckt, ja sie phantasierte lebhaft weiter und redete auf Frieder ein. Doch irgendwann hörte der nicht mehr hin. Dann muss Frieder eingeschlafen sein. In seinem Traum bekamen er und seine Freiheit Flügel und schwebten lachend durch die Unendlichkeit.

Als er wieder aufwachte, war die Freiheit verschwunden. Sie hatte sich aus ihrem Leben mit Frieder befreit. Auch Frieder war jetzt wieder frei. Nein, man kann nicht sagen, dass er glücklich war. Es schien ihm, als sei er nicht reif für die großen Angebote der neuen Freiheit, und dennoch sehnte er sich sehr danach.

Solche Gefühle wie die von Frieder sind mir vertraut. Zu den unvergesslichen Ereignissen in meinem Leben gehört die Zeit, als ich – frisch im Westen angekommen – den Weg zum Sozialamt antrat. Ich brauchte Geld zum Leben. Die paar Ostmark, ich glaube, es waren sogar nur zehn, die ich mit der Aushändigung des Reisepasses offiziell in D-Mark umtauschen konnte, waren schnell verbraucht. Und ich weiß nicht mehr, wie hoch die finanzielle Unterstützung vom Aufnahmelager für DDR-Flüchtlinge war, aber üppig war die natürlich auch nicht. Weil das nächste Semester, zu dem ich wieder an der Universität einsteigen wollte und Bafög erwarten konnte, erst in drei Monaten begann, musste ich irgendwie die Zeit bis dahin überbrücken. Also meldete ich mich beim Arbeitsamt. Aber eine Stelle nur für ein Vierteljahr und noch dazu sofort gab es da nicht, und Anspruch auf Arbeitslosengeld hatte ich keinen, wie ich erfuhr, denn die vergangenen zwei Jahre meines Studiums im Osten zählten nicht. So habe ich zwar unglaublich viele Formulare ausgefüllt und mich registrieren lassen, aber kein Geld für Essen, Wohnen und Leben bekommen. Stattdessen schickte man mich zum Sozialamt.

Auch da saß ich wieder in langen, ungemütlichen Fluren auf Holzbänken herum, wurde von Zimmer zu Zimmer und von Bearbeiter zu Bearbeiter geschickt, bis ich schließlich bei einem Herrn Z. landete, der laut eigener Aussage nun definitiv für mich, Frau E., zuständig war. Herr Z. fragte mich nach meinen Lebensumständen. So fing ich an, meine ersten Erlebnisse im Westen zu erzählen: dass ich erst vor ein paar Tagen aus Ostberlin gekommen war, wo sich meine Wohnung mit meinen Sachen befand, die ich aber sicher nie wiedersehen würde, weil sie nach meiner Flucht beschlagnahmt und mein Eigentum in die Hände des Staates geraten war.

Bald merkte ich, dass Herr Z. an diesen Geschichten gar nicht interessiert war. Er wollte nur wissen, ob ich tatsächlich kein heimliches Konto oder gar ein Depot bei einer Bank hatte und ob es in der Tat keinen gab, der bereit wäre, für mich den Lebensunterhalt im Westen zu zahlen. Alles andere zählte für ihn nicht, es schien ihm sogar lästig zu sein. Ich spürte hautnah, wie die tägliche Konfrontation mit Menschen, die am Existenzminimum leben und auf Unterstützung angewiesen sind, zermürben und abstumpfen kann. Kein verständnisvoller Blick, kein freundliches Wort, keine aufmunternde Geste. Ich blieb ein

Vorgang und war damit nicht allein. Dieses Schicksal, auf formale Fragen reduziert zu sein, teilte ich im Amt mit ein paar Ausländern oder mit Frauen, die nach Alkohol rochen und die mit ihren Kinder nicht redeten, sie aber ab und an anschrien, weil irgendetwas falsch gelaufen war. Da ich mich regelmäßig sowohl beim Sozialamt als auch beim Arbeitsamt melden musste, machte ich diese Erfahrung öfter.

Natürlich bekam ich dann schließlich doch etwas Geld, das mir auch laut Gesetz als »Hilfe zum Lebensunterhalt« zustand, aber nicht nach Meinung von Herrn Z. Das war ihm deutlich anzumerken. Was ich bekam, wurde mir nur um den Preis der Erniedrigung zugestanden. Wer es nicht alleine schaffte, hatte gefälligst zu ertragen, dass man ihn so behandelte. Das war ein erster bitterer Beigeschmack meiner neuen wohlschmeckenden Freiheit.

Ich weinte ein bisschen, beschloss aber, mich hier im Westen auf gar keinen Fall unterkriegen zu lassen. Es konnte nicht sein, dass der Verlust meiner Heimat, das Verlassen meiner Freunde, das Getrenntsein von meinen Eltern mit einem Scheitern endete und die Ideologen bei uns in der DDR Recht behalten würden, die immer wieder vor dem bösen und kalten Kapitalismus gewarnt hatten. Das durfte einfach nicht sein. Lieber wollte ich denen mit flotter Schrift eine bunte Karte mit freundlichen Grüßen aus der großen weiten Welt der Freiheit schreiben, in der ich endlich angekommen war, als zu gestehen, Opfer eines stinkstiefeligen Sozialamtsmitarbeiters geworden zu sein.

Ich begann zu kämpfen, mich zu wehren. Das haben wir Ossis nämlich außer dem Töpfchensitzen auch noch gelernt. Ich wusste zwar nicht genau, wie das Arbeitsleben im Westen funktionierte, wollte aber unbedingt versuchen, selbst mein Geld zu verdienen, um nicht mehr von Herrn Z. und seiner

Gnade abhängig zu sein. Deshalb las ich Stellenanzeigen in der Zeitung, schnitt mir das einigermaßen Passende aus, lief zur Telefonzelle und stellte mich fernmündlich vor.

Die Aufforderung, doch bitte persönlich vorbeizukommen, folgte. Nun waren aber Fahrkarten für die Straßenbahn im Westen für mich als Ossi unfassbar teuer, und für eine Monatskarte reichte mein Budget hinten und vorne nicht. Ich hatte oft genug stundenlang im Supermarkt gestanden und die Preise studiert und war vor lauter Verzweiflung, was ich mir nun noch leisten konnte oder lieber nicht, manchmal wieder hungrig und ohne etwas gekauft zu haben aus dem Laden gelaufen.

Deshalb kann ich auch nicht vergessen, wie es war, als ich einmal bei einem Vorstellungsgespräch in einem privaten Haushalt, für den zu putzen ich bereit war, zum Mittagessen eingeladen wurde.

Ich stand vor einem unglaublichen Haus in der nobelsten Gegend der Stadt. Schon der Gang vom hohen Torbogen hin zur langen Treppe, die zur Eingangstür führte, war ein Genuss. Alte Pflastersteine lagen auf dem Boden, wunderschöne Pflanzen säumten den Weg, hier schien die Welt perfekt zu sein. Im Inneren dann die Möbel, die Accessoires und die Bilder an der Wand – alles zeugte von feinstem Geschmack, und obwohl Putzen wirklich nicht meine Lieblingsbeschäftigung war, dachte ich, alleine sich in diesen Räumen zu bewegen müsste wunderbar sein. Hier mit dem Staublappen über die Buchhüllen zu wandern, dabei über die Geschichten zu sinnieren, die in den Büchern verborgen waren, könnte eine reine Freude sein, obwohl ich nie daran gedacht hatte, im Westen als Putzfrau zu arbeiten. Doch schon in meiner Kindheit spielte ich liebend gern das Märchen vom Aschenputtel. Dieses Haus schien der ideale Ort für eine baldige Erlösung und den Übergang ins Leben einer Prinzessin zu sein.

Wer sollte mich daran hindern, beim Saubermachen in Zimmern, die eh kaum schmutzig waren, davon zu träumen? Je länger ich Gelegenheit bekommen würde, die Einrichtung anzuschauen, umso mehr würde ich wissen, wie das Leben in herrschaftlichen Verhältnissen war, die andern kannte ich ja schon.

Es war eine Unternehmerfamilie, bei der ich mich vorstellte, eine der bekanntesten Familien am Ort. Die Gattin, die mich begutachtete und die etwas streng und verhärmt aussah, ging solchen Tätigkeiten wie Töpfern oder Wellnessreisen nach. Sie hatte bereits eine Hausdame, die an diesem Tag einen Gemüseeintopf in der Küche zubereitet hatte. Ich war begeistert, als die Einladung zum Essen an mich ausgesprochen wurde. Zugegeben, ich war damals auch ziemlich dünn.

Jetzt spürte ich deutlich, welch großen Hunger ich hatte und dass es schon ein paar Tage her war seit dem letzten warmen Mittagessen.

Als die Chefin des Hauses das Essen auftischte – das ließ sie sich nicht nehmen –, konnte ich nicht nach drei Kellen schon »Danke« sagen. Mir reichte es nämlich noch lange nicht. So füllte sie meinen Teller langsam – und zunehmend etwas widerwillig – bis zum Rand und sagte bei der Übergabe belehrend und mit erhobener Nase: »Sie müssen sich doch den Teller nicht so voll pfrumpfen.«

Mein Gott, war mir das peinlich. Zumal auch die dicke Köchin, die hier schon etliche Jahre beschäftigt war, durchaus etwas schadenfroh im Hintergrund lachte. Ich hatte vor lauter Vorfreude auf die heiße Suppe, die mit den tollen Gemüseeinlagen auch noch gesund aussah, den Anstand vergessen. Ich kam mir vor wie eine Diebin, die beim Stehlen erwischt worden war. Voller Beklemmung setzte ich mich still neben die Haushälterin und war froh, dass die Unternehmergattin im Esszimmer nebenan verschwand, wo sie an der Stirnseite eines großen Tisches Platz nahm.

Ein Gespräch in der Küche wollte einfach nicht entstehen, was hätte ich noch sagen sollen, meine Gefühlswelt war durcheinander geraten. Einerseits war ich beschämt und auch wütend, andererseits tat mir zugleich die Chefin des Hauses irgendwie Leid. Die Tür zur Küche hatte sie inzwischen leise zugemacht. Jetzt war sie also mit ihrem Reichtum und der Suppe allein. Ich stellte mir das nicht so lustig vor, im riesigen Esszimmer so einsam und ohne Ansprache zu sein.

Von diesem Erlebnis verunsichert, entschloss ich mich, nach dem warmen Essen meine Prinzessinnenträume lieber sausen zu lassen und woanders arbeiten zu gehen.

Also landete ich vorerst wieder bei Herrn Z., schilderte ihm den Wunsch, mich nach einer vorübergehenden Arbeit umzusehen, sagte aber, dafür bräuchte ich eine Monatskarte, und von dem bisschen Geld, das ich bisher bekäme, könnte ich mir keine kaufen. Ich fragte ihn also, ob es nicht möglich sei, so eine Monatskarte im Rahmen der Beihilfe zusätzlich zu erhalten, damit ich für Vorstellungsgespräche beweglicher sei.

Zum ersten Mal, seitdem ich Herrn Z. kannte, kam Leben in sein Gesicht, zum ersten Mal saß er nicht mehr zusammengesunken über die Formulare gebeugt, zum ersten Mal baute er sich gerade und demonstrativ vor mir auf und herrschte mich an: »Sollen wir nun etwa auch noch Ihre Weltreisen bezahlen?«

In meinem Kopf hämmerte es, meine Gedanken wirbelten durcheinander:

Reisefreiheit für die Straßenbahn!

Mit der Monatskarte um die ganze Welt!

Jedem das Seine und einen Fahrschein für mich!

So war es immer gewesen, wenn mir jemand zu blöd kam.

Dann ging mir erst einmal zur eigenen Entlastung nur Unsinn durch den Kopf, was zur Folge hatte, dass ich lachen musste, was allerdings bei meinem Gegenüber äußerst schlecht ankam.

Also zog ich die Notbremse, bedankte mich bei Herrn Z. für sein Verständnis und verließ die öden Flure des Sozialamts mit dem Wunsch, hier nie wieder herzukommen.

Gott sei Dank wurde es bald Frühling, das neue Semester begann. Ich erhielt mein Bafög, später sogar ein Stipendium und konnte jeden Tag in der Mensa zum Mittagessen gehen. Mir den Teller ordentlich »voll pfrumpfen« lassen, was die Mitarbeiter dort mit einem freundlichen Lächeln quittierten und was bald auch nicht mehr notwendig war. Die zehn Kilo, die ich in den ersten Wochen im Westen unfreiwillig abgenommen hatte, legten sich schnell wieder an Bauch und Hüften dran.

Ich fand mich mehr und mehr zurecht in der neuen Freiheit des Westens, die mir nicht geschenkt worden war. Meine Welt kam wieder in Ordnung. Ich unternahm erste Reisen, wann immer ich eine günstige Gelegenheit fand. Das war fabelhaft.

Ich habe später manchmal darüber nachgedacht, warum der Mann vom Sozialamt so zornig geworden war. Warum konnte er mir nicht die Monatskarte bewilligen, die ja nicht von seinem Gehalt abging? Warum hatte der kein Gespür dafür, wie dringend ich die gebraucht hätte und wie viel Sinn es gemacht hätte, sie mir zur Verfügung zu stellen?

Ich denke, er hatte Angst. Angst vor all den Ansprüchen, die, wie in meinem Fall, mehr und mehr aus dem Osten kamen. Denn so wie er haben sich nach der Maueröffnung bald viele benommen. Nachdem das Begrüßungsgeld ausgegeben und die ersten geschenkten Bananen verdaut waren, hieß es den Ossi lieber kurz halten.

Steckte dahinter auch Neid?

Denn es war ja der Ossi, der zum ersten Mal in der deutschen

Geschichte eine friedliche Revolution hinbekommen hatte. Es war der Ossi, der es geschafft hatte, obwohl jahrzehntelang entmündigt, als aufrechter Bürger auf die Straße zu gehen. Es war der Ossi, der im Angesicht der bewaffneten Einheiten des Staates und im Angesicht des angriffslustigen Militärs für seine Freiheit mit dem Spruch »Keine Gewalt« mutig, sein Leben riskierend, gekämpft hatte. Der Ossi hatte seine neue Freiheit nicht einfach so von den Alliierten geschenkt bekommen, so wie ihr im Westen. Deshalb musste dieser Ossi dem Wessi irgendwie unheimlich und verdächtig sein. Wusste man, was da noch so alles kam?

Schlummerte da in den braven Ossis nicht doch ein Revoluzzergen, mit dem sie einen, kaum war man wieder vereint, auf die Palme bringen konnten?

Diese Kraft, die sich da gezeigt hatte, dieser Wille zum Aufbruch, Neubeginn und Anderssein, das war den Westlern nicht vertraut und nicht geheuer. Freiheit waren sie zwar gewohnt, doch eine mutige Selbstbefreiung von einem System, das kannten sie nicht. So haben die Wessis zwar keine Angst vor der Freiheit, aber offenbar Angst vor der Einheit bekommen.

Vor einer Vereinigung mit Ostlern, die nun auf sie einstürmten, die über sie hereinbrachen und sie mit Wünschen und Forderungen und Erkenntnissen konfrontierten, die unbequem waren, ja, die verstörten.

Wenn die Reisefreiheit schon an einer Monatskarte scheitern konnte, hieß das nichts anderes, als dass diese Freiheit im Westen an sich nur ein theoretisches Gut war. In der Praxis musste man sie sich leisten können.

Früher im Sozialismus hatte ich den Spruch gelernt, der für uns aus dem Munde von Friedrich Engels kam, den aber eigentlich schon Hegel geäußert hatte: »Freiheit ist die Einsicht in die Notwendigkeit.« Ein großartiger Spruch. Denn mit ihm konnte man es selbst in der Armut aushalten, wenn man nur einsichtig genug war.

Einsicht haben. Frei sein. Sich begnügen oder doch für was Besseres kämpfen?

Nein, ich habe Frieder und seine Frau und seine Kinder nicht vergessen.

Nachdem er schon ein paar Wochen von seiner neuen Freiheit verlassen worden war, lief er auf die Straße und heftete selbst geschriebene Zettel an die Bäume. Dort stand drauf: »Komm doch zurück. Ich warte auf dich« und ganz klein auf der unteren Zeile: »Mach du mir doch die neue Freiheit schön!«

Manchmal ist die Freiheit dann tatsächlich für ein paar Momente zurückgekommen, aber festhalten ließ sie sich nicht mehr. Frieder erzählte ihr dann, wie das früher so war mit der alten Freiheit, als zwar nur die Gedanken frei waren, diese aber die Welt verändern wollten. Oder als er sich die Freiheit nahm, ganz natürlich und er selbst zu sein. Da hörte die neue Freiheit aufmerksam zu und ermunterte ihn, sich mit ihr und der alten Freiheit zusammenzutun.

Frieder hat dann eine Umschulung gemacht, doch auch damit keine Arbeit gefunden. Heute lebt er von Spielen, die er erfindet. Da müssen zum Beispiel Ameisen aus einem Kühlschrank befreit werden, oder man muss den Weg aus einem Labyrinth heraus zu einem Schloss finden.

Es kommt schon vor, dass es dann an der Tür klopft, wenn Frieder gerade wieder tüftelt und an einem neuen Spiel rumprobiert. Dann will die neue Freiheit rein. Die alte ist bereits da, die neue setzt sich dazu, und bald amüsieren sie sich zu dritt und spielen gemeinsam ein paar Proberunden.

„GENOSSEN, MIT DER MONOTONIE DES YEAH, YEAH, YEAH UND WIE DAS ALLES HEISST, SOLLTE MAN DOCH SCHLUSS MACHEN!"
Hanitzsch

7 **West** gegen Ost: Ihr seid Big Brother Broiler

Ossis sehen nicht nur anders aus als Wessis, sie sehen auch anders fern. Die TV-Macher vom Mitteldeutschen Rundfunk haben das früher begriffen als andere und entsprechend reagiert. Sie besetzten die Marktlücke. Von früh bis spät düngen sie im Osten eine Medienlandschaft, in der die Zone blüht. Ihr Programm ist nicht nur das beliebteste in den neuen Ländern, sondern bundesweit unter allen Dritten das Erste.

Der MDR strahlt für Ossis Heimat aus. Er ist ihr Leuchtturm in Dunkeldeutschland. Einmal im Jahr wählen seine Zuschauer zusammen mit den Lesern von »Super Illu« und »Super TV« die Lieblinge des Volkes Ost. Die Sieger werden mit der »Goldenen Henne« ausgezeichnet. Benannt ist das Tier allerdings nicht nach einem Huhn, das goldene Eier legte, sondern nach der verstorbenen Künstlerin Helga Hahnemann, die man drüben Henne nannte und die bei uns keiner kannte.

Früher holten sich nur Ostler per Bronzeplastik die Liebe ihrer Fans ab, inzwischen drängt es sogar Wessis zur Verleihung in den Berliner Friedrichsstadtpalast.

Auch im Osten sind Quoten sexy.

Ihr Ostler seid stolz darauf, dass es euer Sender denen aus dem Westen gezeigt hat. Habt ihr aber mal darüber nachgedacht, worauf ihr so stolz seid?

Intendant Udo Reiter, ein Westimport aus Bayern, ahnt zwar, woran es in Wahrheit liegt, dass der MDR so erfolgreich ist. Doch er hütet sich, seine Kunden nach ihren Bedürfnissen zu beurteilen, weil er weiß, wie schnell Zonis beleidigt sind. Stattdessen befriedigt er schweigend ihre Bedürfnisse und begründet die Spitzenquoten seiner Bedürfnisanstalt mit dem Ideenreichtum seiner Mitarbeiter.

Von Anfang an hätten die sich nach der Wende auf ostdeutsche Sehgewohnheiten eingelassen und ihre Sendungen auf einem Niveau produziert, das von Zonis verstanden wird. Diese für typische Besserwessis atypische Bescheidenheit sei das ganze Geheimnis des Erfolgs.

Es liegt also nicht daran, dass Ossis durchschnittlich fast eine halbe Stunde länger vor dem Fernseher sitzen als Wessis, genauer: 207 Minuten gegenüber 179 Minuten, liegt also nicht daran, dass die Arbeitslosigkeit im Osten höher ist als die im Westen und deshalb die drüben mehr Zeit totzuschlagen haben, denn das könnten andere Sender ja auch für sie besorgen.

Es liegt am ganz spezifischen Angebot des MDR.

Der Sender stützt seinen Erfolg auf die Säulen Nutzwert und Nostalgie, also Information und Unterhaltung, und macht sich dadurch bei seinen Kunden beliebter. Zwar ist der MDR erstmalig bekannt geworden durch die heimlichen Stasiverbindungen vieler Mitarbeiter, aber alte Seilschaften hatten die anderen vom Ostdeutschen Rundfunk Brandenburg (ORB), inzwischen nach der deutschen Vereinigung mit dem westdeutschen Sender Freies Berlin (SFB) in Rundfunk Berlin-Brandenburg (RBB) umbenannt, auch und erreichten dennoch nie die Reichweite des Sachsensenders.

Der ist eben ostkompatibel. Was das heißt? Ganz einfach. Die aus Leipzig und Dresden haben nicht etwa das Fernsehen für den Osten neu erfunden, sie haben nur ihr Angebot der Nachfrage angepasst. Ob es Kritikern gefällt, ist unwesentlich für die MDR-Macher. Sie lernten von den einstigen Schmuddelkindern RTL und Sat1 und Pro7. Denen war und ist es ebenfalls egal, was über sie geschrieben und wie über sie gelästert wird, solange ihre Quoten stimmen.

So sehen es die vom Mitteldeutschen Rundfunk auch.

Was den Privaten auf der Jagd nach Quoten ihre Zoten und Toten sind, ihr Dschungelcamp und ihr Big-Brother-Container und die Suche nach den dümmsten deutschen Superstars, ist den öffentlich-rechtlichen Ossis die Volksmusik. Sämtliche Brüder und Schwestern, die nicht rechtzeitig aus der Wernesgrüner Musikantenschenke fliehen konnten, werden in diesem Dunstkreis versendet. Die singend und schunkelnd und tanzend und trällernd tätigen Holzmichel des Volkes sind ihrer Konkurrenz aus dem Westen sicht- und hörbar gewachsen.

Big Broiler Ost brütet manchmal sogar Küken aus, die dann, kaum sind sie flügge, vom Westen weggekauft werden. Ein Zoni namens Jens Riewa ist so bei der »Tagesschau« gelandet, bekennt sich aber zu seiner Herkunft. Er hat sich nicht nur ein gewisses zoniges Lächeln bewahrt, sondern jenseits der ihm vorgeschriebenen Texte seine Prolosprache in den Westen gerettet. Der auf smart gestylte Ossi lobte zum Beispiel eine singende Westblondine für ihre Leistungen in seinem Bett, die er als granatenstark bezeichnete, obwohl bezweifelt wurde, ob er wirklich dabei war beim Abschusstraining. Sein Aufstieg in die Klasse Wussow, Effenberg, Cordalis war nicht mehr aufzuhalten.

Seine Kollegin Carmen Nebel hat das ZDF dem MDR weggeschnappt, auch und vor allem deshalb, um ihre Ostfangemeinde einzufangen. Sie sagt für den Mainzer Sender jetzt Musikanten West wie Ost an, singende Kunsthandwerker aus neuen wie alten Bundesländern, denn bei den Festen der Volksmusik volkstümelt es aus allen Himmelsrichtungen. Die Unterhaltungsmacher von Mainz sind zwar nicht unbegabter als die in Leipzig, aber die in Leipzig einen Schritt weiter. Die Spitzenkräfte dort haben lange vor ihren Kollegen festgestellt, dass es – was den Geschmack betrifft – kein Tabu mehr gibt, das zu brechen lohnt. Im Unterbezirk Unterhaltung mangelt es nicht nur ihnen, sondern auch allen anderen an Ideen. Aber die Mitteldeutschen haben die logischen Schlussfolgerungen daraus gezogen und verzichten. Nicht auf Unterhaltung.

Auf Ideen.

Falls die Würde des Menschen tatsächlich unantastbar wäre, was weltweit täglich auf ganz anderen Gebieten widerlegt wird, müssten die geschmacksfreien Mitteldeutschen ihr Unterhaltungsprogramm radikal ändern. Ist aber nicht so, weder bei ihnen noch anderswo. Also holen sie nicht nur Scheintote des Ostvolkes aus ihren Altenheimen und lassen sie vor ihren Kameras frei. Sondern geben auch westdeutschen Zirkuspferden das Gnadenbrot. Dagegen wäre nichts einzuwenden, wenn anschließend die Mährinnen und Mähren still Danke wiehern und wieder abtraben würden.

Aber sie wollen sich für die Aufmerksamkeit erkenntlich zeigen. Treten nicht nur auf der Stelle, sondern immer häufiger auf. Die moderne erstklassige Technik des MDR, die wir Wessis bezahlt haben, hilft ihnen bei der Annäherung an die hohen Töne, an die sie sich kaum noch erinnern können. Von Regie und Redaktion werden keine höheren Ansprüche an sie gestellt als damals zu ihrer Jugendzeit in den siebziger Jahren des vergangenen Jahrhunderts bei ARD und ZDF. Deshalb fühlen sich die Abgetakelten West bei den Aufgedonnerten Ost wie zu Hause und wollen gar nicht mehr weg.

Für bestimmte Wiedergänger, in deren Gesichtszüge das Leben tiefe Spuren trieb, hat sich der MDR zudem was Besonderes einfallen lassen. Das ist der gnadenlos Lange Samstag, an dem, unterbrochen nur von Nachrichten und Wetter und Sport, zwischen 20.15 Uhr und kurz vor Mitternacht singende und scherzende Bolde auftreten, die ihre Zukunft hinter sich haben. Auch im Publikum geht es nostalgisch zu. Da amüsieren sich auf vorgegebenem Niveau männliche Vertreter der Frisurenmode Vokuhila – vorne kurz, hinten lang – mit ihren entsprechend hochtoupierten Frauen.

Denen auf der Bühne, die sich Stars nennen – aber wer ist in diesen Zeiten kein Star? –, sieht man nicht an, ob sie aus dem Westen kommen oder aus dem Osten. Die aus dem Osten erkennen wir nur daran, dass wir sie nicht kennen. Ein Schicksal aber verbindet sie, ein Schicksal teilen sie: Außer ihren Auftritten im Mutantenstadl MDR sind sie sonst nur bei einem Bunten Nachmittag in Anklam oder bei der Eröffnung eines Supermarkts in Peine zu finden. Falls jemand sie suchen würde, was lange nicht der Fall war.

Bis die vom MDR Witterung aufnahmen.

Am liebsten sehen ostdeutsche TV-Konsumenten nun mal Kessel voller bunter Toupetträger, kichernder Blondinen, schlagernder Nervensägen, die in anderen Anstalten längst Hausverbot haben. Im Osten hatte man sich schon in der realen Mangelwirtschaft daran gewöhnt, aus verwendbaren Resten noch irgendwas Nützliches zu basteln. In den Jahren ihrer anderen Republik war »Ein Kessel Buntes« der Quotenrenner im Einheitsprogramm Ost. Dagegen hatten sogar die verbotenen und deshalb gern eingeschalteten Unterhaltungssendungen West keine Chance. Zwar gibt es selbst in Stasiakten keine Quoten, mit denen dies belegt werden könnte, aber dass Zonis lieber bei Frank Schöbels Hit »Wie ein Stern« mitsangen, als in die trüben Fluten von Karl-Eduard von Schnitzlers »Schwarzem Kanal« zu tauchen, ist Fakt.

Es ist allerdings unangebracht, euch zu bemitleiden, weil ihr euch bundesweit von uns in den Retroshows (für Ossis: Retro = Blick zurück ohne Zorn), die vom MDR bis RTL, vom ZDF bis Sat1 für Jubel, Trubel, Heiterkeit sorgten, habt totlachen lassen. Ihr habt freiwillig eure Biografien unter dem verlogenen Begriff Ostalgie verramschen lassen, habt euch als Zonendödel vorführen lassen, habt über jede euch aus der Kindheit bekannte Spreewaldgurke gejubelt, jede Niete an der Hose verklärt, jeden Winnetou erkannt und anschließend gemeinsam verdrängt, wie hoch die Asche lag, über die eure sieben Brücken führten. Die Initiatoren solcher Beleidigungen des guten Geschmacks gingen straffrei aus. Vom Regime eurer alten Männer wurde einst bei Widerborstigkeit eine Strafe verhängt, die da lautete: Ab in die Produktion. Damit kann siebzehn Jahre nach der Wende nicht mehr gedroht werden.

In der Produktion arbeiten die ja bereits, in der Fernsehproduktion.

Auf die Freuden des MDR-typischen Abends bereiten die euch systematisch vor. Ich meine nicht die Aufklärungsserie »Namen auf der Spur – von Bellmann bis Hackebeil«, sondern die Höhepunkte des Nachmittags wie »fit und fesch«, wo es um die drei anderen Problemzonen des Ostens geht, um Bauch, Beine, Po. Oder »Dabei ab zwei«. »Hier ab vier«. »Sex vor sechs«. Letzteres ist von mir frei erfunden, die Sendung heißt in Wirklichkeit »Unter Sex Augen«. Auf einen solchen Titel muss man aber auch erst mal kommen.

Beratung für erogene Zonis ist, erstens, deshalb so früh angesetzt, weil um diese Zeit früher im Osten alle Geschlechtsreifen schon zu Hause waren, denn es gab im Kombinat nichts mehr zu tun. An diese Uhrzeit sind sie gewöhnt, die Triebstarken Ost. Und zweitens, damit bis Mitternacht, wenn die Ausstrahlung jener beliebter verschwiemelter Erotikfilmchen beginnt, der aufgebaute Ostler wieder seinen Mann steht.

Ich darf, ein wenig das Brecht-Zitat verändernd, nicht von euren Schwächen sprechen, ohne der Zeit zu gedenken, der wir entronnen sind und die nun auf euch trifft. Schwarz-Weiß-Streifen mit Zarah-Leander-Tiefgang, schlagernde Vico-Torriani-Filme oder alle Heimatschnulzen aus den fünfziger Jahren West. Eigentlich müsstet ihr die kennen, denn die gab es vor zwanzig Jahren schon bei ARD oder ZDF, und diese beiden habt ihr doch mit angstschweißnasser Hand oft eingeschaltet. Eine der wenigen Gemeinsamkeiten in den beiden Staaten deutscher Nation waren die Erlebnisse vor der Glotze. Rundfunk und Fernsehen ist es zu verdanken, dass sich nach der Wende ein Herz Ost und eine Seele West in seliger Erinnerung auf gesamtdeutschem Niveau verstanden.

In manchen Bereichen wart ihr damals sogar weiter, als wir es heute sind. Artenschutz für deutsche Schlager zum Beispiel gab es bei euch immer schon. Was die Kunzes und Humpes und Lindenbergs als deutsche Popquote fordern, war bei euch vor vierzig Jahren schon die Norm. Bei euch gab es »Spielerlaubnis für Schallplattenunterhalter«, wobei diese nichts mit dem Können des Discjockeys zu tun hatte, sondern politisches Druckmittel war. Sechzig Prozent der Musik bei euch mussten Lieder aus der Zone sein oder zumindest von Tonsetzern aus Bruder- und Schwesterstaaten stammen.

Im sozialistischen Geklampfe fiel Musik wie die von Karat, Stern Combo Meißen, City und Puhdys auf, die von euch als rebellisch empfunden wurde. Die würde, wenn es nach singenden Deutschländlern ginge, heute unter die sechzig Prozent Deutschrock fallen, die als verbindliche Quote im Musikprogramm deutscher Rundfunkanstalten eingeführt werden soll. Per Gesetz selbstverständlich, denn wir leben in Deutschland und haben keine anderen Probleme.

Euer Walter Ulbricht hatte die Idee schon 1965, also lange vor Heinz Rudolf Kunze und Co.: »Genossen, mit der Monotonie des *Yeah, Yeah, Yeah* und wie das alles heißt, sollte man doch Schluss machen.« Erich Honecker, der alte Seher, erkannte weitsichtig, dass Rockmusik die Jugendlichen zu Exzessen aufputschen würde. Er hatte die Einsicht der »Bild«-Zeitung entnommen, die sich einst so darüber aufregte, als nach einem Konzert der Rolling Stones in der Westberliner Waldbühne die Fans aus der Bestuhlung Kleinholz gemacht hatten.

Von wegen also, der Osten sei nie an der Spitze des Fortschritts gewesen, auch wenn der deutschquotenrockende Fortschritt in den Augen mancher Zeitgenossen als Rückfall in noch ganz andere Zeiten gilt. In meinen Augen zum Beispiel.

Die zweite Säule des MDR-Programms ist der Nutzwert, und Nutzwert heißt übersetzt Mietrecht, Steuerrecht, Versicherungen, Altersvorsorge, Rente, Kündigungsschutz, also Ratgeberformate in allen Variationen. Der Sender ist nah dran an dem, was die Menschen in seinem Sendegebiet bewegt. Sie bekommen für ihre Gebühren genau das, was sie wollen, und damit gleichzeitig das, was ihnen gebührt. Das könnte an dieser Stelle so verstanden werden, dass ich nicht zur Zielgruppe dieser Magazine gehöre, und wer das annimmt, liegt richtig.

Aus der Zeit, da alles spannend war, was aus dem fernen Westen kam, hat sich im nahen Osten die Vorliebe für leicht Verdauliches und leicht Verständliches gehalten. Zum Beispiel die Nachrichtensendungen der Privatsender. Sie überfordern die Aufnahmefähigkeit der Ossis nicht, deshalb ist für euch da drüben »RTL aktuell« so wesentlich wie für uns die »Tagesschau« und die »heute«-Nachrichten.

Nutzwert und Nostalgie sind auch Erfolgsformeln für das gedruckte Fernsehen drüben. Ein Magazin wie »Guter Rat« ist die Fortsetzung der Baumärkte am Kiosk. Man erwartet keine Leitartikel und keine Analysen, stattdessen genaue Recherchen über den Aufbau von Regalen, in denen Ostmann die jammervollen Bücher gegen böse Wessis sammelt, oder die Länge von Esstischen, auf denen Ostfrau ihre Desserts zubereitet. Guter Rat darf vor allem nicht teuer sein. Der Ossi fährt überhaupt gern weit für eine gute Gelegenheit. Da scheut er auch die polnische Wirtschaft nicht. Falls in Görlitz der Laden um die Ecke Pleite macht, weil die Kunden lieber über die Grenze ins Billigland gefahren sind, ist selbstverständlich wieder mal der Westen schuld.

Die von einem Westler geleitete Zeitschrift »Super Illu«, die mit ihrem journalistischen Anspruch auf gleichem Niveau im MDR ein Magazin gleichen Titels versenden lässt, nutzt zwar ebenfalls eine Marktlücke, des Ostlers Desinteresse an Politik und komplizierten Zusammenhängen, schnitzt und hobelt aber nicht an der Außenwelt Ost herum, sondern pflegt die verborgene – vor wem? vor uns! – und verschüttete – von wem? von uns! – Innenwelt der Zonis. Nostalgie ist keine Masche, sie ist Programm. Das Blatt, das im Westen niemand freiwillig kaufen würde, befriedigt im Osten eine Sehnsucht nach Vergangenheit und gibt Woche für Woche dem Ossi das Gefühl, noch was Eigenes zu haben. Vergleichbar etwa den bei Loriot in Abendkursen erworbenen Jodeldiplomen für unterbeschäftigte Hausfrauen.

Das ganze Geheimnis des Erfolges ist laut Aussage des »Super Illu«-Chefs die konsequente Suche nach »emotionalen Werten, die in sich stimmig sein müssen«, was immer das heißen mag. Mit einer verkauften Auflage von 600 000 Exemplaren ist »Super Illu« aus dem Hause Burda die einzige erfolgreiche Neugründung in der gewendeten Medienzone Ost.

Die war nach Auffassung von Analysten West nach dem Mauerfall ein brachliegender Acker, auf dem sie nur das Richtige säen mussten, um reiche Ernte einzufahren. Verlage schickten nach drüben, was sie entbehren konnten. Es waren nicht immer die Besten, aber für die drüben gut genug. Ostland galt als Kulturland, dessen Bewohner hatten den Ruf, lesefreudig, anspruchsvoll, neugierig, gebildet, humanistisch geprägt zu sein, dem Wahren und Schönen und Edlen zuneigend, was sie bisher nur nicht ausleben konnten, was sich jetzt nach dem Untergang des ideologischen Überbaus aber offenbaren würde.

Wieder hat man euch Unrecht getan. Euch für Intellektuelle gehalten und für Schöngeister, Lutz Rathenow für einen Dichter und Friedrich Schorlemmer für einen Denker. Wir hätten ahnen müssen, auch aus eigener Erfahrung, dass im flachen Land Zwerge riesige Schatten werfen.

Nachdem die ersten ungefälschten Bilanzen aufgestellt worden waren im Leseland Deutschland, die der Buchverlage und die der Zeitungen und die der Zeitschriften, und nachdem die ersten ungefälschten Verkaufszahlen von Qualitätsblättern wie »stern« und »Spiegel« und »Zeit« im Osten bekannt geworden waren, von Tageszeitungen West ganz zu schweigen, da wussten wir: Ist nix mit eurer Lesefreudigkeit. Ist nix mit eurem Niveau. Ist nix mit eurem Anspruch.

Von wegen, ihr wartet nur auf anspruchsvolle Zeitungen und Zeitschriften, wie wir nach der Wende glaubten. Von wegen, ihr seid hungrig gewesen nach Informationen und frechen Texten, wo alles *in* den Zeilen stand und man nicht wie bei dem listigen Literaturmagazin »Sinn und Form« nach dem eigentlichen Sinn, der den Zensoren verborgen geblieben war, *zwischen* den Zeilen suchen musste.

»Das Magazin« war nicht wegen kluger langer Texte bei euch eine Erfolgsnummer, sondern weil es in jeder Ausgabe ein nacktes Mädchen anzuschauen gab. Natürlich nur dem Gemeinwohl verpflichtet nackt, also sich reckend am Strand für den sozialistischen Aufbau.

Halt, halt, schreit ihr dazwischen und verweist stolz auf die Auflagen eurer seriösen Zeitungen, auf Zahlen, die nicht geschönt sind. Unter den zehn größten deutschen Provinzzeitungen erscheinen angeblich fünf bei euch im Osten, obwohl ihr nur ein

Fünftel der Deutschen als mögliche Käufer stellen könnt. Aber warum sind die so stark?

Weil sie in der geschützten Zone Ost erscheinen.

Den täglichen Kampf ums Dasein mussten sie nie lernen. Das verbindet sie mit ihren Stammlesern. Am Kiosk brauchen sie sich nicht gegen Konkurrenz aus dem Westen zu behaupten. Die ist dort entweder gar nicht vorhanden oder liegt als Bückware in so geringer Kampfstärke, dass sie keine Chance hat gegen die gedruckten Heere Ost. Die »Sächsische Zeitung« und die »Leipziger Volkszeitung«, die »Mitteldeutsche Zeitung« oder die »Thüringische Landeszeitung« oder die »Dresdner Neueste Nachrichten« leben zu neunzig Prozent von ihren Abonnenten.

Das ist kein Zufall.

Denn diese jetzt fetten Gänse Ost haben schon geschnattert, als sie noch Parteizeitungen der SED vor Ort waren. In denen stand nicht viel Lesenswertes, aber mangels Alternative wurden sie halt gelesen. Ihre Leser blieben ihnen im neuen Deutschland treu, nur die Auflage des Zentralorgans »Neues Deutschland« brach weg. Wo es keine Funktionäre mehr gab, brauchte es für die auch kein Pflichtblatt mehr.

In den Regionalblättern fanden die Ossis ihre Heimat wieder und hielten ihnen schon deshalb die Treue, weil außer dem Ampelmännchen alles andere, was ihnen vertraut war, über Nacht abgewickelt wurde. Nur der lokale Mief blieb als Wärmestube, und so konzentrieren sie auf Lokales ihre tägliche Neugier. Dort vor allem auf Prozessberichte, was wahrscheinlich daher rührt, dass es früher nur Geheimprozesse gab, von denen man nichts erfuhr. Nein, danach kommt immer noch nicht die Kultur, danach kommen erst einmal Anzeigen, in denen die Schnäppchen des Tages angepriesen werden, woraufhin der Ossi sein Heimatblatt zur Seite legt und sich in den Kampf mit anderen Schnäppchenjägern stürzt.

Deshalb haben unsere großen Zeitungen bei euch keine Chance, andererseits kennt bei uns kaum einer die Blätter, die bei euch groß sind, und deren Vertreter nur dann, wenn im Presseclub der ARD mal wieder das Thema Ost vs. West und umgekehrt auf dem Programm steht. Normalerweise um den 3. Oktober oder den 9. November herum und im Sommer nur dann, wenn entweder die Elbe steigt oder der Volkszorn gegen Hartz IV am Montag.

Schwerpunkte sind weniger die hart recherchierten Reportagen über Fälle von Korruption oder Machtmissbrauch vor Ort – andernfalls hätte die regionale Presse als Erste die Spesen- und Stasiskandale bei der Bewerbung um die Olympischen Spiele für das Jahr 2012 aufgedeckt und den Scoop der Enthüllung nicht der überregionalen »Welt« überlassen.

War doch alles ein abgekartetes Spiel, sagte mir ein älterer Zoni, als ich ihn trösten wollte, dass seine Stadt leer ausgegangen war, denn wir Hamburger waren froh, dass die Wahl auf Leipzig gefallen war. Erstens dankbar dafür, dass der Kelch – Baulärm, Staus, Massenandrang – an uns vorübergegangen war, und zweitens gönnten wir euch den Jubel, weil es einen wirtschaftlichen Aufschwung bedeutet hätte, selbst dann, wenn nach zwei Jahren das endgültige Nein gekommen wäre. Entscheidend für unsere ungeteilte Freude, dass es euch und nicht uns erwischt hatte, war natürlich die subtile Hoffnung, ihr würdet nunmehr endlich aufhören zu jammern und euch an die Arbeit Olympia machen.

Wieso abgekartet, fragte ich nach, allerdings schon ahnend, welche Antwort ich hören würde.

Richtig.

Wie erwartet waren wir schuld.

Weil der Westen aus Neid die Akten gefälscht und die Verbindungen zu anrüchigen alten Seilschaften aufgebauscht habe. Typisch Wessi. Und außerdem sei es überhaupt früher mit dem Sport besser gewesen, ihre Mädels und Jungs, wobei manche Mädels aussahen wie Jungs, aber Schwamm drüber, hätten nicht erst nach dem Honorar gefragt, bevor sie in den Wettkampf zogen, sondern sich freudig fürs Vaterland geschlagen.

Da hatte ich keine Fragen mehr.

Alle Zeitungen in der DDR, neununddreißig gab es, waren unter journalistischen Gesichtspunkten nicht der Rede wert, aber die Reden der Herrschenden mussten sie im Wortlaut drucken. Von Recherchen oder Anzeigen waren sie befreit, und ihre Aufgabe war klar, Bleiwüsten zu schaffen ohne Waffen. Der Umfang ging nicht über acht Seiten hinaus, denn Papier wurde vom Staat verteilt. Einheitspreis für alle betrug zehn Pfennig Ost. Bei euch galt das Prinzip, dass nicht nur Nahrungsmittel und Wohnungen und Nahverkehr billig sein mussten. Auch das Recht des Menschen, agitiert zu werden, sollte erschwinglich bleiben.

Die Chefredakteure mussten sich für den Inhalt ihrer Blätter bei den obersten Genossen verantworten, also passten sie auf, dass nichts Subversives erschien. Als subversiv konnte schon der simple Hinweis darauf gelten, dass bei einer Maidemonstration ein kalter Ostwind Regen brachte. Als einer die klassische Verwechslung hatte durchgehen lassen: »Nach dem ersten Redner auf dem Parteitag sind neun weitere Rentner aufgetreten«, durfte er sich in der Produktion bewähren.

Plattmacher mit Parteibuch waren nach der Wende nicht zu gebrauchen. Westkonzerne kauften sich in die Blätter ein und transferierten ihre Blattmacher. Die Medienlandschaft erblühte auch deshalb nicht wie die andere Landschaft. Die Hälfte aller Ostorgane ist im Laufe der Jahre eingestellt worden, und nicht nur deshalb, weil der böse Wessi sie fallen ließ, sondern weil der liebe Ossi sie nicht mehr lesen wollte. »Für Dich« und »Wochenpost«, »Horizont« und »FF dabei«, »Neue Zeit« und »Der Morgen«.

Auch solche Kuriositäten wie »Frösi« (Fröhlich sein und singen) sanken ins Grab, dabei würde man gerade in diesen unseren Zeiten des Jammerns ein aufbauendes Blatt wie dieses dringend brauchen, zumal da die Lieder, nach denen sie einst fröhlich sangen, im Trend Retro (für Ossis: Habe ich schon mal erklärt) wieder *en vogue* sind, also jeder Ossi ab einem bestimmten Alter sie auswendig kann und sie singt. Bau auf, bau auf etc. Was dagegen gern genommen wird, sind kostenlose Anzeigenblätter und Apothekenzeitschriften wegen der Ratschläge und der Tipps, wo es wann was günstig gibt und wie man sowohl Attacken der Viren Ost als auch Attacken der Schmeißfliegen West kontert.

Wenn der Ossi morgens aufwacht und feststellt, dass er noch lebt, liest er »Bild«. Das kann dauern, denn er liest jede Zeile genau, ob die auch tatsächlich keine versteckte Botschaft enthält. Danach studiert er die Sonderangebote in seiner Regionalzeitung. Die schaut er sich vor Ort in den Läden oder Kaufhallen an. Wenn er erschöpft zurückkehrt in seine Höhle, beginnt auch schon seine Lieblingssendung, die ausnahmsweise mal nicht vom MDR produziert wird. Pfarrer Fliege in der ARD. Dann ist der Tag auch schon fast rum, und er schaltet wieder auf seinen Heimatsender oder aber auf die Nachrichten der Privaten, denen er folgen kann.

Wenn ich gemein wäre, was ich nicht immer bin, würde ich an dieser Stelle verschweigen, dass der MDR erfolgreich zeitgeschichtliche und historische Dokumentationen für die ARD produziert und die Arbeitsbedingungen, wie ich am Beispiel verschiedener Filme erfahren habe, auch nicht schlechter sind als die bei seinen öffentlich-rechtlichen Brüdern und Schwestern im Westen.

Dabei habe ich übrigens wieder mal erlebt, wie schnell der Ossi beleidigt ist. Wir fuhren durch eine westdeutsche Großstadt, auf dem Weg zu einem Interviewtermin. Ein Zoni saß am Steuer, zwei Zonis studierten den Stadtplan auf dem Rücksitz, ich schwieg vorne rechts. Als ich zum dritten Mal im Vorüberfahren denselben Kirchturm sah, versuchte ich es mit Ironie. Ihr hättet uns niemals besiegt, scherzte ich, beim besten Willen nicht. Ihr hättet ja nicht mal die richtigen Straßen und Abzweigungen gefunden und am Ende eher Potsdam statt Hannover besetzt.

Keine Antwort.

Der Rest war Schweigen.

Nach Jahren literarischer Stagnation ...

... endlich der Aufbruch aus dem Westen!!

7 *Ost* gegen West: Ihr belästigt uns mit Viagra-TV

Wer es wagt, über die DDR etwas Positives zu sagen, macht sich verdächtig: Verkappter Sozi, Altkommunist, Stasischlampe oder weltfremder Heini, heißt es da. Die furchtbare Seite der DDR-Diktatur ist so sehr in den Köpfen verankert, dass alles andere nahezu in Vergessenheit geraten ist. Nur im Reich des Banalen, wo es um Rotkäppchensekt oder Spreewalder Gurken geht, wird Restbeständen aus der DDR eine gewisse Daseinsberechtigung zugestanden. Wie aber sieht es im Reich der vierten Gewalt aus?

Reden wir über die Medien und speziell übers Fernsehen. Die Rollen sind auch hier wieder zügig verteilt: Der Ossi glotzt länger, der Ossi glotzt das doofere Programm, nutzt, anstatt sich mit geistig anspruchsvoller Nahrung wie »Spiegel«, »Zeit«, »Frankfurter Allgemeiner« oder »Süddeutscher Zeitung« zu beschäftigen, lieber kostenlose Fernsehprogrammbeilagen. Blättert für seine Wehwehchen in der »Apothekenrundschau«, die es für brave Medikamentenkäufer im Osten unter dem Ladentisch hervorgezogen umsonst gibt. Liest die billige »Bild«-Zeitung oder nimmt allenfalls das Boulevardorgan Ost, die »Super Illu«, in die Hand, die sich um alle kümmert, die im anderen Teil des Landes, bei euch Wessis, unbekannt und unerheblich sind.

Ist ja auch einfach, sich in Verlagshäusern oder Sendeanstalten nicht erst viele Gedanken über den Osten und seine Seh- und Lesegewohnheiten zu machen. Und noch viel einfacher, zu verkünden, der Ossi sei der Dumme wegen seines merkwürdigen Medienkonsums.

Da hauen sie in ihren Blättern und Sendungen auf den Ossi drauf, dass es sich gewaschen hat, oder sie beachten ihn erst gar nicht und sagen anschließend, nicht die Anbieter, die Nutzer hätten ein Problem.

Voilà, jeder biege sich seine eigene Meinung zurecht.

Haben wir früher genauso gemacht.

Aber so einfach ist es dann doch nicht.

Denn es ist – unabhängig von Ost oder West – zunächst mal eine Schande, was für ein Schmutz aus den Medien nach der Wende zu uns gekommen ist.

Während der öffentlich-rechtliche Rundfunk im Laufe der Jahre zu einem Programm des befriedeten Mittelmaßes geworden ist, treffen sich die Privaten ganz unten auf dem kleinsten gemeinsamen Bedürfnisnenner.

Schaltet man am Nachmittag zum Beispiel RTL oder Sat1 ein, wird da so hysterisch geschrien und gekreischt, dass man danach mindestens Störungen im Gehörgang hat.

Soll man das etwa als kollektives Ausagieren von Urgefühlen verstehen, oder gehören die alle in die Klapse? Sitzen aber stattdessen im Fernsehstudio rum, weil sich unser Gesundheitswesen so viele Patienten nicht mehr leisten kann.

Die Kommunikation der Brüllhälse West und Ost ist reduziert auf »geil« und »verpiss dich«. Die Körpersprache gleicht, mit Zähnen, die gefletscht, und Schlägen, die angedroht werden, der einer Horde Affen, die Rangordnungskämpfe veranstaltet. Und selbst die TV-Richter, die Fernsehzeit mit diversen Gerichtsshows füllen, sagen vor laufender Kamera so was wie: »Ich find das hier richtig Scheiße« und: »Sie sind ja richtig am Arsch.«

Ich weiß nicht, in welchem Semester der Juristenausbildung solche Kommentare vermittelt werden, ich kann nur sagen: Bei uns im Osten gab es das so nicht. Wir hatten zwar keinen

Rechtsstaat, aber ein Staatsanwalt sprach zur Lage des Landes sein wohlfeiles Wort und erzählte lehrreich von kriminellen Geschichten. Das war eine der wenigen Sendungen im DDR-Fernsehprogramm, wo keine heile Welt des Sozialismus vorgegaukelt wurde.

Dass wir jetzt im Osten Zeit damit verbringen, euren Schwachsinn zu schauen, liegt übrigens nicht am Ossi an sich, sondern an der hohen Arbeitslosigkeit. Wenn die demnächst auch im Westen steigt, werden wir uns angleichen. Dann wird Gesamtdeutschland verblöden, die reale Tristesse das Bedürfnis nach bekloppter Unterhaltung steigern.

Deutschland, armes Fernsehland.

Viel Spaß dabei.

Dann werden sich Moderatoren – statt zu moderieren – noch freizügiger der Fleischbeschau zur Verfügung stellen, so als ginge es im Anschluss an die Sendung darum, einen Pornofilm zu drehen. Und Spannung nur verheißende, in Wirklichkeit aber schlaffe Magazine wie »Blitz«, »Explosiv« oder »Taff« werden weiter mit TV-Viagra potent gemacht.

Von »Trockenzeit – Ich will endlich mehr Sex« bis hin zu »Ich bin lesbisch, fick mich« wird alles, auch das ordinärste Gelaber in so genannten Talkshows an die Öffentlichkeit gezerrt. Alles, ja alles, was sich zwischen zwei Werbeblöcken mit guter Quote verkauft, wird gnadenlos ins Fernsehen gebracht – je primitiver, desto besser. Klar, das ist auch nicht wirklich neu, das gab's so ähnlich schon einmal: Als man mit »Kopfabhacken live« oder »Frauen bei lebendigem Leib verbrennen in Echtzeit« die Masse auf den Marktplatz lockte. Das war im Mittelalter, und solche Sitten herrschen jetzt im privaten Programm.

So fiel mit der Mauer nicht nur eine unmenschliche Grenze zwischen uns Deutschen, es fiel auch eine Grenze des guten Geschmacks. Der gesellschaftliche Auftrag heißt: Hosen runterlassen. Trifft aber die Freiheit auf Menschen ohne Moral und Kultur, dann gehen Abgründe auf, die Hölle wird sichtbar.

Doch immer, wenn es um die Mediennutzung geht, argumentieren die Wessis so, als hätten sie nichts damit zu tun, texten liebend gern von oben herab, verbreiten ihre Ansichten, verbal inkontinent. Und Slipeinlagen für diese Verbalerkrankung gibt es leider noch nicht. So plappern die Wessis vorerst weiter unter des Geistes Linie, mit Vorliebe über die Ostdeutschen und ihren Fernsehkonsum. Besonders gern auch über den Mitteldeutschen Rundfunk. Seit seiner Gründung der erfolgreichste Sender der ARD.

Dieser anhaltende Erfolg über Jahre hat viele Ursachen und ist nicht nur mit Bumsfallera und Tralala, Schunkel, Schunkel und Heitatei der Volkmusik zu erklären. Wer es wirklich wissen will, der schaue am besten einmal mit unverstelltem Blick in das MDR-Programm oder – noch besser! – den Mitarbeitern zu, wie sie arbeiten. Deren Ziel war es immer, den Menschen aus der DDR einen Teil ihrer Kultur und Identität zu erhalten. Diese Chance haben andere Sender, die im Osten angetreten sind, blindlings verpasst.

Zugegeben: DDR-Fernsehen war Agitation, Ideologie und Propaganda. Die »Aktuelle Kamera« und den »Schwarzen Kanal« konnte man nur unter dem Aspekt »Kabarettprogramm« anschalten und aushalten.

Aber das war ja nicht alles, was es im DDR-Fernsehen zu sehen gab. Es gab wunderschöne und technisch meisterhaft gedrehte Kinderfilme, es gab (und es gibt im MDR!) eine Sendung für Menschen mit besonderen Fähigkeiten, »Außenseiter – Spitzenreiter« genannt, es gab »Schätzen Sie mal« und »Ein Kessel Buntes«. Auch da wurden nackte Beine und Brüste gezeigt, aber erotisch verpackt statt offen vulgär. Maßstab im DDR-Fernsehen war nicht die Einschaltquote, die heute dazu führt, dass man mit

Sperma, Schweiß und Tränen die Masse auf die Sofas lockt und dabei zynisch behauptet: Wir sind zwar selber nicht so dumm, aber bei so viel Dummheit muss man doch einschalten.

Atmen wir auf. Glücklicherweise müssen wir die Hoffnung nicht aufgeben, denn es lebt noch einer unter uns, der die Werte der DDR verkörpert. Und der hat – still und schweigend – alles überstanden, ist mittlerweile der dienstälteste Akteur im deutschen Fernsehen.

Am besten, ich erzähle einfach die Geschichte, wie das kam: Er ist eine Mischung aus Kolumbus, Casanova und Gartenzwerg. Sozusagen für jeden Geschmack was dabei, sogar für den eines Wessi!

Ja, auch die Wessis mögen ihn. Man sollte es nicht für möglich halten. Vielleicht würden sie ihm einen Teil ihrer Zuneigung wieder entziehen, wüssten sie, dass der Mann aus dem tiefsten Osten kommt.

Derzeit aber ist es so: Unser deutsches Fernsehen ist ohne seinen täglichen Auftritt undenkbar. Der Mann läuft ... und läuft ... und läuft ... – im Osten wie im Westen.

Gott sei Dank, denn entgegen dem allgemeinen Trend macht er niveauvolle Sendungen. Jeder zaghafte Versuch, ihn wegen Überalterung nach über vier Jahrzehnten aus dem Programm zu entfernen, ist sofort und regelmäßig an den heftigen Protesten der Zuschauer gescheitert. Selbst radikalste Modernisierer mussten ihn schließlich dulden lernen, weil sie ihre Streichliste fernab vom Konsumenten in ihren Fernsehtürmchen gemacht hatten. Bei Programmplanern leider keine Seltenheit.

Wer also ist dieser Mann, von dem wir behaupten, dass er sich in einer hart umkämpften Branche mit gnadenlosen Konkurrenten und grenzenlosen Eitelkeiten immer an der Spitze gehalten hat? Darf man fragen, wie er das – als Ossi – geschafft hat, einer Sendung mit sich selbst als Hauptperson seinen ganz persönlichen Stempel aufzudrücken? Einer von den Auserwählten zu sein, die zum Klassiker für Generationen wurden?

Man darf.

Siehe da, bereits zu DDR-Zeiten, als Marke und Marketing im kollektiven Einerlei noch Fremdwörter waren, hat er schon mit seiner Individualpräsenz angefangen. Und sein Werk nach der Wende im Westen vollendet. So ist er der einzige Fernsehstar aus dem Osten, der trotz deutscher Einheit nahtlos und ohne Unterbrechung weiter auf Sendung blieb, weil er schwer auf Draht war.

Seine Wurzeln hat er, man glaubt es kaum, ausgerechnet im sog. »Tal der Ahnungslosen«, in Dresden. Was zunächst erst einmal bedeutet, es ist nicht eine Frage von Empfang, Reichweite oder televisionärer Einflussnahme, ob Fernsehgrößen entstehen. Ruhm bleibt ein Geheimnis der Götter, der Rest ist Fleiß und Sendungsbewusstsein.

Er hatte das Glück, ein absolutes Wunschkind zu sein. In einfachsten Verhältnissen ist er in der Hauptstadt der DDR, in Berlin, aufgewachsen. Doch die Liebe, die ihn umgab, und die Kreativität, mit der seine Eltern sich bemühten, den alltäglichen Mangel wettzumachen, haben alle Entbehrungen unwesentlich gemacht. Von Anfang an haben seine Förderer das Talent in ihm erkannt, und wie das im Osten nun mal so war, Talente ließ man nicht einfach untergehen. So wuchs er heran und wurde zu einem ausgesprochen freundlichen, ja liebenswerten Mann. Seine Erzieher haben es geschafft, aus ihm *den* supersympathischen Ossi zu machen.

Kaum im Fernsehen, hatte der Kleine ein offenes Ohr für alles, was den Normalbürgern auf dem Herzen lag. Stets war er auch dem Fortschritt zugewandt. Was immer gerade *in* war, er hat es mit ins Fernsehstudio genommen. Vielleicht wären sogar die Montagsdemonstrationen ohne seine jahrelange Vorbildwirkung nie zustande gekommen. Denn er hat die Offenheit für Neues, Freiheit und Völkerverständigung Abend für Abend in seiner Show vorgelebt.

Im Alltag hat er sich ansonsten ständig bemüht, Gutes zu tun, ja, ein hilfsbereiter Mitbürger zu sein. Und nicht zu vergessen, er war schon immer der beste Freund der Kinder.

Wenn er kam, gab es keine Diskussion, dann durften wir fernsehen. Überhaupt war er ein cooler Typ, egal auf welchem Zipfel der Erde er gerade gelandet war, er wusste immer, wo ein Fernsehapparat stand, hat ihn angeschaltet, um dann gemeinsam mit uns Kindern davor rumzuhängen. Das hat auch mir in meiner Kindheit imponiert. Kam seine Sendung, war die Welt in Ordnung, man fühlte sich geborgen, und was erzählt wurde, regte zum Nachdenken an.

Zu seinen Erfolgsgeheimnissen gehört sicher auch, dass er sich nie vor den Großen und Mächtigen gefürchtet hat. Über lange Zeit erschien er mit seinem kauzigen Spitzbart sogar zweimal im Fernsehen. Das eine Mal staatstragend als »Generalsekretär des Zentralkomitees der Sozialistischen Einheitspartei Deutschlands und Vorsitzender des Staatrates der DDR«. Das war für uns Kinder eher langweilig, als Erwachsener konnte man es nur mit Gelassenheit oder Humor ertragen. Das andere Mal aber kam er lustig und listig daher: »Sandmann, lieber Sandmann«, sang es da.

Nein, nicht lachen.

Herausragender Darsteller und Vorbild für alle, die was werden wollen, ist nämlich der Sandmann. Obwohl aus der DDR stammend und dort groß geworden, ist er ein ausnehmend weltgewandter Mann. Ja, so oft wie ich ihn von Kindesbeinen an fast jeden Abend reisen sah, würde ich behaupten, der Sandmann aus dem Osten ist im gesamtdeutschen Vergleich der weltmännischste Mann.

Keiner kennt so viele Menschen, Länder und Abenteuer wie er. Wo immer er hinfährt, trifft er auf Freunde, und ihm widerfährt, wenn er vorbeikommt, herzliche Gastfreundschaft. Keiner hat in so jungen Jahren schon so viel erlebt und vollbracht wie er.

Ob nun in der fernen Arktis, die er im dicken Fell mit dem Hundeschlitten durchquerte, oder in Arabien, wo er mit dem Teppich einflog, oder aber in Afrika, wohin er segelte, um dort die seltensten Tiere zu sehen – überall öffneten ihm die Einheimischen gern die Tür. So eroberte er Kontinent für Kontinent und wurde zum Multikulti pur. Multikulti und DDR – dass dies zusammengeht, hätte der Wessi sicher nicht gedacht.

Aber nicht nur die Erde hat er erkundet, sich vom Nordpol bis zum Südpol umgeschaut, dieser Mann tauchte auch nach ganz unten ins Meer und schoss sich danach hoch hinaus bis in die Weiten des Weltraums.

Kein anderer hat es damit so weit gebracht wie er.

Selbst den Systemwechsel vom Sozialismus zum Kapitalismus hat er mit Bravour bestanden. Hätte man ein Zeugnis über ihn verlangt, stände »ausgezeichnet« da. So viele unglaubliche Superlative – böse, böse, wer dabei an die Planerfüllungsbilanzen zu DDR-Zeiten denkt. Denn die Geschichte vom Sandmann als erfolgreichstem Fernsehmacher aller Zeiten ist wirklich wahr.

Dieser Mann, den man Tausendsassa, aber auch Telestar nennen kann, hat noch Jahre nach der Wiedervereinigung tagtäglich zur besten Sendezeit seinen Auftritt, um uns Ossis und euch Wessis am Ende des Tages mit demselben – oder gar miteinander? – zu versöhnen. Der Sandmann winkt uns allen freundlich zu und streut in unsere Augen etwas Traumsand. Wer sehnt sich nicht danach, dass sich vor dem Schlafengehen ein sanfter Schleier mit Träumen über den Alltag legt? Genau das schafft der Sandmann.

Inzwischen haben es auch die Marketingexperten – vornehmlich aus dem Westen – erkannt, der Zu-Bett-Bringer ist ein Sympathieträger pur. Nach seiner Übernahme in die Marktwirtschaft kann man über dreihundert Merchandisingprodukte im Souvenirshop kaufen: vom Kopfkissen mit ihm bis zum Sandmann-Hampelmann, an dem man zwischen den Beinen ziehen kann.

Es gibt kein anderes Ostprodukt, wirklich keines, das so erfolgreich nicht nur durch die DDR, sondern auch durch die Wirren der Wende gekommen ist. Und das in der Schlangengrube Fernsehen.

Dabei konnte der Sandmann noch ganz nebenbei, still und heimlich und ohne die Hilfe von teuren Unternehmensberatern seinen alten Kollegen Pittiplatsch und Schnatterinchen, dem Herrn Fuchs und auch der Frau Elster bis heute den Arbeitsplatz erhalten. Dafür hat er, obwohl aus der DDR, ganz sicher das Bundesverdienstkreuz verdient, von dem ich mir sagen ließ, man müsse es unbedingt annehmen, schon deshalb, um es zum Zeitpunkt X aus Protest wieder zurückgeben zu können. Zum Beispiel dann, wenn doch wieder mal jemand auf die Idee kommen sollte, Pittiplatsch, das Schnatterinchen oder gar den Sandmann zu entlassen.

Als er 1959 im Fernsehen anfing, da sah er – zugegeben – noch etwas runtergekommen aus. Das Gesicht verquollen, die Augen merkwürdig schrill, einen komischen Anzug mit Sternen an. Gleich nach dem Sand-in-die-Augen-Streuen ist er dann auch noch, wie ein Penner, mitten im Schnee an einer Hauswand lehnend eingeschlafen. Das hat natürlich für soziale Bedenken bei den Zuschauern gesorgt. Briefe über Briefe gingen beim Fernsehdirektor ein. Ein kuscheliges Bett, ein neues Zuhause gar, wurde dem noch jungen Fernsehstar von vielen Seiten angeboten. Doch um unabhängig zu bleiben, nahm der

Hoffnungsträger des Fernsehens Ost diese Einladungen nicht an. Stattdessen wurde er nach all den Beschwerden auf frisch und munter gestylt, ins Fitnessstudio geschickt und auf Vordermann gebracht.

Dass die Figur zunächst etwas abgerissen ins Fernsehen kam, war nur dem rasanten Wettkampf mit dem Westen zu verdanken.

Schließlich hatte Staatschef Walter Ulbricht, der dem Sandmann verdammt ähnlich sah, gerade erst im Provinzörtchen Bitterfeld, von dem es später aufgrund von Braunkohle- und Chemieindustrie hieß: »Hier steigt keiner aus, der nicht aussteigen muss!«, die Kampfparole herausgegeben, auch auf *allen* Gebieten der Kultur die *absolute Überlegenheit* gegenüber Westdeutschland zu demonstrieren.

Da man nun auch im Westen über eine Figur, welche die Kinder ins Bett bringt, grübelte, wurde, unter Aufbietung aller Kräfte, der DDR-Mann früher als der Wessi ins Programm gehievt. Ganze acht Tage vor dem Westkonkurrenten hat es der Ossi auf den Bildschirm geschafft und damit das Rennen um den ersten Auftritt für sich gewonnen. Tja, wer zu spät kommt ...

Der Kampf der Kulturen rund um den Sandmann wurde jedenfalls zugunsten des Sozialismus entschieden.

Übrigens sah der Wessi, als er es mit Verspätung endlich auch auf die Mattscheibe geschafft hatte, nicht viel besser aus als das erste Exemplar des Ostens. Eher schlimmer, nämlich nicht nur wie ein Obdachloser, nein, mehr wie ein, ja, ich trau es mich kaum zu sagen, mehr wie ein Kinderschänder. Als zwielichtige Gestalt kam er aus dem Halbdunkel hinter einem Geräteschuppen hervor, in welchen er dann, nachdem er die Kinder gegrüßt hatte, verschwand. Unklar, was danach im Schuppen geschah. Es schien nichts Gutes zu sein.

Außerdem war der Wessi von Anfang an zwischen Werbeblöcke gezwängt und wirkte, gequetscht zwischen die bunten Trailer aus der aufgebrezelten Warenwelt, billig und etwas blutleer. Solche Probleme aufgrund von notwendigen Geldeinnahmen – oder wie wir direkter sagen: Geldsorgen – hatte der Ossi nicht. Er hatte seine ganze Energie für Kunst und Spiele frei. Weil der Ossi damit so herausragend war, kapitulierte der Westen schließlich, kam Ende der sechziger Jahre auf die Idee, dem Osten seinen Sandmann abzukaufen. Typisch! Selber keine Idee haben, aber alles mit Kohle regeln wollen. Doch da machten die DDR-Oberen nicht mit. Sie wussten, wenn sie ihren Sandmann hergäben, dann würden ihre Sandmann-süchtigen Untertanen nur noch Westfernsehen schauen. Also blieb der Sandmann im DDR-Programm, käuflich war ein Held des Sozialismus nicht. Sollten doch die im Westen aufs Fernsehen der DDR umschalten.

Wenn im Kindergarten oder in der Schule von den Erziehern befohlen wurde, man solle mal den Sandmann malen, weil sie testen wollten, ob man zu Hause West- oder Ostfernsehen sah, ist es mir nicht schwer gefallen, den richtigen, also den aus dem Osten zu malen.

Ein paar Devisen, also harte Währung, hat der Sandmann dem Sozialismus im Übrigen dann doch noch eingebracht, denn er war als Gastarbeiter in kapitalistischen Ländern wie in Griechenland, in der Schweiz oder in Dänemark unterwegs, wurde zum Exportschlager bis hin nach Sri Lanka oder Mauritius.

So kam es, dass in den achtziger Jahren das langsame Sterben des Wessis mit seiner Show begann. Der Ossi dagegen gewann erneut mit seiner Nummer den Wettlauf, nunmehr nach der Wiedervereinigung. Er konnte als gesamtdeutscher Sandmann im Amt bleiben. So wurde, Wunder gibt es immer wieder, der Wessi im Kampf von Abendsendung Ost gegen Abendsendung West zum Verlierer. Der Ossi zum Wendegewinner.

Der Mann aus dem Osten – einst nur DDR-Fernseherrungenschaft – wurde zum Mann aller Deutschen.

Lang lebe unser Sandmann!

Während ausgerechnet der Ossi auch im wiedervereinigten Deutschland ein Millionenpublikum fand, ist sein Westkollege – ganz und gar untypisch für seine Art – nahezu unbemerkt samt seiner restlichen Mitarbeiter von der Bildfläche verschwunden. Was der heute macht? Und wovon der lebt? Ist auch er etwa inzwischen bei Hartz IV und den »ALG II-Empfängern« angekommen?

Vielleicht wird ja demnächst beim Ostsandmann ein Ein-Euro-Job frei. Dann kann der Kollege aus dem Westen zumindest für ein paar Monate im zweiten Fernsehmarkt Fuß fassen und die Kabel halten.

Was aber hat der Wessi eigentlich falsch und was der Ossi richtig gemacht? Wie kam es dazu, dass der Ossi blieb und der Wessi den Bildschirm verlassen musste, was – zugegebenermaßen – absoluten Seltenheitswert hat?

War dieser Ossi eigentlich schon bei Thomas Gottschalk eingeladen?

Nein. Der Grund? Unser Sandmann mag kein Haribo und dürfte das dort aber nicht sagen. Und hätte wohl, anstatt immer wieder in die Schale mit Gummibären zu langen, für Artenschutz plädiert und lieber eine Schlagersüßtafel oder Knusperflocken als Werbung für den Osten mitgebracht.

Aber zurück zu der Frage, was der Wessi falsch und was der Ossi richtig gemacht hat. Es fängt schon bei der Mobilität an. Während der Wessi eigentlich immer nur seine Wolke hatte, auf der er angeflogen kam, hatte der Sandmann Ost einen ganzen Fuhrpark von Fortbewegungsmitteln aller Art. Ob zu Land, zur Luft oder zur See, der Ossi ist nahezu jeden Tag anders zu uns in die Wohnstuben gekommen. Mal mit dem Fahrrad, mal auf

Rollschuhen. Verschiedene Boote und Schiffe steuerte er. Hubschrauber, Flugzeuge und sogar Raketen waren ihm vertraut. Als alle Menschen auf der ganzen Welt wegen der Mondlandung begeistert waren, da startete auch der Sandmann sein Weltalleroberungsprogramm, landete auf fremden Planeten.

Und als 1978 der erste Deutsche ins All flog – das war auch ein Ossi, *unser* Sigmund Jähn –, da war der Sandmann mit dabei. Der Kosmonaut hatte ihn als Maskottchen mitgenommen. Davon inspiriert tüftelte der Sandmann im gleichen Jahr, die ISS vorwegnehmend, an einem Interkosmos-Programm. Das ging so weit, dass die russischen Freunde intervenierten und den Sandmann wieder zurück auf die Erde befahlen. Schließlich gehörte den Russen die Weltraumkompetenz, damit durfte auch kein Sandmann spaßen.

Trübsal geblasen hat er deshalb aber nicht. Kurbelte stattdessen munter die neueste Straßenbahn an, kurvte während der Erntezeit im Herbst mit dem Mähdrescher herum oder rückte mit dem Betonmischer an, als es um die Realisierung des Wohnungsbauprogramms ging. Jeden Abend hat er uns Kindern so anschaulich gezeigt, was der Vati oder die Mutti auch so »auf Arbeit« vollbrachten. Das alles machte der Ossi, während der Wessi immer nur auf seiner Wolke herumstand und herablassend winkte.

Entscheidend für den Sieg des Ostens war sicher auch die äußere Erscheinung. Wobei es der Westsandmann in jeder Hinsicht immer etwas größer brauchte: Er hatte die breitere Nase, sein Bart war nicht wie der vom Ostsandmann klein und spitz, sondern reichte von einem Ohr zum anderen, die größere Wolke hatte er sowieso. Und während der Ossi aus munteren Knopfaugen schmunzelte, hatte der Wessi sie groß und weit aufgerissen. Möglicherweise hatte er bereits ein erstes Lifting hinter sich. Denn irgendwie sah er ansonsten ziemlich alt aus, wirkte mit seinem Spruch »Liebe Kinder, gebt fein Acht, ich hab euch etwas mitgebracht!« bieder und moralisch.

So ging der Wettbewerb der beiden Zu-Bett-Bringer von Anfang an für den Westen schlechter aus. Der durfte dann irgendwann nur noch ein allerletztes Mal »Gute Nacht« sagen und verschwand. Dagegen trumpfte der Ossi mit seiner ausgeprägten Reiselust und seinem Hang zu extravaganten Fahrzeugen richtig auf. Er war und ist ein Bohemien auf Reisen. Reisen war schon immer seine Lieblingstätigkeit.

Dieser weltgewandte Mann, für den Globalisierung noch nie ein Fremdwort war, gehört mehrfach ins Guinness-Buch der Rekorde, und zwar als Kandidat aus der DDR. Ja, er kommt aus dem Land, von dem ihr immer dachtet, Reisefreiheit und Weltläufigkeit seien vollkommen unbekannt.

Natürlich, zuerst waren die sozialistischen Länder dran. Danach kamen diejenigen, die sich gerade von ihren Kolonialmächten befreit hatten. Hier ging es dann nicht nur um das Erkunden fremder Länder und Sitten, hier hatte der Sandmann eine Mission, einen sozialistischen Bekehrungsauftrag.

Frieden und Freundschaft propagierte er, das reichte für den Anfang. Nicht einmal Erich Mielke und seine Stasikonsorten sind bei derart viel persönlicher Freiheit auf falsche Gedanken gekommen. Und deshalb durfte der Sandmann sogar, obwohl so etwas in der DDR wegen zu hoher Fluchtgefahr verboten war, auf einem Drachengleiter angeflogen kommen. So hat der Sandmann ideologisch unauffällig und pädagogisch wertvoll die ganzen Jahre in der DDR überstanden.

Noch immer sieht er umwerfend aus. Mit zunehmendem Alter sogar umso attraktiver, was man nun wirklich nicht von allen Männern, die da aus der Glotze schauen, sagen kann.

Der Sandmann aus dem Osten ist zu beneiden. Jeden Tag hat er einen tollen Job, wird immer gebraucht, selbst am Wochenende muss er ran. Und obwohl er 365 Tage im Jahr am Jobben ist, mischt sich die Gewerkschaft nicht ein. Dass das bei einem Ossi wenig Sinn macht, haben die Retter der Rechte von vorgestern beim Sandmann offenbar schon frühzeitig erkannt.

Auch um Verträge muss der Sandmann wohl kaum noch verhandeln, vermutlich laufen ihm die Sender inzwischen hinterher. In welchem Honorarrahmen er allerdings bei den Öffentlich-Rechtlichen liegt, fragen wir ihn lieber nicht. Nur bei einigen wenigen werden ja nicht nur Billighonorare geboten, sondern plötzlich Millionen locker gemacht.

Was die Bezahlung anbetrifft, da wäre der Mann mit den Gute-Nacht-Geschichten sicher bei den Privaten besser dran. Die sollen doch für die, die vor der Kamera arbeiten, also *on air* zu sehen sind, schier unglaubliche Summen zahlen.

Aber der Ostsandmann hat sich nicht abwerben lassen. Hat wohl schon frühzeitig geahnt, dass man im Schmuddelprogramm möglicherweise im Container oder gar im Dschungelcamp landen kann, wo Maden im Gesicht, Nervenzusammenbrüche und Kotzen live an der Tagesordnung sind. Ein Ossi aber will nun mal nicht unwürdig benutzt und vorgeführt werden.

Ach, sehr geehrter Herr Sandmann,
mein lieber Freund zur guten Nacht,
danke, dass du nach all den Jahren im Fernsehen – auch nicht durch den Einfluss der Wessis – verdummt oder verblödet bist. Es hat immer Spaß gemacht, dir zuzuschauen. Jeden Abend bist du mit Freude unter den Menschen. Das ist wohl das Geheimnis, wie man über Jahrzehnte gutes Fernsehen macht.

Morgen schalte ich dich ganz sicher wieder ein.
Jetzt aber muss ich ins Bett, lieber Sandmann.
Gute Nacht.

8 **West** gegen Ost: Ihr seid uns fremd geblieben

Nachdem ihr uns heimgesucht hattet, suchten wir euch heim. Eine Woche nach meiner ersten Begegnung mit fehlfarbenen Windjackenzonis in Hamburg machte ich zu ihnen rüber. Wollte die Mauer von der anderen Seite anschauen und fuhr an die – jetzt schon historischen – Stellen in Ostberlin, wo das Finale der DDR eingesungen worden war. Dass es bald ganz vorbei sein würde mit der DDR, ahnten wir natürlich noch nicht, ihr nicht und wir nicht. Keine nationale Sehnsucht trieb mich, nur journalistische Neugier.

Dieser Unterschied, Ossis, er lebt. Dieser ganz entscheidende, der zwischen Sehnsucht und Neugier. Entspricht etwa dem zwischen Sex und Erotik, zwischen Volkskammer und Bundestag, zwischen Ost und West.

Die Uniformierten wirkten verstört, was mich freute, weil sie uns beim Übergang von West nach Ost nicht mehr schikanieren und auf euch beim Übergang von Ost nach West nicht mehr schießen durften. Sie fremdelten spürbar vor der ungewohnten Freizügigkeit, aber das erging sogar denen noch so, die sich ihre große Freiheit wagemutig genommen hatten. Jahre später erst wuchsen ausgerechnet sie zusammen zu einer neuen Einheit, Volk und ehemalige Volkspolizisten, um gemeinsam die aus dem Westen importierten kleinen Freiheiten zu beklagen.

Die seitdem oft beschriebene erste gemeinsame Nacht der Deutschen war bei meinem Besuch bereits Erinnerung. Kaum zehn Tage war es her, dass die Mauer geöffnet worden war und

Berliner Ost und Berliner West auf dem antifaschistischen Felsen rockten. Ein solches Fest der Sinne wäre eher auf einer italienischen Piazza vorstellbar gewesen, denn undeutsch locker ging es zu in jener Nacht. Es hätte in dieser Art weitergehen können, bunt, fröhlich, beinfrei, trunken, wenn Günter Schabowski seinen berühmten Satz »Und deshalb, äh, haben wir uns entschlossen, heute, äh, eine Regelung zu treffen, die es jedem Bürger der DDR möglich macht, äh, über Grenzübergangspunkte der DDR, äh, auszureisen« an einem lauen Maienabend gesprochen hätte und nicht an einem dunklen Abend im November.

Der November ist ein Endzeitmonat, und der 9. November war bei uns bis dahin als jener Tag des Jahres 1938 im Bewusstsein, an dem die Nazihorden in einem von ihnen höhnisch Reichskristallnacht genannten Pogrom Geschäfte deutscher Bürger jüdischen Glaubens verwüsteten und Synagogen in Brand steckten.

Der Mai dagegen ist der Monat des Aufbruchs. Der Monat der Befreiung. Der Monat, in dem sich der Frühling Bahn bricht, eine neue Zeit beginnt. Im Mai hätten nach der einmaligen Nacht die folgenden Nächte einen Hauch von Unsterblichkeit gehabt, wie alles, was im Mai auf die Welt kommt, hätten auch die folgenden Nächte noch samtseiden geschmeckt und wäre mein erster Eindruck vom kaum noch japsenden Oststaat nicht so lusttötend ausgefallen wie jetzt. Wabernde Novembernebel dämpften alle freudigen Gefühle, alle Triebe. Über die Sonnenallee konnte ich erst zehn Jahre später in Leander Haußmanns Film lachen.

Es passte jedoch wie bestellt zum deutschen Volkscharakter, dass es November war, als einem neuen Deutschland die Stunde schlug. Mit den Problemen, die durch euch über uns hereinbrachen, wurde die deutsche Neigung zum depressiven Grübeln über den Sinn des Lebens, wofür dieser Monat geschaffen scheint, an den folgenden Jahrestagen des 9. Novembers 1989 zum anschwellenden Bocksgesang. Die Klage der Nation bestimmte die Lage der Nation. Sie war zwar nie so schlecht, wie sie gemacht, und nie so gut, wie sie mal vorhergesagt wurde, aber zweifellos besser als das, was euch einst eure Staatsmacht als Paradies verkauft hatte.

Von der wahren Lage im dunklen Fremdland DDR konnten wir noch nichts wissen, nachdem Rotkäppchensekt ausgeschenkt worden war und die roten Socken der Staatssicherheit begonnen hatten, ihre Vergangenheit in den Reißwölfen zu entsorgen. Dass genügend Altlasten übrig blieben, Verräter und Verratene, Denunzianten und Denunzierte, belegbar in Tausenden von Akten, mit denen mal eine ganze Behörde beschäftigt sein würde, die Gauckbehörde, ahnte man ebenso wenig, weder ihr noch wir.

Zwei Jahre später, etwa ab November 1991, entsprach die Stimmung wieder dem Datum. Jetzt waren nicht nur wir die Fremden bei euch, ihr fühltet euch als Fremde im eigenen Land. Unverstanden auf Ruinen habt ihr eine neue Hymne einstudiert, uns Strophe für Strophe zugemüllt, bis wir, bevor ihr uns einseitig zu Tode jault, dagegen einen eigenen Jammerchor zu gründen beschlossen, einen westdeutschen.

Damals im November 1989 besuchten wir ein fremdes Land, anfangs staunend wie einst britische Abenteurer, als sie Afrika und seine Stämme entdeckten. Wir kamen nicht auf der Suche nach Kolonien fürs Mutterland, wohl aber in die Fremde zu Fremden. Zwar mit schützend hochgeschlagenem Mantelkragen, denn wir waren schließlich im Osten, von dem aus alle Wege bekanntlich nach Moskau führten, vorsichtig auftretend, aber insgesamt guten Willens, uns ergebnisoffen auf die neuen Verwandten einzulassen. Auf euch.

Das war zwar gar nicht so einfach, denn zunächst einmal

mussten wir, kaum hatten wir euch am Hals, uns schon rechtfertigen für diese Fremdenfreundlichkeit. Wir verteidigten euch gegen unsere Türken, die uns verstört fragten, was wollen denn die bei uns, und damit euch Ossis meinten. Wir nahmen euch gegen unsere angeheirateten Verwandten wie François Mitterrand und Margaret Thatcher in Schutz, die aufgrund ihrer historischen Erfahrungen an den Deutschen vor allem die Tatsache liebten, dass die auf zwei Deutschländer verteilt und sicher voneinander getrennt waren. Wir hinterfragten die bis dato überzeugenden Thesen unserer Linken, die deutsche Teilung in DDR und BRD sei die Strafe für Hitlers Verbrechen und deshalb verdient.

BRD übrigens war euer Kampfbegriff für unsere Bundesrepublik. BRD ist von uns nicht mal als Aufkleber auf den Autos benutzt worden, da prangte fett ein D. An diesem kleinen Unterschied, neben den vielen großen, kann man bis heute Ossis und Wessis unterscheiden. Wer die Bundesrepublik mit BRD abkürzt, dem fehlen nicht etwa die Worte, sondern der kommt von drüben.

Wir stellten uns selbst in Frage und übten befremdliche Wörter der vor uns geborenen Generation wie Vaterland und Volk und Nation, mit denen uns nie Sinnstiftendes verband. Wir schleppten keine von oben verordnete Weltanschauung mit uns herum wie ihr, staatliche Vorgaben dieser Art, christdemokratisch reaktionär statt wie bei euch sozialistisch doktrinär, hatten wir uns für immer verbeten.

Nicht mal ein festes Weltbild besaßen wir, was sich sogar diejenigen bei euch, die zu den Regimegegnern zählten, bewahrt hatten. Deshalb träumten die im November 1989 davon, dass es einen dritten Weg geben müsse zwischen dem, den sie gerade frei gemacht hatten, und dem unseren, dem sie misstrauten. Sie glaubten an den Sozialismus als Idee. Die deutsche Umsetzung dieser Idee ließen sie als abschreckendes Beispiel nicht gelten, dieser Sozialismus sei von Ulbricht, Honecker und Konsorten nur beschissen zu Tode gemanagt worden.

Aber ein Bild von der Welt, das hatten wir schon, und ihr habt darin schon lange keine wesentliche Rolle mehr gespielt. Eure DDR war uns so fremd wie der Kongo oder wie Kambodscha. Dass es diese Länder gibt, wussten wir natürlich, doch außer in Kriegszeiten gab es nicht mal für uns Journalisten einen Grund, sich näher mit ihnen zu befassen.

Plötzlich lag ein fremdes Land in greifbarer Nähe. Wir brauchten kein Visum und keine Impfungen und keine langen Reisen, um es zu sehen und zu begreifen. Wir verstanden mit ein bisschen Mühe die Sprache der Eingeborenen. Die wiederum konnten sogar uns ohne Dolmetscher verstehen, wenn wir uns bemühten, deutlich zu sprechen. Wir brauchten unsere D-Mark nicht in eine fremde Währung umzutauschen, denn die unsere wurde gern genommen.

Die Gelegenheit, euch zu entdecken, war günstig wie nie zuvor. Wir bekamen für unser Geld zwar keine Bananen, immerhin jedoch Bücher, Schallplatten und zehnmal so viel Brötchen wie bei uns. Tatsächlich reichte bei ganz bestimmten Wessis eine ganz bestimmte Handbewegung, das Wedeln mit einem Zehnmarkschein, um bei ganz bestimmten Ossis gierige Beflissenheit auszulösen.

Euer Berlin war ein guter Anfang für die Erstbegehung, weil uns dieser ortsfremde Abenteuerspielplatz überschaubar erschien und weil unser Berlin über die Mauer rüberleuchtete. Wir hatten also stets vor Augen, wohin wir gehörten und in welche Richtung wir rennen mussten, falls es nötig sein sollte. So ganz trauten wir dem neuen Frieden nämlich noch nicht. Zwar bewegten wir uns auf fremdem Gebiet, aber nur zweihundert Meter vom Westen entfernt, und deshalb war Ostberlin für den ersten passierscheinfreien Trip ideal. Am Ende des Tagesausflugs gingen wir zurück zu uns, grinsten die Vopos frech an, wie Sieger eben so grinsen, und erzählten einander bei *loup de mer* und Sancerre in der Paris Bar, was wir im Berliner Osten Erstaunliches, Befremdliches, Rührendes erlebt hatten.

Die nächste Reise in den näheren Osten ging über die Hauptstadt der da fast schon ehemaligen DDR hinaus. Mitten ins Herz der Zone. Sie glich einer Safari ins Ungewisse, und wer sich auf eine solche Expedition einließ, musste sich entsprechend vorbereiten. Hatte im Kofferraum wegen der bekannten Versorgungslage Ost genügend Schwarzbrot dabei und Hartwurst und Obst und Zigaretten und Benzinkanister und Glasperlen in Form von Apfelsinen und Schokolade und zerfledderten »Playboy«-Heften für die Einheimischen.

Obwohl die Begegnungen mit euch nicht mehr überwacht wurden, wir uns auf Augenhöhe treffen und reden konnten, wollten wir zunächst ganz andere Augenblicke genießen. Wir waren fasziniert von der altmodischen Schönheit des neuen Deutschland – trotz industrieller Ruinenlandschaften, schlechter Luft, vergammelter Innenstädte. Ein Land im Dornröschenschlaf. Musste nur wachgeküsst werden. Wir durchschlugen also die knorrigen Dornenhecken, küssten die Prinzessin Zone wach und boten ihr den Arm. Ein Fehler. Unser Fehler. Es war gar nicht Dornröschen. Es war Schneewittchen. Sogar die Märchen hatten bei euch eine andere Besetzung als bei uns. Denn Schneewittchen bestand darauf, sich zunächst mit ihren sieben Zwergen zu beraten. Die kamen natürlich auch aus dem Osten und wollten ihre Hecken behalten, die ihre Schönheiten vor westlichen Glücksrittern schützten.

Wie lange solche Beratungen dauern können, ahnten wir damals noch nicht.

Wir verloren zusehends die Lust auf euch. Wir hatten ohnehin nie von euch geträumt. Euer Sexappeal bestand darin, dass ihr unerreichbar gewesen seid. Eine Art geheimnisvolle Frucht, verlockend in eines fremden Nachbars Garten, streng von eurem Besitzer bewacht, der euch jeden nahen Kontakt mit Fremden verboten hatte. Nur bei Olympischen Spielen durften wir einen hautnahen Blick auf verbotene Früchte riskieren und ab und zu, Ostern und Weihnachten, etwas über den elektrisch geladenen Zaun werfen. Manchmal gab es auf die Liebesgaben sogar eine Antwort, aber wir wussten nie, ob die tatsächlich von euch stammte oder nur von eurem zuständigen Zonenwärter vorgeschrieben worden war.

Schon gut, ich bin jetzt nicht verrückt geworden, weil ich die Zone mit Schneewittchen oder Dornröschen vergleiche. Warum ich dies mache, wird euch am Schluss dieses Kapitels schon noch klar werden.

Ich will mich auch noch um eure inneren Werte bemühen, falls ich die bis dahin gefunden habe. Bei den ersten Reisen in den Osten kam ich mir vor wie in einem Märchen. Eigentlich ganz normal in der Fremde. Ein Fremder braucht Wegweiser, ein paar märchenhaft-mythische Symbole, sonst landet er im Märchenwald und wird von den einheimischen Gnomen, also von euch, voller Tücke gegrillt, weil er die unsichtbaren Grenzen überschritten hat, die in dieser Gesellschaft gelten.

Damals roch es bei euch noch nach Wofasept und Broilern, noch nicht nach McDonald's und Döner Kebab. Damals stellten eure Schlaglöcher noch die Stoßdämpfer unserer Autos auf eine harte Probe und nicht wie heute eure Stoßseufzer unsere Geduld. Damals wollten wir euch kennen lernen, manches sogar von euch lernen, waren neugierig auf eure Geschichte und mussten uns noch nicht wie heute ständig Geschichten anhören, was wir euch an Schlechtem aus dem Westen aufgezwungen hatten und was gar nicht so schlecht gewesen sei im Osten und wie gemein wir sind und wie lieb dagegen doch ihr usw.

Damals versprachen wir, möglichst bald wiederzukommen. Zu Hause erzählten wir, wie das alle tun, die heil von einer Fernreise zurückkehrten, den Daheimgebliebenen von den fremden Deutschen. Wir hatten Neuigkeiten mitgebracht, mit denen sich Eindruck schinden ließ. Dass man in der Zone, um die Zimmertemperatur zu steuern, auch im Winter die Fenster aufmachen musste, weil die Heizkörper eine Einheitswärme ausstrahlten und die nicht individuell zu regeln war – war wie alles andere auch von oben gesteuert. Dass sich die Zonis morgens um sieben Uhr mit einem zum Frühstück treffen wollten, weil sie daran gewöhnt waren, vor Morgengrauen aufzustehen, um dem sozialistischen Grauen ins Auge zu blicken. Dass sie Kritik an ihren merkwürdigen Verhältnissen als Einmischung in ihre inneren Angelegenheiten auffassten und sofort empört reagierten, weil uns als Fremden Kritik nicht zustand.

Es wurde viel dabei gelacht. Unter uns. Über euch. Manche eurer Wörter wie Plaste und Broiler hatten wir vor dem Umgang mit euch noch nie gehört, manche Wörter aus unserer Umgangssprache waren euch fremd, und manche Begriffe lösten bei euch Reaktionen aus, die wir nicht begriffen und die uns noch heute verblüffen, obwohl uns eigentlich nichts mehr überraschen dürfte bei euch.

Irgendwann Ende der neunziger Jahre, und siehe, es war im November, stand ich zum Beispiel in Berlin-Moabit vor Gericht. Mein Westanwalt, ein aufrechter Kämpfer gegen alle nationalen Herrenreiter, hatte seine grundsätzliche Sympathie für Ostler draußen auf dem Flur abgelegt. Hier ging es um Sieg. Zwar um einen des Westens gegen den Osten, aber hauptsächlich um meinen gegen einen einst Oberen von denen, der sich in meinem Buch über Helden und Halunken in der Treuhandanstalt falsch dargestellt sah und dagegen geklagt hatte. Es drehte sich um einen einzigen Satz. Der Richter war genervt und wollte schnell eine Einigung erzielen und schaute immer wieder auf seine Armbanduhr. Wahrscheinlich gab es in der Kantine sein Lieblingsgericht.

Er machte einen Vorschlag zur gütlichen Einigung, den wir Westler abnickten, denn auch wir wollten raus, und dankbar sagte der Richter laut »Ausgleichsprotokoll«, um die dösende Protokollantin zu aktivieren, worauf der klagende Bruder Ost in sein Jackett griff und eine Brieftasche herauszog. Was wollte er? Sein Anwalt blickte ebenso verblüfft wie wir, als er endlich seinen Personalausweis gefunden hatte und dem Richter geben wollte. Anscheinend hatte er »Ausweiskontrolle« verstanden, das verstand er gut, und das löste in ihm die alten Reflexe aus.

Fremd waren uns eure Sitten und Gebräuche. Statt wie sonst üblich in der Fremde sich behutsam in unbekanntem Gelände vorzutasten, langsam aneinander zu gewöhnen, aufeinander einzulassen und sich dann erst voller Lust und Leidenschaft aufeinander zu stürzen, fiel zwischen uns das gesamte Vorspiel einfach aus. Wir erkannten euch, bevor wir euch kannten, und deshalb seid ihr uns bei aller grenzenlosen Nähe so fremd geblieben. Dieser Fehler lässt sich nicht mehr gutmachen, auch nicht mit einem Ausgleichsprotokoll. Ihr wisst ja: rückwärts nimmer, vorwärts immer.

Fragt sich nur: Wohin?

Es ging damals wohl alles zu schnell mit der deutschen Annäherung. Wir hätten uns mehr Zeit lassen sollen, aber in Zeiten der Umwälzung hat man vor allem eins, keine Zeit. Es ging damals um das Fundament für eine langfristige menschliche Einheit, in guten wie in schlechten Zeiten, um eine Lebensgemeinschaft. Nicht um ein paar kurzfristig aufregende zwischenmenschliche Vereinigungen, einen One-Night-Stand (für Ossis: Affäre einer Nacht). Um mal fremdzuliegen, hätten wir keine Wiedervereinigung gebraucht, das hätten wir überall haben können auf der

Welt, ihr dagegen nur im Ostblock oder in Nordkorea, denn woanders haben sie euch selten reingelassen.

Es gibt ja ganz andere Beispiele für Probleme bei der Integration von Volksstämmen innerhalb eines Landes. Die der australischen Ureinwohner, der Aborigines, ist nach zweihundert Jahren noch nicht gelungen. Auch wir im näheren Westen haben gewaltige Umwälzungen erlebt, die bei euch längst erledigt waren. Die SPD beschloss erst 1988 auf einem Parteitag in Münster einen Mindestanteil von Frauen in ihren Gremien, und die Idee der Regierung Kohl, die Deutsche Bundespost in drei Bereiche aufzuteilen – Telefon, Briefe und Pakete, Geldwesen –, löste große Proteste aus. Das alles konnten wir aber unter uns und in der »Bild«-Zeitung austragen, denn euch gab es da noch nicht. Als ihr zu uns gekommen seid, mussten wir allerdings unsere Postleitzahlen von vier- auf fünfstellig aufrüsten. Dafür brauchten wir immerhin nur drei Jahre, schon 1993 hatten wir euch wenigstens in dieses System integriert.

Da ihr inzwischen in jedem beiläufigen Satz von uns einen bösen Hintergedanken vermutet, da ihr nicht dazu neigt, Abstraktes zu verstehen, hier ein ganz simples Beispiel aus dem wahren Leben. Wovon versteht ihr angeblich mehr als wir? Richtig, vom Sex.

Die trotzige Behauptung, vor allem Schwestern Ost hätten wenigstens im Bett Weltniveau gehabt und jedes geforderte Plansoll locker erfüllt und diese Position bis heute gehalten, scheint durch seriöse Untersuchungen belegt zu sein – was halt so als seriös gilt bei Umfragen, die das Sexualverhalten erforschen. Damit stärkt ihr gern euer Selbstwertgefühl, wenn ihr wieder mal den Eindruck habt, was bei euch ja schnell passieren kann, der Wessi wisse nicht nur alles besser, sondern könne auch alles besser.

Also, zur Sache.

Dass Ostfrauen angeblich im Bett besser waren als Westfrauen, kann nur eine Erfahrung von Politikern und Journalisten und anderen Kulturschaffenden gewesen sein, die bei euch zum Staatsbesuch eingeladen waren. Die meisten von denen hätten angesichts der Konkurrenz im Westen auf dem freien Markt kaum eine Chance gehabt. In der DDR, wo es keinen freien Markt gab, hielten sie sich deshalb für unwiderstehlich, was sie im direkten Vergleich mit den sie begleitenden Ostmännern von einem ganz bestimmten Ministerium bestimmt auch waren. Sie schauten in den Spiegel, zogen den Bauch ein und wurden dabei für die beliebte MfS-Serie »Versteckte Kamera« durch den Spiegel von der anderen Seite schon mal für einen Trailer gefilmt. Danach gingen sie auf die Jagd.

Dass die Ostfrauen in den Foyers der Westlern zugewiesenen Interhotels nicht zufällig auf sie warteten und so frei waren, sondern in festen Händen, in denen der Stasi, dass sie später beim Anblick bloßer Westmänner nicht etwa Schmetterlinge im Bauch bekamen, sondern in den volkseigenen Matratzen die Wanzen aktivierten und Richtung Spiegel das Zeichen für »Ton ab, Kamera läuft« gaben, begriffen diese fremden Besucher aus dem Westen erst dann, als sie mit ihrer Aufführung erpresst wurden.

Bei Einsätzen im kapitalistischen Feindesland lief das Spiel übrigens nach den gleichen Regeln ab. Nur umgekehrt. Bei euch fielen dumme Westmänner auf die Stasisirenen herein, bei uns dumme Westfrauen, einsame Sekretärinnen im Bonner Regierungsviertel, auf eure Trompeter. Nach Bonn schickte die SED ihre Prachtexemplare, da bliesen die Romeos den Julias den Liebesmarsch, stürmten deren Betten mit sozialistischer Todesverachtung, denn die Schönsten waren es nicht, die ihnen in die Arme fielen, und boten Höchstleistungen im Namen ihres Vaterlands.

Mit solchen Vereinigungen als Mittel zum Zweck war es zwar vorbei nach der großen Vereinigung. Da entflammte spontan Liebe zwischen Ost und West, und die Fremden kamen sich näher. Bis zu dem Moment, als sich Ossi und Wessi mit der Vergangenheit des anderen näher beschäftigten, also den frühen Affären. Da wuchsen Mauern des Misstrauens.

Für die reale, die tödliche Mauer schämt sich der Chef der DDR-Grenztruppen, General Klaus-Dieter Baumgarten, bis heute nicht. Oder schon nicht mehr, weil er geschickt eure Stimmung benutzt, in eure Klagen einstimmt, denn wer anklagt, ist frei von Schuld – begriffen? – und hat sich damit seiner persönlichen Verantwortung entledigt. Wegen Totschlags in elf Fällen hat den Genossen General dennoch ein westdeutsches Gericht, das er selbstverständlich der Siegerjustiz zieh, zu sechseinhalb Jahren Haft verurteilt. Aber anders als in seinem geliebten Mauerstaat, wo keinem auch nur ein Tag der Freiheit geschenkt wurde, es sei denn, wir kauften dem Staat seine Gefangenen ab, ist ihm bereits nach dreieinhalb Jahren die Reststrafe erlassen worden, von einem weiteren Klassenfeind, dem damaligen Regierenden Bürgermeister von Berlin, Eberhard Diepgen.

Statt sich zurückzuziehen, meinetwegen grollend, in seine Datsche, die ihm vielleicht noch geblieben war, statt Vorträge zu halten beim Veteranentreffen der Volksarmee oder bei Gedenkfeiern am ehemaligen Nationalfeiertag, dem 7. Oktober, benutzte der General die neue Freiheit, sich seine Vergangenheit schön vom Leib zu schreiben. Verfasste gemeinsam mit einem Gesinnungsgenossen eine Rechtfertigungsschrift unter dem Titel »Die Grenzen der DDR«. Noch kein Grund, sich erhaben aufzuregen, bei uns haben auch Schergen eines untergegangenen Systems ihre Erinnerungen voller Stolz, dabei gewesen zu sein, unters Volk gestreut. Außerdem können viele nicht schreiben und finden dennoch einen Dummen, der sie druckt. Warum sollte es im Osten anders sein als im Westen?

Er und seine mutigen Jungs, die Todesschützen, waren »Mitgestalter eines Kapitels deutscher Geschichte, auf das sie stolz sein können«, schreibt der von Reue und Einsicht nicht geplagte General. In seinem lesenswerten Buch »Deutsche Gerechtigkeit« kommentiert der Journalist Roman Grafe bitter, dass Straferlass für die »Staatskriminellen« der DDR die Regel gewesen ist.

Totschläger übrigens bedeutet, dass der Täter mindestens einen, und in dem Fall waren es laut Gerichtsurteil mehrere, Menschen zu Tode gebracht hat. Oder den Befehl dazu gegeben hat. Warum lasst ihr euch von einem Totschläger weismachen, was Gerechtigkeit ist? Und dass Flüchtlinge Grenzverletzer waren und die von ihm und seinesgleichen Erschossenen schlichtweg Opfer des Kalten Krieges? An dem, ich verrate damit kein Geheimnis, natürlich wieder mal der Westen schuld war. Konsequent weitergedacht hat damit auch der Westen die Toten an der deutschen Grenze auf dem Gewissen.

Ich hätte mich in diesem Kapitel auch darauf beschränken können, aus den Rechtfertigungsschriften eurer obersten Genossen zu zitieren, um zu belegen, warum wir fremdeln bei euch. Ich hätte Bücher aufzählen können, die im Westen keiner freiwillig kaufen würde, nicht mal der letzte verbliebene Funktionär des einst in Westberlin vertretenen SED-Ablegers SEW.

Manchmal gab es allerdings trotz aller Fremdheit Momente in unserer Beziehung, in denen du, Zone, mir nahe warst. Das lag nicht an deiner Schönheit. Lag auch nicht daran, dass ich dich mir schöngetrunken hätte, denn die Weinsorten, die es bei dir gab, machten den Kopf eher schwer als leicht, und wer das trank, was sie euch als Schnäppchen an der Haustür aufgeschwatzt haben, schmeckte bittere Wahrheiten Ost. Es lag an eurer mich anrührenden Schutzbedürftigkeit.

Ich merke, ihr seid schon wieder beleidigt. Bevor ich noch richtig angefangen habe, euch zu schmeicheln, denn ich wollte gerade auf die inneren Werte kommen. Ein Leipziger Sexualwissenschaftler hat herausgefunden, dass im 15. Jahr der Einheit inzwischen sogar Westfrauen die Ehrlichkeit und Bodenständigkeit der Ostmänner erkannt hätten und sich denen auch nüchtern nicht mehr verweigern, seit die besser riechen als früher. Bevor ihr nun »Siehste« und »Ei, gugge mol dao« schreit und euch selbst lobt: Von allen in Deutschland geschlossenen Ehen kommt nur bei 1,4 Prozent der Verbindungen einer der beiden Partner aus dem Westen bzw. aus dem Osten.

Du bist wie eine Rothaut, Zone. Da es *die* Zone heißt, eine weibliche Rothaut. Eine Indianerin. Du hast eine Reise zum großen weißen Westmann gemacht. Und weil es dir nicht schnell genug ging, hast du das Flugzeug genommen, statt dich in einen Bummelzug zu setzen, der überall hielt und Pausen machte, bis die Endstation deiner Sehnsucht erreicht war. So bist du zwar schneller ans Ziel gekommen und nie auf ein falsches Gleis geraten, aber deine Seele kam nicht nach. Dass die Welt des großen weißen Mannes deshalb auf dich seelenlos wirkte, lag nicht nur an der Fremde, sondern auch an dir. Kannst du alles bei eurem Karl May nachlesen.

Also bekamst du Heimweh nach der so gemächlich fließenden Zeit in deinem einstigen Reservat, und weil sich diese Zeit in deiner Erinnerung von Jahr zu Jahr mehr verklärte, bis sie dir paradiesisch vorkam, hast du begonnen, die Heimreise vorzubereiten.

Da du aus den verschiedenen Erfahrungen, denen aus der Fremde und denen aus der Nähe, etwas fürs Leben gelernt hast, willst du zwar manches Alte wieder haben, aber manches Neue dafür nicht aufgeben. Willst nicht mehr im Zelt wohnen, sondern in einem festen Haus. Willst nicht mehr den Regengott um Wasser bitten müssen, sondern im Badezimmer die Dusche anmachen, willst nicht mehr über dem offenen Feuer im Einheitsbrei rühren, sondern in der Mikrowelle Aufgewärmtes auftischen.

Euer Deutschland, in dem man Engel offiziell als geflügelte Jahresendfiguren bezeichnete, weil es ja keinen Himmel geben durfte, nur das Paradies der Werktätigen auf Erden, ist zwar tot, und *ihr* wolltet es so, aber das neue Deutschland ist euch fremd geblieben.

So wie ihr uns.

Eigenverantwortung, Selbstständigkeit und Berufstätigkeit der Frau – emanzipieren Sie sich endlich mal von diesem Ost-Gedönse...!!
Hier berät Sie Herr BUSCHZULAGE
KS 04

8 *Ost* gegen West: Ihr behandelt uns wie Fremde

Als meine Oma auf die Welt kam, hatte sie nur anderthalb Arme. Eine Missbildung. Daraufhin sagte ihr Vater zu seiner Frau: »Mit der kannst du machen, was du willst«, womit er sich darauf bezog, dass die Mutter meiner Oma gern ihren Glauben gewechselt hätte, konvertieren wollte vom katholischen zum evangelischen, was ihr der Mann aber bisher untersagt hatte. Alle Kinder waren deshalb katholisch getauft. Die hier aber sei »eh verloren, bei der ist es egal«, meinte der Vater.

Die Mutter meiner Oma entschied dann doch, es mit der Religion so zu halten wie bisher, und da meine Oma mit ihrer Schwester als Zwilling auf die Welt gekommen war, wurden beide Töchter gemeinsam übers Taufbecken gehalten und mit Wasser besprengt.

Meine Oma hieß übrigens Emilie, ihre Schwester Emma.

Wie es das Schicksal so wollte, ist an einem Sommertag Emma ins Wasser gefallen. Auch meine Oma, also Emilie, spielte an dem See. Da Emma noch nicht schwimmen konnte, ist sie ertrunken, bevor rettende Hilfe kam. Emilie hat überlebt. »Warum ausgerechnet die?«, klagte ihr Vater da.

Ansonsten soll meine Oma, wurde uns erzählt, im Laufe ihrer Kindheit relativ normal aufgewachsen sein. Von klein auf allerdings war sie darauf bedacht, das Fehlen ihres halben Armes auf der linken Seite vergessen zu machen. Man sah zwar die Behinderung, aber im Alltag war Emilie fit. Sie machte alles, was andere auch machten, war in Haus und Hof voll einsetzbar.

Dennoch verbot ihr der Vater zu heiraten. Eine Frau wie sie tauge für Ehe und Kinder nicht. Glücklicherweise ist er früh genug gestorben. Emilie war da bereits siebenundzwanzig Jahre alt, heiratete nun schnell und bekam sechs Kinder. Der Mann, in den sie schon über viele Jahre hinweg verliebt gewesen war, und er in sie, war da zwar schon unter der Haube. Aber sie fand einen anderen, mit dem sich eine Ehe vollziehen und aushalten ließ.

Nachdem das sechste Kind auf die Welt gekommen war, verunglückte mein Großvater, den ich nie kennen gelernt habe, tödlich im Steinkohlebergbau, weil ein Stollen über ihm zusammengebrochen war. Danach zog meine Oma ihre Kinder alleine auf, betrieb in Schlesien einen Kolonialwarenladen. Sie wickelte ihre Kinder selber, nähte ihnen sogar Kleider. Beim Nähen war sie auf die Idee gekommen, die Wiege für die Kleinste mit einer Schnur an der Trittplatte der Nähmaschine festzumachen. Jedes Treten des Pedals bewegte dann zugleich die Wiege, in der das Baby einschlafen sollte. Solche einfachen und nutzbringenden Erfindungen waren typisch für meine Oma.

So hat sie mit ihren anderthalb Armen den Krieg überstanden, dann die Umsiedlung aus Schlesien in den Osten Deutschlands mit ihren sechs Kindern durchgemacht, und auch im Sozialismus ist sie angekommen. Der war nicht ihre freie Wahl, aber sie landete nun mal in diesem Teil des Landes. Um den Lebensunterhalt für ihre große Familie zu verdienen, hat meine Oma dann einige Jahre lang mit einem Karren Milchkannen von Haustür zu Haustür gefahren. Später eröffnete sie wieder einen Laden, diesmal mit Milch- und Käseprodukten. Ich denke, meine Oma war eine starke Frau, und sie achtete streng darauf, dass jedes ihrer Kinder eine Ausbildung machte. Sie hatte fünf Töchter und einen Sohn.

Ganz aufschlussreich, was aus den Frauen geworden ist. Zwei von den Töchtern meiner Großmutter, meine Tanten, haben vor dem Mauerbau in den Westen geheiratet und lebten dort, nachdem sie Kinder bekommen hatten, jede von ihrem Mann, der das Geld nach Hause brachte. Die anderen drei Frauen haben auch geheiratet, bekamen auch Kinder, blieben aber im Osten und standen, ohne sich je vom DDR-System einfangen zu lassen, im Beruf »ihren Mann«. Halt, stimmt nicht ganz. Die jüngste Tochter ist schon früh in den Westen und von dort nach Amerika abgehauen. Ihre Geschichte blende ich hier erst mal aus.

Denn wichtiger ist, welche Rolle die Frauen im Sozialismus fanden. Die sozialistische Urmutter Clara Zetkin hatte im 19. Jahrhundert schon die These aufgestellt, erst dann, wenn eine Frau wirtschaftlich unabhängig sei, wäre sie auch von der Unterjochung durch den Mann befreit. In der DDR wurde das zum Staatsziel erklärt. Es gibt sogar ein passendes Zitat von SED-Macho Walter Ulbricht aus dem Jahr 1962, das ausnahmsweise mal ganz lustig ist: »Ich weiß, dass es alte Auffassungen gibt, wonach die Frauen vor allem leichtere Berufe ausüben müssten. Aber, liebe Genossinnen, wir können den Sozialismus nicht nur mit Friseusen aufbauen. Ich bin auch für schöne Frisuren, aber das Wichtigste und Interessanteste sind gerade die technischen Berufe.« So viel immerhin hatte der merkwürdige Kauz mit dem vom Barbier gepflegten Spitzbart erkannt.

Und so war es in der DDR selbstverständlich, dass eine Frau Veterinäringenieurin wurde (diesen Beruf gibt es im Westen gar nicht), Bauzeichnerin oder Kranführerin, manchmal sogar »Heldin der Arbeit«. Ihr aus dem Westen mögt das als pure Ideologie belachen, aber, Wessis, es bedeutet auch eine besondere Achtung und Anerkennung der Frau.

Überhaupt solltet ihr endlich mal lernen, zwischen Agitation oder Propaganda und dem normalen Leben eines DDR-Bürgers zu unterscheiden. Dass wir alle in der Kinderkrippe in Reih und Glied auf dem Töpfchen gesessen haben, hat bei weitem nicht alle von uns autoritätshörig und systemkonform gemacht. Hättet ihr wohl gern so einfach, war aber einfach nicht so. Natürlich haben die DDR-Oberen und Gläubigen der Sozialistischen Einheitspartei versucht, alle Bereiche des Lebens mit ihrer Weltanschauung zu durchdringen, aber das heißt ja noch lange nicht, dass sie damit erfolgreich gewesen sind.

Ganz im Gegenteil, bei vielen Versuchen haben sich die depperten Greise, die den Mangel an Bildung mit auswendig gelernten Phrasen verdeckten, die sie allerdings Überzeugungen nannten, richtig lächerlich gemacht. Und das eben nicht nur im Westen. Ihre ideologischen Leerformeln haben wir spätestens ab der Schulzeit erkannt. Der Gähnreflex hat sich von da an als natürliche Gegenreaktion entwickelt, was aber nicht bedeutet, dass Kinderbetreuung und Arbeit der Frau, von Staats wegen organisiert, eine schlechte Sache waren.

Nein, es war weder alles schlecht, noch war alles gut in der DDR. Es war auch nicht alles gut oder schlecht im Westen. »Alles wird gut« – das gibt es nur in der Scheinwelt des Fernsehens. So viel Aufklärung, lieber Wessi, muss jetzt auch bei euch mal möglich sein.

Die Förderung der Frau war in der DDR nie umstritten. Deshalb können wir Ostfrauen mit dem Begriff »Emanzipation« wenig anfangen. Bei euch war das ganz anders, wie ein Blick zurück beweist. Bei euch war ein Kampf um die Emanzipation notwendig. Ich habe mir sagen lassen, dass zum Beispiel bis 1976 eine Frau nach Gesetzeslage im Bürgerlichen Gesetzbuch (BGB) verpflichtet war, den Haushalt zur Zufriedenheit ihres Mannes zu führen. Wollte die Frau berufstätig sein, brauchte sie vorher die Zustimmung durch ihren Ehemann. Der konnte diese – mit Berufung auf das Gesetz – auch verweigern. Selbst wenn das Gesetz nicht angewendet wurde und dieser Paragraph inzwischen gestrichen ist, es zeigt sich daran die Grundeinstellung eurer von Männern geprägten Gesellschaft und deren Frauenbild. Laut Statistik waren neunzig Prozent der Frauen im Osten in den Erwerbsprozess integriert, im Westen waren es nur vierzig Prozent. Fünf Prozent der Frauen in der DDR hatten keine abgeschlossene Berufsausbildung, in der Bundesrepublik waren es dreißig Prozent.

Dabei war das Ideal im Osten nicht etwa die nur auf sich bezogene Karrierefrau. Leitbild war immer die berufstätige Frau, die auch Mutter war. Und für die wurde einiges getan: Kinderkrippen, Kindergärten, Schulen mit Anbindung an einen Hort, wo die Betreuung der Kinder bis zum frühen Abend hin selbstverständlich war. Fakt ist, die Frauen im Osten bekamen im Durchschnitt 1,9, die im Westen nur 1,3 Kinder. Dabei gab es die Pille im Osten umsonst. Nicht etwa, damit beim Sex bloß keine Kinder entstehen, sondern damit die Frau den Zeitpunkt des Kinderkriegens selbstbestimmt planen kann. Kein Geld für Verhütung sollte nicht der Grund für ungewollte Schwangerschaften sein.

Die DDR unterstützte die Frauen aber nicht deshalb, um auch sie im Sozialismus besser gleichschalten zu können, wie ihr Westler gerne glaubt.

Die Einbeziehung der Frau als gleichberechtigter Partnerin war zunächst einmal eine pure Notwendigkeit, wie ein Blick in die Historie zeigt. Im Zweiten Weltkrieg waren viele Männer umgekommen, und die fehlten beim Aufbau aus den Ruinen. In der Zeit danach blutete der Osten, was seine Eliten betraf, bis zum Mauerbau weiter aus. Die gingen nämlich in den Westen, dem außerdem noch Gastarbeiter aus Italien, Spanien oder der Türkei zuströmten. Ihr konntet es euch also leisten, die Frauen im Hause zu halten. Ob das für die Frauen gut war, ist eine andere Frage. In euren fetten Wirtschaftswunderjahren, dank der Integration eurer Bundesrepublik in das marktwirtschaftliche

System der westlichen Alliierten, wurde die nicht berufstätige Ehefrau bei euch im Westen zum Statussymbol, ähnlich wie der Mercedes oder das schmucke Häuschen. War geschminkt und gestylt beim Abendmahl mit dem Chef vorzeigbar.

Weil man sich mehr aber dann doch nicht leisten konnte, ist die Frau an den restlichen Tagen des Jahres zur Putzfrau verkommen. Kaum eine fand in den immer wiederkehrenden, wenig lustvollen Tätigkeiten wie Saubermachen, Kochen und Waschen eine tiefere Befriedigung. Die Frauen, die mir davon berichteten, wirkten nicht glücklich, eher frustriert.

Da hatten es die Ostfrauen, die in ihrem Beruf öffentliche Wertschätzung genossen, tatsächlich besser. Auch wenn sie durch die Mehrfachbelastung von Beruf, Haushalt und Erziehung gestresst waren. Positiver Stress war das, und wer es erlebt hat, weiß aus eigener Erfahrung: Das meiste meistert Frau mit Hilfe guter Organisation. Meine Herren, meine Damen, liebe Wessis in den Chefetagen: Berufstätige Mütter sind kein ständiges Ausfallrisiko, sie sind Organisationstalente und als Profis fürs Komplizierte und Komplexe oft effektiver einsetzbar als Männer.

Die Berufstätigkeit jedenfalls hat die Ostfrauen selbstbewusst und unabhängig gemacht. Das ging so weit, dass es in der DDR nach einer Scheidung keinen Anspruch auf Versorgung durch den Ehemann gab. Wie viele von euch Westmännern stöhnen, dass sie von der Frau, die während der gemeinsamen Ehe zu Hause saß, nach der Scheidung abgezockt werden. Manche dulden deshalb lieber den Drachen im Heim, als ihm bis ans Lebensende von anderswo nach sonstwo Unterhalt zu zahlen. Außerdem kann sich die Ehefrau ja noch mit Hemdenbügeln und Kofferpacken für Dienstreisen nützlich machen. Auf solchen beklagen sich dann die Westmänner – hinter vorgehaltener Hand oder bei der Geliebten im Bett –, was die Gattin daheim so alles tagsüber treibt, wie sie immer weniger die Teller spült, aber mehr und mehr dem Champagnerkonsum verfallen ist, auch schon vormittags. Ich kann zwar nicht beurteilen, ob das stimmt, höre allerdings zu, wenn Kollegen so etwas erzählen.

Aber auch Umfragen und Statistiken bestätigen das Gehörte. Im Westen gibt es mehr Depressive und Essgestörte als bei uns, im von euch so beklagten Jammertal. Der prozentuale Anteil an Alkoholabhängigen ist bei euch, in den alten Bundesländern, fast doppelt so hoch wie im Osten. Es sieht also so aus, als sei es um die seelische Gesundheit der Ossis besser bestellt: Wir leiden seltener als ihr im Westen an psychischen Störungen, sind stabiler – und dies trotz DDR-Martyrium, Wendebelastung und Arbeitslosigkeit.

Psychologen meinen, es könnte daran liegen, dass Familie und Freundeskreis im Osten schon immer hoch geschätzt waren, was zu einem engeren menschlichen Zusammenhalt führte. Das zeigt auch eine Rangliste, die sich ergibt, wenn Institute nach den wichtigsten Werten im Leben fragen. Im Osten sind das: Arbeit, Familie und Freunde. Im Westen: Geld, Eigentum und die Altersversorgung.

Zurück zur Familie, zurück zu meiner. Ich konnte schon früh beobachten, dass meine Tante und meine Mutter, die beide – richtig vermutet, Wessi! – in der DDR berufstätig und mehrfache Mütter waren, stabiler sind und weniger Macken haben als ihre Schwestern aus dem Westen Deutschlands. Auch die Themen, mit denen sie sich beschäftigten und über die sie sich austauschten, sind nicht ganz so provinziell. Da gibt es mehr Gesprächsstoff als nur über den besten Weichspüler. Das hat auch mich geprägt.

Meine ersten »Berufserfahrungen« machte ich bereits in der ersten Klasse. Der Einstieg in den Arbeitsalltag kam mit dem Unterrichtsfach »Schulgarten«, wo wir Kinder für ein, zwei

Stunden pro Woche in einer Gärtnerei Arbeit fanden. Die Berufsbekleidung bestand aus Gummistiefeln und einer Dederonschürze (für Wessis: Dederon ist eine widerstandsfähige Synthetikfaser, die ein Leben lang hält, es sei denn, man hält ein brennendes Streichholz dran).

Wir haben Unkraut gezupft, Pflanzen gezüchtet und den Weg bis zur Ernte anhand dessen vollzogen, was unsere kleinen Hände schon selber leisten konnten. Ganz nebenbei habe ich noch Regenwürmer gesammelt und in die Seitentasche meiner bunten Schürze gesteckt. Die konnte meine Oma, die mit den Jahren wegen ihrer anderthalb Arme ganz schön krumm und schief geworden war, für ihre Hühner gebrauchen, also habe ich mich nützlich gemacht. Dafür gab es dann ein paar frisch gelegte Eier. Tauschhandel war nicht nur eine Frage des Wirtschaftssystems, es war auch eine Familienangelegenheit.

Einmal habe ich sogar vergessen, dass in meiner Schürzentasche noch die Würmer waren. Als ich eine Woche später dann erneut zum Schulgarten ging, habe ich mich sehr erschrocken, nachdem ich in die Seitentasche meiner Schürze gegriffen hatte. Ein weicher, warmer Ball. Die Regenwürmer, die sich ineinander verschlungen hatten. Das sah ekelig aus, aber sie lebten noch. Nun wusste ich, dass Regenwürmer offenbar sehr genügsame Überlebenskünstler waren.

Nach der Garten- und Erntearbeit kam die Zeit der Patenbrigade. Den Begriff Brigade kennt ihr ja. So hieß bei uns das, was ihr Team in einem Betrieb nennt. Und die Patenbrigade war so ein Team, das für eine Schulklasse die Patenschaft übernommen hatte, also für die verantwortlich war.

Unsere Paten, nicht zu verwechseln mit Patentante oder -onkel oder mit denen der Mafia gar, unsere Brigadepaten kamen in die Schule und stellten sich und ihre Arbeit vor. Danach sind wir Kinder in den Betrieb spaziert und haben uns die Arbeitsverhältnisse angeschaut. Das war spannend, gab uns das Gefühl, mächtig erwachsen und wichtig zu sein, das roch nach Abenteuer, war nicht so langweilig wie der gleichförmige Schulalltag.

Nach der vierten Klasse waren dann die UTP-Tage dran, die »Unterrichtstage in der Produktion«. Die waren obligatorisch. Wir waren zunächst bei einer Baufirma eingeteilt, wo wir Wände streichen und Heizkörper bemalen lernten. Fähigkeiten, die für die Besetzung der ersten Wohnung später mal von großem Nutzen waren. Danach sind wir dann sogar als ganze Klasse mit dem Zug ins südliche VEB-Kombinat Böhlen gefahren. Dort lernte ich Punktschweißen.

Ich stand mit Helm und Schweißerbrille an der Maschine, die Funken flogen und Metallteile wurden zusammengeführt. Mir hat das Spaß gemacht, ich kann nicht sagen, dass irgendein Tag in der realen Produktion lästig war. Zugleich hat man ganz nebenbei mitbekommen, was es bedeutete, »auf Arbeit« zu gehen, und ahnte, dass Leben kein Freizeitvergnügen ist, der Alltag im Betrieb aber durchaus vergnüglich sein kann.

In den Sommerferien legte uns die Schule den Aufenthalt in so genannten Lagern für »Arbeit und Erholung« nahe. Die Teilnahme war freiwillig, doch die meisten aus der Klasse machten mit, denn da bot sich die erste Gelegenheit, ohne Eltern zu verreisen. Wir fuhren in einen Tagebau, nicht weit von Leipzig entfernt, in ein Zeltlager nach Regis-Breitingen. Jeden Morgen wurden wir in verrosteten Werksbussen zur Arbeit gebracht. Am Rand der Abbaugrube setzte man uns aus, dann mussten wir zu Fuß in das Erdloch absteigen. Unten angekommen bekamen wir einen Teufel in die Hand und den Auftrag, Schienengleise damit zu verschieben.

Einen *Teufel*?

Jeder Schaufelbagger, der erst Dreck und dann irgendwann

die wertvolle Kohle aus der Tiefe holt, bewegt sich wie ein Zug auf Schienen hin und her. Und da es wie bei einer Melone, die ausgehöhlt wird, Stück für Stück an die Bodenschätze geht, müssen die Schienen, auf denen der Bagger fährt, ebenso Stück für Stück verschoben werden. Diese Aufgabe hatten wir, eine Fünfer-Mädchenbrigade. Wir rammten also den Teufel – eine lange, schwere Eisenstange – unter die Holzbohle, an der die Gleise befestigt waren, und hängten uns dann, das Hebelgesetz aus dem Physikunterricht in der Praxis anwendend, hinten auf die Stange. Danach bewegte sich der dicke Holzbalken. Manchmal.

So arbeiteten wir uns langsam und mühsam Zentimeter für Zentimeter voran. Mittags traten wir den langen Weg aus dem Erdloch hin zur Kantinenbaracke an, die am oberen Rand des Tagebaus lag. Dort gab es für hart schuftende Arbeiter wie uns schwere Klöße mit fetter Soße und speckigem Braten. Die ersten Tage habe ich direkt nach dem Essen alles wieder ins Plumpsklo neben der Baracke gespuckt.

Nachdem wir eine Woche Tagebau hinter uns hatten, waren wir ziemlich erschöpft. Die erste Brigadekollegin war auch schon wegen angeblicher Krankheit wieder nach Hause gefahren. Wir empfanden das als Kapitulation, meinten, die Beschwerden seien lediglich wirkungsvoll simuliert. Lorbeeren hatte sich dieses mimosenhafte Fräulein für ihre Zukunft in der Schule damit jedenfalls nicht erworben.

Der Rest der Viererbande kämpfte mit dem Teufel weiter. Weil es Sommer war, wurde es an manchen Tagen ziemlich heiß. Einmal konnten wir nicht anders und haben uns nach dem Essen, zurück unten in der Grube, in den Dreck neben die Gleise gelegt und sind alle vier ruck, zuck eingeschlafen. Der Leiter der Tagebaubrigade riss uns Mädchen mit seinen Stiefeln unsanft aus den Träumen. Es war das erste und letzte Mal in meinem

Leben, dass ich mit Tritten geweckt worden bin. Doch wenn ich mich jetzt so beim Schreiben daran erinnere, merke ich, dass es die einzige schlechte Erfahrung gewesen ist. Ansonsten waren die Abende im Zelt, die ersten Flirts mit den Jungs aus der höheren Klasse, einfach toll. Ein tatkräftiges Mädchen zu sein, das etwas leistete, war ein gutes Gefühl - und es basierte sicher nicht auf der frühen Prägung durch die gemeinsame Töpfchensitz- und Mach-AA-Zeit.

Wenn ich heute junge Menschen höre, die keine Ahnung haben, was sie nach der Schule machen sollen, vielleicht weil sie erlebt haben, dass ihre Eltern schon seit Jahren arbeitslos sind - und solche Familien gibt es im Osten immer mehr -, dann wünschte ich denen Schulgarten, Patenbrigade und/oder UTB, so wie wir es erlebten. Eine simple Sache, aber die würde ganz sicher helfen.

Im Osten, Wessis, liegt die Zukunft, im positiven wie im negativen Sinn. Was die Rolle der Frau anbetrifft und den Bezug der Schüler zur beruflichen Praxis, war die DDR einfach zukunftsweisend. Aber auch bei solch traurigen Themen wie Arbeitslosigkeit und Abwanderung ist der Osten Avantgarde. Hier könnte sich der Wessi schon mal vorsorglich schlau machen. Denn was sich hier schon jetzt abspielt, steht dem Westen noch bevor.

Manche von euch Wessis grummeln ja, falls nicht so viele Frauen im Osten gearbeitet hätten und nach wie vor Anspruch auf Arbeit erheben würden, hätten wir nicht so eine hohe Arbeitslosigkeit. Wir im Osten sehen es anders, wir wünschen allen Frauen, die arbeiten wollen, einen Job, denn schließlich brauchen wir Einzahler in die Rentenkassen.

Als ich neulich eine Arbeitskollegin fragte, die auch in der DDR aufgewachsen ist, was ihr eigentlich zum Thema »Frauen in der DDR« einfalle, sagte sie wie aus der Pistole geschossen:

»Meine Mutti ist Abteilungsleiter. / Sie steht jeden Tag ihren Mann.« Ein Kinderlied aus der DDR, das auch gern mal als Gedicht aufgesagt wurde. Da schauten wir uns an und fingen prustend an zu lachen. Denn genauso war sie eben, die DDR, eine komische Mischung aus ernsthaften Idealen – Mutti ist Abteilungsleiter – und Absurdität –, sie steht jeden Tag »ihren Mann«. Den Text schrieb Heinz Kahlau. Ich habe mir seine Verse jetzt noch einmal angeschaut und immer wieder diese leise Spur von Ironie entdeckt, denn schon in der folgenden Zeile heißt es weiter: *»Nur zu Hause kommt sie gar nicht weiter, / packe ich im Haushalt nicht mit an.«*

Zweite Strophe: *»Kommt sie müde vom Betrieb nach Hause, / und ich habe nichts für sie gemacht, / hat sie nicht die allerkleinste Pause, / und sie plagt sich weiter bis zur Nacht.«* Erzählt im Lied der kleine Klaus und ahnt schon, was ihn später als Ehemann erwartet. Etwas resigniert stellt er dann in der dritten Strophe fest: *»Habe ich dann manchmal eine Frage, / meine Mutti, die ist nämlich klug, / ist ihr jede Antwort eine Plage, / und sie sagt: Sei still, ich hab genug!«*

Doch auch Klaus ist, wunderbar, nicht dumm und übt mutig seine Rolle ein: *»Lauf ich aber, selber einzukaufen, / und der Abwasch türmt sich nicht mehr so, / braucht die Mutti nicht herumzulaufen, / und sie ist am Abend richtig froh.«* Und dann kommt der Höhepunkt der frühkindlichen Selbsterkenntnis: *»Deshalb mach ich ihr die Arbeit leichter,/ und ich spiele erst, wenn alles blitzt, / denn dann hab ich mehr von meiner Mutti,/ und ich habe ihr und mir genützt.«*

Bravo! Mehr an Erziehungsberatung ist nicht nötig. Keine antiautoritären Verwirrungen, Kinder brauchen Orientierung und wollen wissen, wo's langgeht und wie man gemeinsam glücklich werden kann. Viel mehr hat die 2004 so erfolgreiche »Super Nanny« in ihrer Sendung, wo Familienprobleme zur

Volksbelustigung im Fernsehen dargeboten werden, auch nicht zu sagen.

Uns Ostkindern wurde – zumindest früher – beigebracht, wie wichtig es ist, sich hilfreich in die Familie einzubringen, während die Wessikinder brav in Kursen wie »Knigge für Kleine« saßen und sich auf zweifelhafte Weise amüsieren mussten.

Mein Lieblingskinderlied war: *»Wenn Mutti früh zur Arbeit geht, / dann bleibe ich zu Haus. / Ich bind mir eine Schürze um / und feg die Stube aus. / Essen kochen kann ich nicht, / dafür bin ich zu klein. / Doch Staub hab ich schon oft gewischt, / das wird die Mutti freu'n«.*

Na, Wessi, kennst du dieses Lied?

Nein, natürlich nicht. Woher auch?

Denn DDR-Kinderlieder haben dich – wie so vieles andere auch – nie interessiert. Beim Osten hört der westlich verbreitete bürgerliche Drang nach umfassender Bildung plötzlich auf. Kann doch nicht gut sein, was aus dieser Himmelsrichtung riecht. Und dabei ist es schön, dieses Kinderlied. Kinder, die es hören, lieben es, und nicht nur das. Es zeigt noch einmal, wie das Verhältnis Mutter–Kinder in der DDR war. Nicht Knigge für Knirpse wurde trainiert, sondern zu helfen wurde eingeübt. Die Unterstützung der Mutter war wichtiger, als Papi die Pantoffeln unter die Füße zu schieben. Und dann hat man fürs Leben auch mehr gelernt, als sich späterhin nur auf Mama und Papa und dem Erbe auszuruhen.

Nein, es geht nicht darum, die DDR zu verklären. Und ich habe durch mein Elternhaus, das religiös war und nicht systemkonform, erhebliche Benachteiligung erlebt. Aber solange ich in der DDR lebte, gehörte das dazu, musste man damit rechnen, war das irgendwie normal. Richtig wütend geworden bin ich erst, als ich im Westen erlebte, dass dort nicht weniger, nur anders blockiert wird. Ich dachte, ich sei endlich in einem freien

Land der vielfältigen Möglichkeiten angekommen, und machte so ganz andere Erfahrungen.

Das fing schon an, als ich weiterstudieren wollte. Ich musste eine »Bewertung meiner Vorbildungsnachweise aus der DDR« beantragen. Nun war es natürlich für mich als Republikflüchtling denkbar schwer, an meine Zeugnisse zu kommen. Denn die konnte ich bei meiner ja nur für einen dreitägigen Verwandtenbesuch gestatteten Ausreise nicht mal eben so in meinen Koffer packen. Da hätten die Grenzsoldaten bei einer Kontrolle gleich die Fluchtabsicht gerochen und mich verhaftet. Ich hatte Glück. Ein Journalist aus dem Westen, den ich um Hilfe bat, hat nach meiner Flucht entsprechende Dokumente aus der DDR von meinen Eltern besorgt und in den Westen geschmuggelt. Ohne diesen Transfer hätte ich bei euch nicht studieren können.

Ich hatte dann beantragt, mir die allgemeine Hochschulreife anzuerkennen, schließlich hatte ich in der DDR einen Beruf gelernt, eine Fachschulausbildung gemacht und über eine Sonderreifeprüfung bereits zwei Jahre in Leipzig und Ostberlin Theologie studiert. Dieses Studium war sehr straff organisiert – von wegen »Ich schaue mal und horche tief in mich hinein, wann ich welche Scheine und Prüfungen mache«. Es gab einen festen Studienplan mit Examina in jedem Semester, und wer die nicht schaffte, musste die Universität verlassen.

So hatte ich in den zwei Jahren schon mein Latinum, Graecum und Hebraicum »mit Auszeichnung« hinter mich gebracht. Nein, es liegt mir fern, damit anzugeben, ich komme ja aus dem Osten, ich sage das nur deshalb, um deutlich zu machen, wie sehr es mich traf, als mir das zuständige Kultusministerium keine allgemeine Hochschulreife zusprach und meine »Durchschnittsnote« für das weitere Studium der Theologie mit »ausreichend« festsetzte. Eine Note (4,0), die ich bisher von keinem meiner Zeugnisse kannte. Da wurde ich also aus politischen

Gründen in der DDR nicht zum Abitur zugelassen – Zustände, die der Westen immer lauthals kritisiert hat. Sie waren bekannt. Doch den Mann aus der Behörde interessierte das nicht. War ja nicht sein Problem. Er hatte seine Vorschriften. Meine Magisterprüfung habe ich dann – vielleicht ein wenig aus Trotz – »mit Auszeichnung« absolviert.

Doch die Wessiignoranz hatte noch weitere Höhepunkte für mich parat: als ich mich am Ende des Studiums um ein Volontariat bewarb. Da erhielt ich, und das war ernst gemeint, folgende Antwort: »Vielen Dank für Ihre Bewerbung [...] und Ihr Interesse an einer Volontärsausbildung in unserem Hause. Wir können Sie bei der Vergabe von Volontärsplätzen leider nicht berücksichtigen, da Sie die Grundvoraussetzungen für eine journalistische Ausbildung – das Abitur – nicht erfüllen.« Mit diesen Sätzen und besten Wünschen für meinen weiteren beruflichen Werdegang schickte man mir meine Bewerbungsunterlagen zurück. Diese Ablehnung traf mich ins Herz. Hatte ich doch in meinem Lebenslauf erklärt, warum ich in der DDR kein Abitur machen durfte und weshalb ich später über eine Sonderreifeprüfung an die Hochschule zum Studium gekommen war, somit also Abiturreife nachgewiesen hatte, durch die guten Studienergebnisse sowieso.

Ich weiß nicht, ob es für einen Wessi nachvollziehbar ist, dass ich vor allem deshalb so tief enttäuscht war, weil ich gerade von Journalisten im Westen Verständnis für Biografien aus dem Osten erwartet hätte. Ich wusste ja, dass der Kampf um einen Volontärsplatz beim Fernsehen nahezu aussichtslos war, weil es Tausende von Bewerbern auf einige wenige Stellen gab. Aber mit welcher Arroganz man mich aus rein formalen Gründen wegen angeblich nicht vorhandener Grundvoraussetzungen gleich aus der Bewerberschar rauskegeln würde, hätte ich nie für möglich gehalten.

Lese ich heute mein Antwortschreiben an den entsprechenden Herrn, den ich nie telefonisch erreicht habe, spüre ich erneut die Empörung. Meinen Vorwurf, man habe nur aus formalen Gesichtpunkten heraus entschieden, weil bei mir unter der Rubrik »Abitur« kein Kreuzchen zu machen war, aber nicht nach tatsächlichen Voraussetzungen geschaut, kann ich heute noch nachvollziehen. Ich habe damals konkret gefragt, ob Menschen mit ihren Fähigkeiten, Schicksalen und Biografien zur Debatte stehen oder nur Akten mit Kreuzen und Strichen, in denen der Mensch nur noch als Objekt der Bürokratie behandelt und eingeordnet wird. Eine Erfahrung, die übrigens viele Ossis nach der deutschen Wiedervereinigung mit Wessis machten.

Auch eine persönliche Anmerkung konnte ich mir in meinem Antwortbrief nicht verkneifen. Es war mir doch tatsächlich schon 1991 klar, dass die »euphorische Phase der Wiedervereinigung und der Versuch einer beruflichen Rehabilitierung wohl vorbei«, stattdessen im Zuge der Furcht vor neuer Konkurrenz wohl eine »andere Gangart an der Tagesordnung sei«. In diversen Telefonaten, die ich dann noch mit den Vorzimmerdamen führte, wurde mir nicht nur von oben herab dargelegt, dass schließlich auch andere Bewerber aus der DDR Abitur hätten, mir wurde zudem geraten, ich könne das Abitur ja nachholen. Das war völlig absurd, denn ich stand damals bereits kurz vor meiner Magisterprüfung. Ich traute mich dann noch nach Ausnahmeregelungen zu fragen. Darauf wurde mir barsch mitgeteilt, dass man nicht die »Auskunft« sei.

Die Stille, die sich nach so einem Dialog mit dem Auflegen des Telefonhörers ausbreitet, kann furchtbar sein. So jedenfalls habe ich auch die harte Seite des Westens relativ zügig mitbekommen und wiederum doch Glück gehabt, denn ein weiter südlich gelegener Fernsehsender hatte keine Probleme mit meiner Bewerbung.

Meine Oma, übrigens die Frau mit den anderthalb Armen, hat von diesen Zeiten nichts mehr mitbekommen. Sie hat es nicht mehr bis zur Wende geschafft. Sie starb 1984 nach einem wahrhaft ausgefüllten und kämpferischen Leben im beachtlichen Alter von dreiundachtzig Jahren. Nicht zu vergessen ihre jüngste Tochter, meine Tante, die nach Amerika gegangen war und die drei Kinder auf die Welt brachte. Mit ihren heute sechzig Jahren ist es für sie eine Selbstverständlichkeit, dass sie zwei Jobs hat. Zum einen verkauft sie kalifornischen Wein und managt dazu noch einen Einkaufsshop im Internet. Zum anderen schreibt und zeichnet sie Kinderbücher. Willkommen in der neuen Arbeitswelt. Mit ihr sind wir Ostfrauen am besten vergleichbar.

Wir waren und sind es gewohnt, die Verantwortung für uns selbstbewusst zu tragen, und das hat die DDR durch die vielfältige Unterstützung der Frauen möglich gemacht. Dabei haben wir uns keineswegs dümmlich auf Papa Staat verlassen oder auf dem Ehemann als Versorger ausgeruht, so was Simples glaubt nur ihr.

Also, Westler, noch einmal langsam, damit auch ihr es begreift: Ihr seid immer sehr schnell der Meinung, dass bei uns in der DDR alles nur dürftig und beschränkt war – am besten in den Abfalleimer der Geschichte damit. Die DDR als faule Tomate, die auch noch schimmelig war.

Ihr dagegen habt uns wie Könige aus dem Morgenland neue Werte gebracht, denkt ihr. Nun ja, das ein oder andere genießen wir auch, erinnern uns dabei aber an vieles, was uns früher viel bedeutet hat. Diese Werte vermissen wir.

Wenn ihr das nicht, warum auch immer, erkennen könnt, richtig, dann bleibt ihr uns fremd.

Dann bleiben *wir* uns fremd.

BIS ES VOLL IS!
AUFBAU OST
OSSI

9 **West** gegen Ost: Ihr seid einfach unersättlich

Einer von euch, ehedem Oberst im berüchtigten Ministerium für Staatssicherheit, der im neuen Deutschland Überzeugung und Handfeuerwaffe behalten hatte, langweilte sich in seiner sozialverträglich verrenteten Hängematte in Thüringen. Saufen füllte ihn ab, aber nicht aus. Da es aber vor Ort vorbei war mit Mauer und Todesstreifen, wo er sich hätte abreagieren können, ballerte er auf die Frösche im Teich einer Nachbarin. Sie störten ihn, weil sie quakten.

Sind wahrscheinlich aus alten Bundesländern eingewandert, denn der Ort dieses Geschehens liegt zwischen Eisenach und Bad Hersfeld. Aus dem Westen waren die Frösche an Quakfreiheit gewohnt. Der Scharfschütze schoss sie erst nach Einbruch der Dunkelheit ab, wenn bei ihrer Herbergsmutter der Fernseher laut aufgedreht war, benutzte aber sicherheitshalber einen Schalldämpfer.

Sein hinterlistiges Treiben wäre nie herausgekommen, hätte er stets getroffen. Da aber der Genosse Oberst oft blau war, ging mancher Schuss daneben. Irgendwann sah sich seine Nachbarin deshalb gezwungen, der Sache auf den Grund zu gehen, denn ihr künstlicher Teich, den sie übers Jahr selbst angelegt hatte, war ausgelaufen. Bleiche Froschschenkel lagen auf der schwarzen Plastikhaut, die Boden und Wände des Teiches abdichten sollte. Durch viele Löcher in der Plaste war das Wasser versickert. Der Todesschütze von nebenan, der als Täter schnell ermittelt war, weil er im Suff lauthals mit seiner Leistung prahlte, hatte nicht nur Frösche getroffen.

Die Nachbarn, die sich bald vor Gericht trafen, arbeiteten mal in der gleichen Branche. Da sie Ex-Staatsbedienstete waren, wurden ihre Zusatzrenten wie die vieler anderer aus dem Solidarpakt eins, Abteilung teilungsbedingte Sonderlasten, finanziert. Der war dafür gedacht, mit Altlasten wie ihnen aufzuräumen, und nicht dafür, sie materiell aufzurüsten.

Mich hat keiner gefragt, ob ich bereit sei, mit diesem Pack einen solidarischen Pakt zu schließen und von selbst Verdientem diesen Ostlern was abzugeben. Ich würde im Gegenteil alle lebenden Altlasten, die ehemaligen Büttel des Ministeriums für Staatssicherheit, auf die Mindestsumme von Hartz IV setzen und dann per Ein-Euro-Jobs zwingen, die immer noch vorhandenen toten Altlasten des sozialistischen Systems wegzuräumen – von strahlenden Landschaften à la Wismut Aue bis hin zu Bunkern ihrer ehemaligen Armee.

Die Geschichte vom Teich der toten Frösche ist charakteristisch für die Zone: Schwarze Löcher sind erst sichtbar, wenn alles zu spät ist. Ihr Ossis bleibt nicht nur wegen mentaler Befindlichkeiten für viele Jahre Pflegefälle, die wir werden versorgen müssen, die am Tropf hängen und stöhnen, die uns keine Ruhe gönnen, sondern mehr noch wegen eurer raffgierigen Mentalität, die uns Milliarden kostet. Bis tatsächlich die Lebensverhältnisse angeglichen sein werden. Unsere an eure, nicht eure an unsere. Was daran liegt, dass ihr nachhaltig von unserer Substanz zehrt und wir irgendwann auf euer von uns gehobenes Niveau gesunken sein werden.

So hatten wir uns das nicht vorgestellt mit der Gleichheit, Brüder und Schwestern. Ihr seid unersättlich wie afrikanische Heuschrecken. Ein Vergleich, der hinkt wie manch anderer Ost-West-Vergleich auch. Denn es gibt natürlich Unterschiede. Afrikanische Heuschrecken fressen den Eingeborenen die Felder kahl und hinterlassen verdorrte Landschaften. Die ostdeutschen Schrecken lebten in verdorrten Landschaften und fressen nun uns kahl.

Niemand kann behaupten, wir hätten euch radikal links oder rechts liegen lassen, bevor ihr euch für Radikale links oder rechts entschieden habt. Niemand kann bestreiten, wir hätten euch nicht lange Zeit klaglos gegeben, was ihr verlangt habt, bevor uns euer Gejammere auf den Geist ging. Niemand kann leugnen, wir hätten euch nicht verziehen, was ihr früher an üblen Hetzparolen über uns verbreitet habt, bevor ihr euch die Lügenbolde des Volkes wieder als volksnahe Lichtgestalten zurechtgebogen habt.

Wir hätten stattdessen früh schon sagen können, nun seht mal zu, wo ihr bleibt, nachdem die ersten zwanzig Milliarden D-Mark bereits vor dem als Nationalfeiertag umjubelten 3. Oktober 1990 ausgegeben waren. Wir hätten sogar sagen können, nehmt euch ein Beispiel an Rumänien und an Bulgarien und an Tschechien und an der Slowakei und an Polen etc., diese befreiten Staaten müssen es ohne Hilfe von außen schaffen. Doch wir ließen euch nicht im Stich, und wir ließen zu, dass ihr eure Lage nicht mit der in diesen Ländern verglichen habt, sondern mit der bei uns.

Ich hätte dieses Kapitel auch damit beginnen können, dass ich Nackte auf den Tisch legte. Nackte? Macht euch keine Hoffnung, ab hier ginge es locker weiter und nicht so schwierig. Nein, es geht nicht darum, wie ihr euch am liebsten seht, es geht um nackte Zahlen. Mit denen seid ihr noch nie so recht warm geworden, also muss ich euch mal wieder die Hand führen, damit ihr mitschreiben könnt.

Zwischen 1990 und 2004 sind etwa 1250 Milliarden Euro in den Aufbau Ost geflossen, und wenn es wirklich wahr gewesen wäre, wie ihr jetzt immer mit verklärtem Zonenblick behauptet, dass bei euch so schlecht nicht alles war und in einigermaßen akzeptablem Zustand – bis auf Kleinigkeiten wie Industrien, Schienen, Straßen, Innenstädte, Umwelt, dann wäre es ja nicht nötig gewesen, euch zweitausendfünfhundert Milliarden Mark rüberzuschieben, nicht wahr?

Also ist es wohl nicht wahr, dass es bei euch vitale Landschaften und eine funktionierende Infrastruktur und konkurrenzfähige Industrie gegeben hat und dass es nur die bösen westdeutschen Kapitalisten waren, die mit Hilfe der Treuhandanstalt eure Wirtschaft platt gemacht und euch in die Armut gejagt haben.

Diese Summe, die ich oben für euch noch einmal umgerechnet habe in die euch vertraute alte D-Mark, nach der ihr 1990 in Sprechchören gegiert habt und für deren Empfang ihr euch vor den Ausgabeschaltern gegenseitig weggetreten habt, wird von manchen sogar auf 1500 Milliarden geschätzt – ab jetzt wieder Euro –, aber wir nehmen die unterste Grenze. Das ist der sog. Bruttotransfer. Brutto und Netto waren zwar für euch einst Jacke wie Hose, fehlfarbene Windjacke wie fleckfarbene Nietenhose, doch inzwischen solltet ihr den Unterschied begriffen haben.

Brutto also.

Weil auch ihr etwas beitragt zum Steueraufkommen, aus dem die gesamten Transfers bezahlt werden, ist es nur fair, davon abzuziehen, was ihr zur deutschen Einheitslast beisteuert. Anteil Ost bei gesamtdeutschen Lohnsteuern rund vier Prozent, etwa gleich viel bei Einkommensteuern und beim Soli. Umsatzsteuer macht zehn Prozent aus, Körperschaftssteuer ein Prozent. Insgesamt müssen etwa zehn Prozent Ost vom Gesamttransfer abgerechnet werden. Bleiben aber netto, immer noch angenommen unterste Grenze, etwa 1150 Milliarden Euro aus dem Westen.

Eintausendeinhundertfünfzig Milliarden Euro für den Aufbau Ost, zu dem wir uns aus familiären Gründen politisch und moralisch verpflichtet fühlten, klingen gewaltig, sind aber bei genauer Betrachtung nicht so gewaltig aufbauend. Denn nur ein knappes Fünftel davon ist für die notwendige Infrastruktur verwendet worden, die Sanierung eurer Plattenbauten und Ruinen, die Reparatur der Straßen und Brücken und Schienen und Bahnhöfe, sowie zur Förderung von neuen Unternehmen, auf dass die ein paar

Landschaften blühen lassen. Also für den tatsächlichen Aufbau Ost.

Der große Rest, mehr als 800 Milliarden Euro, ist nicht nur versickert wie das Wasser in jenem Teich, verschwunden in irgendwelchen Löchern. Damit mussten wir angesichts eurer bekannten Begabung für Statistiken und Pläne und Bilanzen ja rechnen. Sondern wurde verbraucht für Arbeitslosengeld, für Renten und für die alltägliche Verwaltung eurer steigenden Ansprüche.

Dagegen ist wiederum nichts einzuwenden, weil ihr seit 1990 nun mal zur Familie gehört, zwei Millionen von euch inzwischen bei uns im freien Westen wohnen und arbeiten und – nein, ich habe es nicht vergessen! – Steuern und Abgaben bezahlen. Eure Arbeitslosen und Rentner besitzen zwar ein natürliches Menschenrecht auf Unterstützung wie die unseren auch. Allerdings haben unsere ihre Rechte viel teurer erworben, haben in die Sozialsysteme, aus denen sie finanziert werden, ein Leben lang entsprechend einbezahlt.

Der notwendige Aufbau Ost diente also auch dazu, den nötigen Abbau Ost sozialverträglich zu gestalten. Aus der sozialen Hängematte habt ihr mit Unterstützung der Baumärkte und aufgrund eurer in anderen Zeiten fürs Überleben erworbenen handwerklichen Fähigkeiten eine Couch gebastelt, die in eure blühenden Wohnlandschaften gestellt, euch darauf geräkelt, ein paar Pornovideos eingeworfen und Plakate gemalt, die ihr dann bei Demonstrationen gegen Hartz IV auf die Straße getragen habt.

Andere Länder, andere Sitten. Wer im italienischen Mezzogiorno lebt, beklagt sich nicht, dass man in Mailand besser lebt, sondern freut sich über die Sonne und das einfache Leben. Wem das nicht mehr genügt, macht sich auf in die Ferne und sucht dort einen Job, wartet nicht, bis sich die aus Mailand bei ihm melden. Haben wir abschätzig als italienische Verhältnisse bezeichnet, diese natürlich gewachsenen Unterschiede zwischen Süd und Nord. In deutscher

Selbstüberschätzung verkündet, es sei bei uns ganz anders, nur eine Frage des Willens, Berge zu versetzen oder aus Abraumhalden Baggerseen mit Yachthafen zu gestalten. Die Ergebnisse dieser Fehleinschätzungen sind zu besichtigen.

Dass ihr alles geglaubt habt, was gewisse Wessis euch erzählten zwischen schiefer Tür und verrosteter Angel, ist so viele Jahre nach dem Mauerfall nicht mehr allen Wessis anzukreiden. Die Türen übrigens, ich wiederhole mich, aber das ist bei euch ja nötig, sind neu oder frisch gestrichen, die Angeln geölt. Ob ihr sie neugierig öffnet oder euch dahinter grollend einbunkert, ist allein eure Entscheidung.

Tut mir übrigens Leid, dass ich euch quälen muss, aber es ist anstrengender, mit Zahlen und Fakten zu argumentieren als wie ihr mit ein paar Vorurteilen.

Weiter also, in diesem Sinne, in meinem:

Solidarpakt eins und Solidarpakt zwei haben nichts zu tun mit der Solidaritätsabgabe. An so verbrämten Begriffen ist nichts freiwillig – gemeint sind Zwangsabgaben. Alles wird aus Steuern finanziert. Die müssen erwirtschaftet werden. Solibeitrag zahlen deshalb auch achtzig Prozent der Ossis im arbeitsfähigen Alter, also alle, die Arbeit haben, was prozentual etwa der Zahl derer entspricht, die schon zu DDR-Zeiten wirkliche Arbeit zu leisten hatten und nicht in Beschäftigungsbrigaden ohne Beschäftigung beschäftigt wurden. Nicht nur Westmanager haben eure Wirtschaft zugrunde gerichtet, denn die war schon kaputt, als sie zu ihrer Rettung gerufen wurden, es waren die Sozialisten, deren Nachfolger ihr derzeit wieder so eifrig in die Parlamente wählt.

Von den bisher transferierten Milliarden hätten wir nicht nur ganz andere Länder kaufen können, in denen es wärmer ist als bei euch und öfter gelacht und getanzt und fröhlich gesungen wird trotz aller alltäglicher Not – Kuba und Jamaika. Es hätte der Rest außerdem noch gereicht für ein rundes Dutzend ehemaliger Sowjetrepubliken. Die waren und sind ärmer dran als ihr, aber sie haben gewisse innere Werte – unerschlossene Erdgas- und Ölfelder.

Unser Geld ist nicht nur weg für immer, von euch Zonis verschlungen, es ist versickert, ohne die gewünschte Wirkung: blühende Landschaften zu zeitigen. Hätten wir nicht seit 1990 Jahr für Jahr Milliarden für euch aufbringen müssen, würde es uns heute, trotz aller selbst verschuldeter – *selbst* verschuldet! – Probleme wie Verkrustung, Verfettung, Vergreisung, im Wohlstandsland West noch gut gehen. Trotz fehlender Weitsicht, uns rechtzeitig auf magere Jahre vorbereitet zu haben. Wir könnten aus eigener Kraft unsere Problemzonen West so renovieren, wie wir es mit der Problemzone Ost vorbildlich vorgemacht haben.

In eurem Jammertal hilft nicht das Revival einer Schutz- & Sonderzone (für Ossis: Revival = rückwärts immer, vorwärts nimmer), selbst wenn eine solche Zone mit niedrigeren Steuersätzen und subventionierten Löhnen unter anderen als den bisherigen Bedingungen geschaffen würde. Also nicht Milliarden in ein dunkles Loch wie ehedem bzw. in ein Fass ohne Boden wie seitdem geschüttet, sondern die euch nun mal zugesagten Beträge sinnvoller eingesetzt werden. Das Comeback einer geschützten Zone dürfte uns ebenso viel kosten wie jetzt die Beackerung der ungeschützten, keinen Cent könnten wir sparen, aber Sonderzonen zu gründen inmitten eines um andere Ostzonen erweiterten Europas ist volkswirtschaftlicher Wahnsinn und betriebswirtschaftlicher Schwachsinn.

Das sagt euch erst mal gar nichts.

Betriebswirtschaft war die Umschreibung dafür, wie lange eine HO-Gaststätte in Betrieb war. Nach der Einheit herrschte in den nach ihren Besitzern »Zum Raffgierigen Rico« oder »Zur Miesepetrigen Melanie« genannten Wirtschaften dann Hochbetrieb, wenn an den Stammtischen längst verlorene Schlachten gewonnen wurden. Wenigstens die Wirte haben an den postsozialistischen Kampftrinkern verdient. Eine funktionierende Volkswirtschaft gab es in der DDR nicht. Um euch, das planverwirtschaftete Volk, zu versorgen, hätte es nach der Einheit gereicht, unsere Produktion im Westen um rund achtzehn Prozent hochzufahren.

Wollt ihr alles nicht mehr hören. Es ist viel bequemer, gegen westliche Abzocker und Abwickler und Halunken zu stänkern, die sich bei euch schamlos bereicherten und in widerwärtigster Art und Weise zu Millionären wurden. Aber die Geschichte dieser Halunken ist nur eine Wahrheit, und die andere muss gleichfalls ausgesprochen werden. Der eine Volksmund weiß, dass hinterher immer alle klüger sind als vorher, und der andere Volksmund weiß, wichtig ist, was hinten rauskommt. Damit meinte Helmut Kohl allerdings nicht nur euch an sich, sondern das Prinzip seiner Politik als solcher.

Eure Volkseigenen Betriebe unter dem Dach der Kombinate waren eigenartige Betriebe, denn sie konnten auf ihre Art nur bei euch funktionieren. Was die Kombinate im klassischen Sinne verdienten – wenn sie denn einen Ertrag hatten und nicht nur zwecks Planerfüllung rechtzeitig zum DDR-Nationalfeiertag, dem 7. Oktober, die Bücher frisierten –, durften sie nicht etwa für nötige Investitionen in ihren VEBs einsetzen, sondern mussten sie abführen an den Staatshaushalt. Der finanzierte damit den sozialistischen Realismus von billigen Wohnungen, billigen Grundnahrungsmitteln, billigem Nahverkehr. Gab dann seinen Industriekolossen Jahr für Jahr einen Kredit, was innerhalb des Kreislaufs in der abgeschotteten DDR nicht weiter störte, erst unter dem verlogenen Begriff Altschulden in den Bilanzen dieser Firmen auftauchte, als wir bei euch auftauchten. Euer Wirtschaftsminister Günter Mittag, der in den 221 Kombinaten zur Kontrolle der Direktoren eine Stasiebene installierte, hatte zentral gesehen alles im Griff, nur die Kosten nicht.

Die westdeutschen Manager, die dem Ruf des geeinten Vaterlandes gefolgt waren und nicht beim ersten Anruf gleich erschreckt aufgelegt hatten, um nie wieder zurückzurufen, neigten noch zu Scherzen wie diesem: Was ist ein ostdeutscher Breakeven? Wenn der Verlust den Umsatz erreicht. War zwar ganz witzig, war aber leider auch wahr. Die alerten Industriebosse aus dem Westen hätten es besser wissen müssen, hatten sie doch oft mit Wirtschaftsdelegationen den Osten besucht. Aber sie waren geblendet. Haben die, fragte der Unternehmensberater Roland Berger, bei Leipziger Messen nichts auf Herz und Nieren geprüft außer den günstig angebotenen Mädchen?

Okay, geschenkt, ist vorbei, die Mädchen sind inzwischen frei in ihrer Bettgenossenwahl, und Geschichte lässt sich nicht mehr rückgängig machen. Wir suchen nicht wie ihr die Schuld bei anderen, denn auch wir haben an ein tatsächlich vorhandenes Volksvermögen geglaubt. Eine der großen Illusionen beim Vollzug der deutschen Einheit, dieses Volksvermögen. Politisch lange aufrechterhalten, obwohl sich bald herausstellte, dass wir uns ein Volk ohne Vermögen ins Haus geholt hatten.

Seitdem liegt ihr uns auf der Tasche. Wir mussten an unser Vermögen ran. Das ist aufgebraucht. Nun geht es ans Eingemachte. An unseres. Aber ihr bleibt unersättlich und wollt immer noch mehr.

Im Solidarpakt zwei, der mit den Solibeiträgen ja nichts zu tun hat, aus dem gesamten Steueraufkommen finanziert wird, werden es bis zum Jahre 2019 noch einmal satte 156 Milliarden Euro sein, die ihr bekommt. Jeder dritte Euro, den ihr ausgebt, stammt aus Westtransfers und war mal bei uns zu Hause. Nur dreißig Prozent der jährlichen Transfers werden noch in den eigentlich gemeinten Aufbau Ost gesteckt. Siebzig Prozent brauchen die Ostdeutschen, je nach neuem Bundesland unterschiedlich, Sachsen-Anhalt mehr, Sachsen weniger, zur Schuldentilgung oder für die Aufrechterhaltung von Schulen, Verwaltung, sozialen Einrichtungen etc. Wir finanzieren eure Etats, obwohl es angesichts der allgemeinen Haushaltslage unsere genauso bitter nötig hätten.

Das lässt sich belegen. In den Tropf, an dem die neuen Bundesländer hängen, flossen in einem einzigen Jahr, dem Jahr 2003, zwar brutto insgesamt 116 Milliarden Euro, für Infrastruktur wurden aber nur fünfzehn, für Wirtschaftsförderung nur zehn Milliarden verwendet. Auf Soziales, auf Zuschüsse für Renten, ABM, Kindergeld entfielen dagegen zweiundfünfzig Milliarden, auf Haushaltshilfen wie fällige Zinsen der mit Krediten finanzierten Etats vierundzwanzig oder auf Personalkosten fünfzehn Milliarden.

Solidarpakt zwei ist ein abturnender Begriff (für Ossis: abturnen kommt nicht von Turnvater Jahn und auch nicht von Tina Turner, sondern bedeutet abschrecken), aber nur eine mögliche Umschreibung für Milliarden von »Sonder-Bundesergänzungszuweisungen«, abgekürzt SoBez, was woran erinnert?

Richtig. SBZ.

Dieser Osten dringt in den Westen vor. Dagegen muss etwas unternommen werden. Bloß was? Die Pläne der um Klaus von Dohnanyi und Edgar Most gescharten Kommission, die sich Gedanken gemacht hat, wie diese Milliarden zukünftig bei euch besser verteilt werden können, nicht mehr per Gießkanne, sondern nur noch dahin, wo es Sinn macht zu investieren, sind vernünftiger als alles, was aus dem zuständigen Ministerium für den Aufbau Ost bisher kam. Besser zu sein als diese Ministerialen ist so schwer nicht, denn sie wurden zu lange von einem Mann geführt, der mit sich im Reinen ist und an einem der bei euch so beliebten Runden Tische ostig vor sich hin grübelte.

Wir brauchen, wie im Prolog versprochen, neue Texte für die alten Lieder.

Hier sind ein paar.

Ihr bekommt von uns, von wem sonst, eine letzte Chance. Wenn Ende 2019 der Solidarpakt zwei ausgelaufen ist, gibt es keinen

Nachschlag. Dann ist Schluss mit Solidarität. Dann wollen wir kein Jammern mehr hören und auch nicht, wie schön es doch war, als am 9. November 1989 die Mauer fiel. Das wird dann, Gott behüte, dreißig Jahre her sein, und wer sich daran erinnert, hat längst alles schon einmal erzählt. Falls ihr bis dahin immer noch nicht ruhig seid, werdet ihr weltweit bei ebay versteigert.

Kurzfristig lassen sich die Staatsfinanzen radikal sanieren mit radikaldemokratischen Maßnahmen gegen Radikale. Das ginge so: Für jedes Prozent Wählerstimmen NPD oder DVU über der Schamgrenze von fünf Prozent ziehen wir euch pro Jahr eine Milliarde Euro vom Solidarpakt zwei ab, denn mit Nazis sind wir nicht solidarisch, und mit dem Pack möchten wir nichts zu tun haben. Macht bei den derzeitigen unsauberen Verhältnissen in Sachsen pro Jahr entsprechend den Wahlergebnissen 2004 vier Milliarden und in Brandenburg eine Milliarde, ergibt zusammen fünf Milliarden. Bis zur nächsten Landtagswahl 2009 sind das schon mal fünfundzwanzig Milliarden Euro. Falls ihr es dann immer noch nicht begriffen haben solltet, geht es gnadenlos in dieser Art weiter. Wer so wählt wie ihr, den bestraft nicht erst das Leben, das machen wir gleich selbst. Für jeden als Stasiaktivist überführten gewählten PDS-Genossen ist ebenfalls was fällig, sagen wir mal: eine Million Euro pro Jahr und Mandatsträger, auch das könnte uns, mit Hilfe von Marianne Birthlers Akten und Dateien, viel Geld sparen.

Das ist undemokratisch, schreit ihr jetzt empört, denn ihr hättet die rechtsradikalen Volksgenossen doch schließlich in freier und geheimer Wahl als eure Vertreter angekreuzt. Richtig, das ist undemokratisch, aber für Feinde der Demokratie, Wähler oder Gewählte, gelten andere Regeln, die der Marktwirtschaft. Das nach diesen Gesetzen sauber erwirtschaftete Volksvermögen wird verteilt auf westdeutsche Städte und Gemeinden, die dann für ihre Kindergärten und Schulen und Theater und Straßen keine Kredite mehr aufnehmen müssen, weil sie das alles mit den ersparten

Summen aus dem ehemaligen Solidarpakt zwei bezahlen können, und auf nazifreie Ostzonen, die es ja auch gibt.

Freiwillig und solidarisch mit euch Zonis hätten wir allenfalls in den ersten beiden Jahren der Einheit was abgegeben. Danach nicht mehr. Deshalb wurde der Betrag direkt von unseren Bruttoeinkommen abgezogen, also einbehalten. Zwar inzwischen von anfänglich 7,5 Prozent nach einer kurzfristigen Nullrunde gesenkt auf 5,5 Prozent, aber eigentlich weiß niemand genau, ob die Milliarden ausschließlich für den Osten verwendet werden. Oder ob es sich der Bund inzwischen auch erlaubt, wie es eure Länder schon lange machen, die eigenen Schulden erträglicher zu gestalten, indem er von den Beiträgen aus dem Solitopf die Zinsen ganz anderer Kredite bezahlt.

Ich hatte euch ja bereits angedroht, dass ihr 2019 über ebay versteigert werdet. Natürlich werden wir keinen Menschenhandel betreiben, wie einst bei euch üblich – pro Kopf zahlten Bundesregierung und Axel Springer 40 000 Mark für die Freilassung eines einsitzenden DDR-Dissidenten –, sondern euch vor die Wahl stellen. Ihr dürft abstimmen, ob ihr dem Höchstgebot in die Ferne folgen wollt oder lieber umziehen möchtet in die Reservate, die wir als Schutzmacht behalten und für euch, unsere Schutzbefohlenen, zum Blühen bringen mit dem Erlös aus den Auktionen.

Dabei handelt es sich um Landschaften in Sachsen, Thüringen und vor allem Mecklenburg-Vorpommern, dort vor allem wegen der freien Zugänge zur Ostsee. Diese heute schon dünn besiedelten und bis dahin laut demographischer Prognosen erst recht zonifreien Zonen retten wir vor dem totalen Verdorren durch oben geschilderte Ansiedlungen, neudeutsch auch Leuchttürme oder Cluster genannt, wir behandeln sie gezielt clusterig (für Ossis *und* Wessis: kommt von *cluster* = Haufen, Anhäufung und bedeutet hier gezieltes Entleeren eines Eimers voller Milliarden Euro), wir fördern sie.

Damit ihr, noch ein einziges Mal derart gefördert, dort aus eigener Kraft und anschließend allein gelassen überleben könnt, denn diese Aktion wäre die letzte solidarische für euch. Danach seid ihr gefordert, Unersättliche. Ihr könnt machen, was ihr wollt. Wir reden euch nicht mehr rein. Ihr könnt den Jammerchor der Gefangenen einstudieren und für die Touristen eine eigene Version aufführen von »Teure Heimat, wann seh' ich dich wieder«. Ihr könnt eure Liedermacher auf ihren Gitarren schrubben und dazu singen lassen, meinetwegen *We Shall Overcome* in verschiedenen Dialekten. Ihr könnt eure verkannten Poeten rezitieren lassen, was sie immer schon mal sagen wollten und nie einer hören mochte. Sommers draußen, winters in Gemeinschaftszelten. Ihr könnt euch paaren, wann immer euch die Sinne danach stehen, und ihr dürft sicher sein, dass wir bis zu zwanzig Euro pro Wessi Eintritt bezahlen, um das alles live zu erleben.

Bevor wir weiterziehen. Dahin, wo uns keiner zu Tode jammert, wo uns der Osten westig leuchtet, wo renovierte Häuser strahlen, wo uns Augenblicke verweilen lassen. Nach Dresden oder Potsdam, nach Leipzig oder Erfurt, nach Magdeburg oder Weimar.

Gehört nämlich seit der Einheit alles zu uns.

Antrag auf Entschädigung
RECHTSSTAAT

9 *Ost* gegen West: Ihr habt uns im Stich gelassen

Ins Genick geschlagen und seitdem querschnittsgelähmt – 1996 war das für Jörg Walter fast ein Leben lang her, denn ganze zehn, zwanzig, dreißig und noch mal drei Jahre hatte er da schon im Bett verbringen müssen, hatte also jeden Tag und jede Nacht in fast vollständiger Bewegungslosigkeit hinter sich gebracht, den Rücken dabei mehr als einmal wund gelegen.

Es war nicht etwa ein bitterer Schicksalsschlag, der Jörg Walter traf und für den es keinen Schuldigen gab. Es war der brutale Schlag eines Mannes, der hinter ihm stand, den er nicht sehen konnte und den er auch danach nie wieder sah.

Jörg Walter war damals dreiundzwanzig Jahre alt und verlor mit diesem Schlag seine Jugend. Der Fußball blieb liegen, das Motorrad stehen. Auch den Mädchen lief er nicht mehr hinterher.

In einer Sommernacht im August 1963 hatte es begonnen. Der Tischler Jörg Walter schob an der Hobelmaschine eine Nachtschicht. Der Treibriemen riss, und es sah so aus, als stecke dahinter ein Saboteur. Deshalb rückte am Morgen danach die Stasi an und nahm Jörg Walter ins Visier. Bald merkte er, dass ihr eigentliches Ziel war, ihn für Spitzeldienste gefügig zu machen. Entweder er lieferte Berichte über Kollegen, oder er würde wegen Sabotage angeklagt, das war die einzige Wahl, die er hatte. Als sich Jörg Walter schließlich weigerte, entsprechende Aussagen zu machen, brachten sie ihn ins Stasigefängnis nach Potsdam.

Ja, Jörg Walter hatte Angst, als sie ihn Tag und Nacht verhörten, immer wieder, vier Monate lang. Wer hätte keine Angst gehabt, den Häschern der Staatsmacht und deren Willkür ausgeliefert zu sein. So unfassbar es war, dass sie ihn einfach mitgenommen hatten, so ungewiss war es, was noch mit ihm geschehen würde.

Einen Rechtsbeistand gab es nicht oder nur dann, wenn man ein von der Stasi formuliertes Geständnis unterschrieben hatte. Den Rat, alles zu gestehen, was die Stasi verlangt, erhielt Jörg Walter von einem Mann, der mit ihm eingesperrt war. Er tat es. Danach kam ein Rechtsanwalt, und der empfahl zu widerrufen. Auch das tat er.

Vor seiner Inhaftierung war Jörg Walter ein junger starker großer Mann mit Träumen, wie man sie in diesem Alter hat. Doch beherrscht von der Furcht vor den scharf gemachten Aufpassern des Regimes, denen gegenüber er schutzlos war, träumte Jörg Walter nicht mehr, fühlte sich schwach und klein. Kraft spürte er erst wieder, als er das Geständnis widerrufen hatte. Da war der Rücken wieder gerade.

Genau in diesem Moment prügelte einer der Folterknechte, der im Hintergrund stand, im Namen des Sozialismus auf seinen Nacken ein. Was dann passierte, weiß Jörg Walter nicht mehr. Er weiß nur: Als er wieder aufwachte, lag er in seiner Zelle und konnte sich nicht bewegen. Es dauerte ein paar Tage, bevor ihn die Stasileute ins Krankenhaus brachten. Da war es zu spät für eine Behandlung.

Davor war Jörg Walter gesund. Danach musste er nicht mehr ins Gefängnis. Stattdessen kam er ins Pflegeheim.

Das Leben konnte Jörg Walter von da an nur noch vom Bett aus betrachten, an »Festtagen« saß er manchmal im Rollstuhl. Meist aber war es die Zimmerdecke, auf die er starrte. Von ihr kannte er jedes Detail, jeder Fleck war ihm vertraut. Dass es um sein Land herum immer noch Stacheldraht und Selbstschussanlagen gab, konnte ihm in seiner Lage nahezu gleichgültig sein, seine Welt hörte jetzt an der Bettkante auf.

Als die Mauer fiel, war Jörg Walter fast fünfzig Jahre alt. Die DDR war tot, er hatte sie überlebt. Für den Gelähmten bedeutete dies eine neue Chance. Denn nun galt das Recht und nicht mehr das Recht des Stärkeren. Ein Gesetz zur Bereinigung von SED-Unrecht wurde beschlossen. Endlich gab es eine Möglichkeit, sich gegen die brutale Gewalttat von einst zur Wehr zu setzen, Gerechtigkeit einzuklagen. Vor dem Mauerfall war nicht daran zu denken, vom Unrechtsstaat DDR eine Entschädigung für erlittenes Unrecht zu verlangen. Jetzt aber werde das anders sein, glaubte Jörg Walter. Hoffnung erfüllte ihn, Bewegung kam in sein Herz, zum ersten Mal seit fast dreißig Jahren. Er konnte es nicht anders beschreiben, als dass da ein »Riesenoptimismus« in ihm losbrach, genährt von der Überzeugung, jetzt endlich werde sein Schicksal aufgearbeitet.

Zunächst zeigt Jörg Walter das Ministerium für Staatssicherheit an. Es dauert fast ein Jahr, bis die Antwort vom Bezirksstaatsanwalt kommt, man habe die Angelegenheit an die zuständige Stelle in Potsdam weitergeleitet. Die wiederum gibt die Sache an die angeblich zuständige Behörde weiter. Dann hört Jörg Walter erst mal nichts mehr.

Also stellt er einen Antrag auf Entschädigung und Rehabilitierung. Er vertraut auf die Demokratie, in der er jetzt lebt, er vertraut auf den Rechtsstaat, glaubt an eine moralische Wiedergutmachung und erwartet eine kleine Rente.

Er musste lange warten. Sechs lange Jahre lang, Tag für Tag auf dem Rücken liegend, ans Bett gefesselt, auf die entscheidende Nachricht. Mit der Zeit wurde es Jörg Walter bang bei der Frage, ob nun heute – vielleicht – der erlösende Brief in der Post sei.

1996 dann erhielt er seine Antwort vom Amt. Es war eine Ablehnung seines Antrags. Die Anerkennung der Querschnittslähmung als Folge der Haft war für die Behörden am nicht erbrachten Beweis gescheitert. Der Zusammenhang von Haft und Gesundheitsschaden konnte nach Ansicht der Richter über Wohl und Wehe nicht eindeutig nachgewiesen werden. In der Begründung heißt es, strittig sei der Punkt geblieben, ob nun jener Schlag oder aber eine Infektion bzw. Entzündung während der Untersuchungshaft ursächlich für die Lähmung war. Aus der Gefangenenakte von Jörg Walter, geführt von der Stasi, ging jedenfalls nicht hervor, dass ein Schlag in den Nacken oder auf den Rücken während eines Verhörs die Ursache seiner Lähmung gewesen sei.

Wer wundert sich da? Wenigstens die »Berliner Zeitung«, die den Fall aufgriff.

Nur in Paragrafen denkende Bürokraten können so fein ziseliert am Menschen und der Realität vorbeidifferenzieren, einen Hilfesuchenden mit kalten Zweifeln und Nachfragen ins Abseits stellen. Wer betroffen ist, verzweifelt daran.

Jörg Walter lag, wie immer, fast regungslos im Bett, als er das Urteil las. Er konnte nicht aufstehen, wütend in den Wald laufen oder mit der Faust auf den Tisch hauen. Er fühlte seine Ohnmacht, die Demütigung. Und dabei hatte er geglaubt, wie so viele andere, die unter dem SED-Unrecht gelitten haben, die Zeit der Demütigung sei vorbei.

Guter Westen: Wir leben in einem Rechtsstaat!

Jeder kann um sein Recht kämpfen.

Das konnten wir früher in der DDR nicht. Heutzutage stehen jedem, wirklich jedem Bürger alle Rechtsmittel zur Verfügung. Egal, wie begründet eine Klage ist und gegen wen man klagt, eine Akte wird angelegt und der Vorgang in die Amtsmaschine eingespeist.

Was aber noch lange nicht bedeutet, dass einem dann auch Recht geschieht. Mit dem Spruch »Nicht jeder, der Recht hat, bekommt auch sein Recht« hat sich der Volksmund schon lange seinen Reim auf Justitia gemacht. Aber lindert diese Erkenntnis im Einzelfall die Enttäuschung und den Schmerz?

Wie krank an Verstand und Herz muss man sein, um einem schwerstbehinderten Mann bei seinem Antrag auf Haftfolgeentschädigung kriminelle Energie oder unlautere Absichten unterstellen zu können?

Es ist wohl ein negatives Bild vom Menschen, das die Rechtsprechung da vor Augen hat, deshalb wird die Hürde mit den Anspruchsvoraussetzungen aufgestellt. Aber selbst wenn es am eindeutigen Beweis mangelt – und wie bitte schön hätte der denn von Jörg Walter erbracht werden können? –, müsste man in so einem Fall nicht streng nach dem Grundsatz »Im Zweifel für den Antragsteller« entscheiden?

»In dubio pro reo«, wie es im Strafrecht heißt. Warum sollte dies nicht entsprechend auch für das zivile Recht gelten?

Was also sind die wahren Gründe dafür, dass einem Mann wie Jörg Walter nach all den Jahren des Leids nicht einmal die späte Wiedergutmachung zugestanden wird?

Geiz? Kaltherzigkeit? Dummheit?

Es ist doch offensichtlich: Jede erdenkliche Entschädigung hätte ihm allenfalls den Alltag etwas erleichtert, aber nichts daran geändert, dass er nie wieder würde laufen können. Jörg Walter war nach seiner kurzen Zeit in der Stasihaft für den Rest seiner Tage unabänderlich mit seiner Querschnittslähmung gestraft. Warum ihm die einzige Möglichkeit der Genugtuung vorenthalten?

Insgesamt sind es ca. 250 000 Menschen, die zu DDR-Zeiten aus politischen Gründen im Gefängnis saßen. Eine überschaubare Anzahl. Wären nicht viele Ossis – und vielleicht auch

Wessis – bereit, einen Tag im Jahr für einen Fonds, der solche Opfer entschädigt, zu arbeiten?

Die Geschichte von Jörg Walter macht erschreckend klar: Nicht nur am Unrecht in einer Diktatur, auch an dem in einem Rechtsstaat kann man zugrunde gehen. Mit dem Unterschied: Im Unrechtssystem weiß man, woran man ist. Im Rechtsstaat dagegen wird man mit falschen Versprechungen an der Nase herumgeführt, worauf die Enttäuschung umso gewaltiger ist.

Großzügig lädt das Versorgungsamt dazu ein, ein Formular nach dem anderen auszufüllen, möglichst lückenlos die Vergangenheit darzustellen, stapelweise Nachweise zu erbringen. Ja, von einigen früheren DDR-Häftlingen wurde sogar verlangt, sie mögen doch bitte über ihren Gesundheitszustand während der Haft ein Gutachten der Ärzte vorlegen, die sie im Gefängnis behandelten. Welch ein Irrsinn, dass gerade diejenigen die Schäden begutachten sollen, die sie angerichtet haben. Meinen die Rechtsstaatsdemokraten etwa, ein Arzt aus Bautzen würde bereitwillig oder gar reumütig Auskunft darüber geben, mit welchen ausgeklügelten Psychomethoden er eine Persönlichkeit zerstört hat? Oder glaubt der Wessi, im Stasiknast sorgten unabhängige Ärzte fürsorglich für die Verfolgten des Systems?

Ist es Naivität oder schiere Ignoranz, mit der die Vertreter des Rechtsstaates gegenüber ihren Bittstellern operieren?

Da hätte der Wessi doch lieber gleich frei und offen heraus gesagt: Wir werden euch nicht entschädigen. Ihr tut uns zwar Leid, aber wir haben kein Geld dafür. Basta.

Analysen zum ehrenwerten Versuch, das SED-Unrecht wieder gutzumachen, belegen in den meisten Fällen: Wer ein Opfer des DDR-Regimes war, hat nach der deutschen Einheit erneut Schaden genommen. Das gilt für diejenigen, die in Bautzen und anderen Gefängnissen gesessen haben, davon berichten Menschen, die in der DDR beruflich benachteiligt wurden, das ist die Erfahrung von denen, die vom Staat DDR zum Beispiel aufgrund ihres Ausreiseantrags enteignet wurden. Sie wurden zwischen den Mühlsteinen der Bürokratie zerrieben und erneut in die Verliererrolle gedrängt. Dabei hätte der Rechtsstaat mit seinen Mitteln genau das verhindern müssen.

Zufall?

Absicht?

Dieser Umgang mit Entschädigungsansprüchen hat in der Bundesrepublik Tradition. Jeder kennt die Fotos und Filme, die am Ende des Zweiten Weltkriegs in den Konzentrationslagern aufgenommen wurden. Ausgehungerte Gestalten schauten aus übergroßen, vom erlebten Grauen weit geöffneten Augen auf ihre Befreier. Die wiederum waren angesichts dessen, was sie sahen, sprachlos vor Entsetzen. Spätestens nach Kriegsende hätte deshalb keiner mehr sagen dürfen, er habe nichts gewusst von den Grausamkeiten, die da geschehen waren.

Dennoch sollten KZ-Häftlinge, die überlebt hatten, in der Bundesrepublik bei ihrem Antrag auf Entschädigung beweisen, dass ihre gesundheitlichen Beeinträchtigungen tatsächlich Haftfolgeschäden waren. Für die Behörden war es keinesfalls offenkundig, dass Angstzustände, Schlaflosigkeit, psychische Labilität oder Kontaktstörungen das Ergebnis der erlebten unmenschlichen Hölle waren.

Es gab sogar den Fall, dass eine Wiedergutmachungsbehörde, die Antragsteller wegen nicht erbrachter Beweise abblitzen ließ, von einem ehemaligen Nazi geleitet wurde.

Schon für die Verfolgten des Hitlerregimes war es also fast unmöglich, psychische Schäden nach bürokratischen Maßstäben exakt nachzuweisen. Erst 1960 wurde durch ein Urteil des Bundesgerichtshofs anerkannt, dass ein KZ-Häftling in jedem Fall Schaden genommen und folglich Anspruch auf Entschädigung hat.

Warum das so lange gedauert hat? Weshalb das so wenig selbstverständlich war?

Ist es gar üblich, Opfer im Stich zu lassen?

Sie stören die eigene Ruhe, werden von der Masse der Bessergestellten als lästige Mahner, sogar als unersättlich wahrgenommen.

Erst fünf Jahre später, nämlich 1965, wurde jenes höchstrichterliche Urteil in das entsprechende Entschädigungsgesetz aufgenommen. Der Krieg war bereits zwanzig Jahre vorbei. Erst von da an wurden mit einer Art »Pauschalregelung« gesundheitliche Folgen der KZ-Haft für fast alle Betroffenen mit mehr als einem Jahr »Aufenthalt« automatisch anerkannt.

Für *fast* alle?

Ja, nur für *fast* alle.

Denn nach wie vor hat man es geschafft, Häftlinge, die im Konzentrationslager saßen, von einer Entschädigung auszuschließen.

Auch hier wurde ganz fein ausdifferenziert. Es waren die sog. »Asozialen«, für die weitere zwanzig Jahre vergingen, bis ihnen die Bundesrepublik eine Entschädigung zugestand. Als »asozial« galten in der Nazizeit Landstreicher, Alkoholiker oder Tuberkulosekranke – sie mussten im Konzentrationslager nicht den gelben Stern, sondern einen schwarzen Winkel tragen. Auch Frauen mit »hwG«, das hieß »häufig wechselndem Geschlechtsverkehr«, wurden so gebrandmarkt, selbst wenn es keine Prostituierten waren. Schon eine Geschlechtskrankheit reichte aus, um wegen liederlichen Lebenswandels verhaftet zu werden. Alles möglich durch den Erlass zur »vorbeugenden Verbrechensbekämpfung«.

Was hat diese unrühmliche deutsche Geschichte mit den Opfern der SED-Diktatur zu tun?

Der bundesdeutsche Gesetzgeber und die entsprechenden

Ämter waren zum Zeitpunkt der Wiedervereinigung geübt darin, Opfer auszugrenzen und Wiedergutmachung zu verhindern. Jedenfalls wurde nach all den betrüblichen Erfahrungen bei der Aufarbeitung des NS-Unrechts nicht die Chance genutzt, mit den Opfern des SED-Unrechts würdiger umzugehen. Eine unbürokratische »Ehrenpension«, wie im Dritten SED-Unrechtsbereinigungsgesetz angedacht, gibt es bis heute nicht. Vor Wahlen wird sie gern in Aussicht gestellt. Doch nach den Wahlen zeigt sich, mehr als tröstende Worte und Lippenbekenntnisse waren das nicht.

Das gilt auch für den Umgang mit den Angehörigen und Hinterbliebenen.

Ähnlich wie schon zu Hitlers Zeiten – und wie immer in einer Diktatur – war Verfolgung auch in der DDR stets ein Schicksal, das die ganze Familie traf. Die Ehepartner oder Kinder haben ebenfalls Schaden genommen, wurden geschmäht und benachteiligt, es sei denn, sie haben sich offiziell von ihren Angehörigen losgesagt. Auch das kam vor, dass Eltern ihre Kinder verraten haben.

Feigheit lässt grüßen.

Wer dagegen zu den Seinen hielt, erlebte Deklassierung, dem entgingen Karriere und Wohlstand.

Ab 1992 wurde dann zwar im Zuge des Gesetzes zur strafrechtlichen Rehabilitierung an die Angehörigen der Opfer gedacht, allerdings eine Terminfalle in das Gesetz integriert. Nur wer nach dem 18. September 1990 persönlich eine Haftentschädigung beantragt hat, konnte im Todesfall auch für seinen Ehepartner oder die Familie vorsorgen. Alle Eingaben, die vorher gemacht worden waren, wurden für ungültig erklärt.

So auch der Antrag eines Mannes aus Leipzig, der zu DDR-Zeiten sechs Jahre im Gefängnis saß. Er hatte seine Bitte um Entschädigung vor dem Stichtag an die Behörden geschickt und ist – manchmal hat das Schicksal eine zynische Fratze – dann genau am 18. September 1990 an den Folgen der Haft verstorben. Damit ging seine Frau, die schon in der DDR kein einfaches Leben hatte, leer aus. Die Witwe konnte nur noch zusehen, wie es allen, die dem Unrechtsstaat DDR gedient hatten, auch im vereinten Deutschland besser ging als ihr.

Juristisch gibt es keine Möglichkeit, dagegen vorzugehen. Den Staat, der für das Unrecht verantwortlich ist, gibt es nicht mehr. Die Bundesrepublik wiederum ist nicht der Rechtsnachfolger, also kann sie auch nicht für die Verbrechen der DDR haftbar gemacht werden. Alle Opfer sind auf die Bestimmungen des Entschädigungsgesetzes angewiesen. Wenn das aber nicht greift, gibt es keine einklagbaren Ansprüche mehr an den Rechtsstaat. So einfach geht das. Wiedergutmachung als Kannbestimmung, als Akt der Gnade, ähnlich demütigend wie der Empfang von hundert Mark Begrüßungsgeld.

Wenn die wenigen Aufrechten, die es damals gab, zurückgelassen werden, weil sie eine gesellschaftliche Randgruppe ohne Lobby sind. Wenn gerade jene, die für die Freiheit gekämpft haben, erneut das Nachsehen haben. Und wenn die, denen zu DDR-Zeiten die Würde genommen wurde, das nun wieder erleben, dann sind die Folgen für das Rechtsgefühl katastrophal. Mit Respekt wird den Opfern von einst bei entsprechenden Ämtern selten begegnet.

Was geschah mit den Tätern von einst?

Viele leben, wie der Schläger im Fall Jörg Walter, unerkannt und unbestraft im neuen Rechtsstaat und wissen ihn vermutlich ganz gut für sich zu nutzen. Auch hier gibt es nicht nur einen Einzelfall, bei dem man an Zufall denken könnte. Es scheint vielmehr so, als stecke dahinter System. Ausgerechnet die Mitläufer und Funktionsträger bekommen ihre Staats- und Zusatzrenten, Privilegien, die sie sich zu DDR-Zeiten durch systemkonformes Verhalten »verdient« haben. Diese Ansprüche sind juristisch anerkannt und einklagbar, denn nach bundesdeutschem Recht können einmal erworbene Eigentumsrechte nicht einfach aberkannt werden. Die Rente der Täter in der DDR mit durchschnittlicher Erwerbslaufbahn ist mehr als doppelt so hoch wie die von SED-Opfern, auch das haben Statistiker ausgerechnet. Mehr passierte nicht.

Dagegen werden Ansprüche auf entgangenes Vermögen oder Eigentum denen, die sie aufgrund von Haft oder beruflicher Benachteiligung gar nicht erst erwerben konnten, nach bundesdeutschem Recht nicht zugestanden. Es gibt für sie keinen juristischen Anspruch auf eine Vermögensregelung. Es bleibt nur die Möglichkeit einer Entschädigung, und die scheitert – siehe oben – am Beweisverfahren.

Selbst denen, die zu DDR-Zeiten vom Staat enteignet wurden, hat man später nicht einfach ihr Eigentum zurückgegeben oder eine Entschädigung zuerkannt. Laut Vermögensgesetz sollten auch hier nur die entschädigt werden, die einen Erlösnachweis für ihr Eigentum durch den DDR-Staat vorlegen konnten.

Erneut die Frage: Naivität oder Ignoranz?

Denn die DDR hat alles dafür getan, die Spuren zu verwischen. Es ist schwarz auf weiß in einer Ministerratsanweisung (Nr. 5/77) nachlesbar, dass die Verwertung eingezogener Gegenstände so zu erfolgen hatte, dass keine Rückschlüsse auf Herkunft, Vorgänge und Personen möglich sind.

So geht es also bei der Rechtsprechung offensichtlich nicht um Verständnis für die Strukturen der Vergangenheit. Genau daran scheitern die gut gemeinten Gesetze dann im Vollzug und richten emotionalen Schaden im Osten Deutschlands an.

Reden wir weiter über den Rechtsstaat.

Auch wenn eine Haftentschädigung gezahlt wurde, war sie in

vielen Fällen für die Opfer der SED-Diktatur beleidigend gering. Anders dagegen für jene, die dieses Unrecht zu verantworten hatten. Zum Beispiel Willi Stoph, der zweiundzwanzig Jahre lang Vorsitzender des DDR-Ministerrats war. Gegen ihn wurde in der Nachwendezeit wegen Amtsmissbrauchs und wegen der Schüsse an der innerdeutschen Grenze ermittelt. Aus gesundheitlichen Gründen kam es zu keinem Urteil gegen ihn. Demzufolge bekam Willi Stoph, wie es im Rechtsstaat so üblich ist, für seine Monate in der Untersuchungshaft eine Haftentschädigung, und zwar doppelt so viel wie ein Häftling, der zu DDR-Zeiten im berüchtigten Bautzen einsaß und freigekauft wurde. Ganz zu schweigen von der Erstattung von Einnahmeausfällen, die Willi Stoph zusätzlich erhielt.

Erst nach heftiger Empörung der Betroffenen und der Opferverbände wurde diese Regelung zum 1. Januar 2000 angepasst, jetzt gab es für alle einheitlich 600 Mark pro Haftmonat.

Dabei muss doch jedem von Anfang an klar gewesen sein: In einer Demokratie sitzt es sich komfortabler im Knast als damals in der DDR. Denn die gehörte zu den Ländern, in denen im Strafvollzug gefoltert wurde. Einzelhaft im Dunkeln, Schläge und Schlafentzug, Vegetieren im sog. »Fuchsbau«, wo kein Stehen möglich war, oder in Zellen, wo das Wasser zentimeterhoch stand, waren die Regel.

Das alles war spätestens nach der Wende kein Geheimnis mehr, doch hat es die Entschädigungsbehörden interessiert? Haben sie sich damit auseinander gesetzt, wie es war, unter solchen Umständen inhaftiert zu sein, ständig der Willkür ausgeliefert und ohne zu wissen, was mit der Frau, den Kindern oder den Angehörigen geschieht, wie lange das alles noch gehen wird, was noch an Grausamkeiten zu erwarten ist? Wurde vielleicht mal ein Behördenausflug in eine der Haftanstalten gemacht?

Oder wurde den enttäuschten Antragstellern nur ins Gesicht gesagt, sie sollten mit ihrem Frust nicht persönlich werden, sollten nicht so unverschämt sein, schließlich könne man ja auch nichts dafür.

Warum ist es so schwer, für Leid und Unrecht in einem Rechtsstaat einen Ausgleich zu finden? Zumal der finanzielle Aufwand nicht unendlich, sondern eher begrenzt ist und sicher geringer als der ideelle Schaden, der angerichtet wird.

Es ging in dem ersten Rehabilitierungsgesetz, das schon im September 1990 von der ersten frei gewählten Volkskammer der DDR angestrebt war, eigentlich darum, die Opfer vom Makel der strafrechtlichen Verfolgung und anderer Diskriminierung zu befreien und durch eine Entschädigung einen kleinen Ausgleich für sie zu schaffen. Dazu ist es in den wenigsten Fällen gekommen.

Während die Ärzte, insbesondere Psychiater, die damals mitgeholfen haben, Aufmüpfige psychisch labil oder verrückt zu machen, im geeinten Deutschland weiter praktizieren. Während viele, die mit daran gefeilt haben, wie man Persönlichkeiten effektiv demontiert, wie man das Selbstwertgefühl zerstört und Panikattacken auslösen kann, in ihren Arztpraxen sitzen und ihr Geld verdienen, sich mit dem neuen System arrangiert haben, weisen die Opfer meist eine lange Geschichte des beruflichen und auch familiären Scheiterns auf. Sie leben nicht selten am Rande des Existenzminimums. Die Option auf ein angenehmeres Leben jetzt im Rechtsstaat scheiterte an Sozialrichtern und Versorgungsämtern.

Es gibt viele entsetzliche Geschichten aus dem Alltag von Systemabweichlern in der DDR. Junge Menschen, die während ihrer Haft, weil sie angeblich staatsfeindlich waren, in einer Fabrik mit Quecksilber arbeiten mussten und daran starben. Angehörige, die noch heute über den Verlust trauern und seelisch zerrissen sind. Kaum mehr wird von ihnen erzählt, auch sie werden im Stich gelassen.

Und auch das ist noch nicht alles.

Die ungerechte Regelung in der DDR in Bezug auf NS-Ehrenpensionen, die damals nur denen zugesprochen wurden, die systemkonform waren, wurde vom Rechtsstaat Bundesrepublik unbesehen übernommen. Begründet wurde das mit dem Argument der Besitzstandswahrung.

Liegt hier die Antwort auf alle Fragen, ist das die tiefere Bedeutung von Rechtsstaat: ein Staat von Besitzstandswahrern? Wohl denen, die dazu gehören!

Vorerst jedenfalls heißt die Bilanz: Es hat sich gelohnt und es lohnt sich noch, ein willfähriger Diener der Macht zu sein. Da unterscheiden sich weder Diktatur noch Demokratie.

Auch bei denen, die nicht strafrechtlich verfolgt, aber beruflich benachteiligt worden sind, wurde ein Gesetz verabschiedet, auch hier die theoretische Möglichkeit eröffnet, einen Antrag auf Rehabilitierung zu stellen. Etliche von meinen Bekannten aus früheren Zeiten haben das getan. Stapel von Papier sind dabei draufgegangen. Lebensläufe wurden geschrieben, Formulare ausgefüllt, Zeugen benannt. Alles in der Hoffnung, dass man nun, im vereinten Deutschland, endlich eine Art Ausgleich für erlittenes Unrecht bekommt.

Und dann hieß es lapidar: Ihr Fall ist nicht bedeutend genug. Berufliche Benachteiligung in der DDR entspreche einem »Allgemeinschicksal«. Ende der Durchsage.

Weiß ein Wessi, wie man sich danach fühlt?

Nein, weiß er nicht. Deshalb erzähle ich hier die Geschichte einer Freundin.

Sie war nicht oppositionell, aber auch nicht linientreu, hatte dabei das Übliche erlebt, also eigentlich ein »Allgemeinschicksal«: Sie durfte kein Abitur machen, deshalb kein Studium, dann kein vernünftiger Beruf. Das tat oft weh, führte auch zu finanziellen Nachteilen. Auch ihr Fall endete bei einer Rehabilitierungsbehörde. Dort hat man sie zwar nicht gleich abgewimmelt und alle Ansprüche abgelehnt, man staune, aber ihr lediglich sog. »Ausgleichsleistungen« wie eine Fortbildung oder eine Umschulung zugebilligt.

Na prima!

Sollte meine Freundin, die fünf Jahre nach der Wiedervereinigung Ende dreißig war und gerade einen ganz guten Job gefunden hatte, jetzt umschulen? Damit ihren Arbeitsplatz riskieren – oder gar für einen Wessi freimachen?

Sie hatte nicht den Eindruck, dass es hier um Entschädigung ging, sie hatte vielmehr den Eindruck, dass den Damen und Herren vom Amt gewisse Schaltstellen im Kopf oder Kammern im Herz fehlten, in denen normalerweise Vernunft, gesunder Menschenverstand und Mitgefühl untergebracht sind. Nicht Aufarbeitung des SED-Unrechts schien das Ziel des Rehabilitierungsprozesses zu sein, sondern eine sinnlose Art von Beschäftigungstherapie.

Bestenfalls hat der ein oder andere über diesen Umgang mit seiner Vergangenheit gelacht, schlimmstenfalls hat man es persönlich genommen, immer aber wurde das Vertrauen in die positive Kraft eines Rechtsstaats in Frage gestellt.

Mich selbst hat es nicht wirklich hart getroffen, das Schicksal hat es gut gemeint. Mein zweiter Beruf, den ich erlernte, bevor ich dann doch noch über eine Sonderreifeprüfung an die Uni kam, hieß zu DDR-Zeiten »Gemeindediakonin«. Eigentlich war es eine pädagogische Fachschulausbildung im Rahmen der Kirche. Doch dieser Beruf wurde staatlich nicht anerkannt, denn Pädagogik war Sache von Margot Honecker, da gehörte die Kirche nicht hin.

Völlig verblüfft musste ich nach der Wende zur Kenntnis

nehmen, dass diese Ausbildung nun keineswegs staatliche Anerkennung fand. Auch hier war eher daran gedacht, es so zu belassen, wie es zu DDR-Zeiten geregelt war, unabhängig davon, was politisch oder ideologisch dahinterstand. Erst 1996 war es dann so weit, ich bekam nach einer harten Auseinandersetzung, die meine früheren Ausbilder mit dem Kultusministerium gefochten hatten, eine offizielle Berufsbescheinigung. Eine Urkunde, die mir erlaubte, mich ab sofort und offiziell »staatlich anerkannte Erzieherin« zu nennen.

Ich habe damals allerdings schon lange fürs Fernsehen gearbeitet, zugegeben eine sehr spezielle Erziehungsarbeit, ich war also nicht angewiesen auf diese späte Anerkennung.

Aber wie war es um die bestellt, die nach der Wende keinen anderen Beruf gesucht und gefunden hatten, die diese Berufsbescheinigung dringend brauchten, um auch im wieder vereinten Deutschland gleichberechtigt arbeiten zu können? Waren die etwa unersättlich?

Der Westen, der gegen den Osten immer gern mit den Missetaten der Stasi und der Diktatur der DDR, mit den vielen Belegen für geschehenes Unrecht Stimmung gemacht hat, der sich dem ostdeutschen Unrechtsstaat weit überlegen fühlte, sah 1989 nicht nur zu, wie die Mauer fiel, er hat danach die Menschen, um deren Unrecht er sich früher gesorgt hat, fallen gelassen. So bitter muss man das wohl hinschreiben. Ganz egal, wie bitter es euch aufstößt.

Den wenigsten wurde nach der Wende Genugtuung zuteil, stattdessen wurde mit bürokratischen Schikanen, mit nervenaufreibender Kleinlichkeit und unerbittlicher Paragrafenreiterei ein regelrechter Papierfeldzug gegen die Verfolgten und Benachteiligten des SED-Regimes geführt.

Jörg Walter, der querschnittsgelähmte Mann, hat übrigens gegen die Ablehnung seines Antrages auf Haftfolgeentschädigung keinen Widerspruch mehr eingelegt. Er hatte entschieden, nicht mehr tagtäglich auf eine andere Antwort zu warten, und war nach all den Jahren davon überzeugt, die Behörden würden bei dieser seelischen Zerreißprobe im Kampf gegen die verrinnende Zeit auf eine biologische Lösung setzen, auf seinen Tod. Er glaubte, dass genau dies die Taktik seiner neuen Gegner sei, von Widerspruch zu Widerspruch die Jahre ins Land ziehen zu lassen.

Jörg Walter hörte einfach auf zu kämpfen. Wenige Monate nach dem ablehnenden Bescheid setzte er resigniert dem Verwaltungsprozess ein Ende und brachte sich um.

Das war das Letzte, was die Mitarbeiter des Heims von Jörg Walter erzählten, als sich Redakteure des TV-Magazins »Kontraste« nach ihm erkundigten, weil sie kurz davor noch einen Bericht über sein Schicksal gemacht hatten.

»Ihr habt mich im Stich gelassen« – steht nicht auf seinem Grabstein.

GLÜCKLICH IST, WER VERGISST...
... WAS DOCH NICHT ZU ÄNDERN IST!

Epilog **West**
Geteiltes Leid ist halbes Leid

An jenem Tag im trüben Mond November
Schlaff unter einem toten Pflaumenbaum
Da hielt ich sie, die zonig bleiche Liebe
In meinem Arm wie einen hohlen Traum.
Und über uns im dunkeldeutschen Himmel
War eine Wolke, die ich lange sah
Sie war erst weiß und ungeheuer oben
Doch als ich aufsah, war sie grau und nah.

Mit wenigen Worten ist es mir gelungen, die »Erinnerung an die Marie A.«, Bertolt Brechts wehmütige Verse über eine Liebe, zu verhunzen. Das von mir geliebte Gedicht

An jenem Tag im blauen Mond September
Still unter einem jungen Pflaumenbaum
Da hielt ich sie, die stille bleiche Liebe
In meinem Arm wie einen holden Traum.
Und über uns im schönen Sommerhimmel
War eine Wolke, die ich lange sah
Sie war sehr weiß und ungeheuer oben
Und als ich aufsah, war sie nimmer da.

habe ich so lange verändert, bis der Text meiner merkwürdigen Beziehung zur Ostzone entsprach. Ich werde dennoch zu guter Letzt phasenweise in die Rolle eines Ossis schlüpfen. Das kann mir nicht in jedem Fall gelingen, denn nur Ossis wissen, wie Ossis denken, fühlen, reden, schreiben. Aber hiermit bekunde ich als überzeugter Wessi zumindest meinen guten Willen.

Wir wissen, dass wir euch Dunkeldeutschen nicht kündigen dürfen wie lästigen Untermietern, die ihre Miete nicht mehr bezahlen können. Wir haben, wie hinlänglich beschrieben, euch nicht mehr so richtig begehrt, nachdem die weiße Wolke in den grauen Wolken aufgegangen war. Aber uns auch nicht mehr so richtig gewehrt, als wir euch trotzdem wollen sollten.

Wir wissen inzwischen aus schmerzlicher Erfahrung, dass nur geteiltes Leid halbes Leid ist. Wir sollten also, erster Schritt, die beiden deutschen Jammerchöre zusammenlegen. Wir sollten also, zweiter Schritt, die alten Partituren vernichten und fürs Finale ein neues Lied intonieren. Wir sollten also, dritter Schritt, Chorleiter und Dirigenten in den Ruhestand schicken und selbst bestimmen, wann wir singen und was und wann was nicht.

Zwar müssen wir uns damit abfinden, mit euch zu leben, aber wir sind gewillt, das Beste daraus zu machen. Die Parole lautet deshalb nicht, *ihr* seid ein Volk oder *wir* sind ein Volk und zusammen sind wir *kein* Volk, sondern sie klingt wie die Botschaft eines berühmten Liedes aus einer Operette, einer jener Opern des Volkes: »Glücklich ist, wer vergisst, was doch nicht zu ändern ist ...«

Freud und Leid mit euch zu teilen, bis dass der Tod uns scheide, hatten wir zwar nie vor, aber nun ist es nicht mehr zu ändern. Überhaupt gilt: Wer über andere urteilt, sollte erst drei Monde in dessen Mokassins laufen, wie einst schon Winnetou erkannte, der von eurem Karl May erfundene sächsische Indianer, die erste aus eurer Zone stammende Rothaut.

Darum will ich das Gute in und bei euch suchen, selbst wenn es für mich in weiter Ferne liegt. Als ich mich wieder mal finster entschlossen daran machte, geriet ich unversehens in Volkes wahren Himmel, den Tanzsaal einer Dorfkneipe in Mecklenburg-Vorpommern. Früher fanden da Schulungskurse für die örtlichen Parteikader stand, und noch früher saßen da die Bauern und wurden so lange von SED-Bonzen unter Druck gesetzt, bis sie ihrer Enteignung zustimmten und derart zur Freiwilligkeit gezwungen ihren Besitz einer Landwirtschaftlichen Produktionsgenossenschaft (LPG) übereigneten.

An diesem Abend gab es im bierdunstigen und verräucherten Raum hausgemachtes Kabarett statt wie sonst hausgemachte Schweinskopfsülze. Dargeboten auf provisorischer kleiner Bühne als Einmannschau vom ortsansässigen Lehrer, den nach Schulschluss offenbar regelmäßig die Muse küsste – falls die sich in jene Gegend verirrte. Die Ergebnisse dieser Gunstbeweise behielt er nicht etwa für sich, sondern schrieb sie auf und teilte sie, wenn es im Herbst auf den Feldern für die Bauern nichts mehr zu tun gab, mit seinen Nachbarn. Dreißig, vielleicht vierzig Ossis saßen an langen Tischen, Vorfreude machte ihnen die Wangen rot.

Damit auch alle verstanden, wen er meinte und wie er es meinte, verzichtete der Lehrer auf Florett und Degen, benutzte für seine Verbalschlacht das Schwert, die Streitaxt, den Hammer. Zufrieden jauchzte und klatschte und brüllte nach seinen Attacken gegen Böswessis Groß und Klein, hier bin ich Ossi, hier darf ich's sein. Bei jedem schlechten Scherz schauten sie mich an, der ich abseits saß, und warteten auf eine Reaktion von mir.

Offensichtlich entsprach ich erkennbar dem Feindbild West, doch war ich wiederum nicht so blöd, ihnen den Gefallen zu tun, auch noch beleidigt zu sein. Also aufzustehen und zu gehen. Ich lachte einfach mit und gab ihnen anschließend einen aus. Prost, Brüder und Schwestern. So einfach kann es manchmal gehen, aber so einfach geht es nicht immer.

Wohin es mich aus dem Westen nie zog, in den Osten, in die

Zone, gibt es sogar nüchtern betrachtet mittlerweile anziehende Zonen. Landschaftliche. Kulturelle. Menschliche. Fakt ist zudem: Ausgerechnet eine protestantische Frau aus dem Osten, die Angela heißt, worunter man sich eher einen Engel vorstellte als eine Befürworterin des Irakkriegs von George W. Bush, regiert inzwischen unser Land.

Angelas, also Engel können auch eiskalt sein, was mancher Mann zu spät bemerkte. Angela Merkel ist die erste frei gewählte Mutter der Nation. Dieses Ziel hat sie, in unerschütterlicher Sturheit gegen ihre eigenen Parteifreunde sich durchsetzend, mit ostiger Zielstrebigkeit verfolgt. Damit hatte, an jenem Novembertag, als sie in Berlin den Amtseid ablegte, die Einheit ein zweites historisches Datum. Das deutsche Volk hatte Sinn für Humor bewiesen. Den hatten einst nur jüdische Deutsche, denen Witz und Ironie von Gott gegeben war und die einst von unseren gemeinsamen deutschen Vätern ins Exil getrieben, ermordet und vernichtet wurden.

Aus tatsächlichen Erlebnissen mit einzelnen Ostmenschen auf die Allgemeinheit in der Zone zu schließen und über alle Zonis herzufallen, ist nur dann erlaubt, wenn einzelne Ostmenschen die Chance bekommen, mit Gemeinheiten gegen Wessis zu kontern. So wie bisher in diesem Buch. Zoni als verächtlich abwertender Begriff für einen Stamm von Dödeligen gehört zwar zur Umgangssprache der sprachlosen Generation Berlin Mitte, die aus dem Westen stammt, aber ohne die Einheit wären diese Jungdeutschen ein Leben lang nie mehr geworden als Filialleiter einer Sparkasse in Rheda-Wiedenbrück oder Nachtredakteur bei Klassik Radio. In solchen Fällen solidarisiere ich mich mit euch, Ossis, schäme mich dessen nicht, verwandele mich für Sekunden – aber nicht länger – in einen, nun ja, ich schreib es hin, in einen Zoni.

Vielleicht aber sind, tröste ich mich, wenigstens einmal im Leben geborene Wessis alle mal Ossis. Haben Deutsche in ihrer vereinigten Einfalt eine faustische und eine zur Faust geballte Seele. Ist das Volk als Volk genetisch von Sekundärtugenden wie Disziplin, Ordnungssucht, Unterwürfigkeit, Gehorsam geprägt und deshalb mehr als andere Völker gefährdet. Da im Osten wie im Westen Spießer in Trainingshosen an Trinkhallen umherlallen oder Volkslieder singen, liegt nämlich der Verdacht nahe, dass in Deutschland so was von so was kommt, Stammbaum von Stammtisch.

Segen oder Fluch?

Ich kann auch am Ende weder diese noch andere deutsche Fragen beantworten. Für Sinnfragen gibt es Theologen, Philosophen, Dichter. Für Probleme sind Politiker, Manager, Beamte zuständig. Außer der Klage über die wachsende Mauer in den Köpfen fiel denen zur Lage der Nation in den vergangenen Jahren allerdings kaum Wesentliches ein.

Was bleibt uns da noch übrig?

Das Wahre. Das Gute. Das Schöne.

Auf diesem weiten Feld müssten sich doch Gemeinsamkeiten zwischen Ost und West finden lassen und wir uns leicht darauf einigen können, was nicht auf diesen Acker gehört. In der Kultur, der zeitlosen Zeitgenossin ohne Grenzen, sollten wir uns auf einer gleichen Ebene treffen können. Mit ihr können wir uns verständigen, an ihr dürfen wir uns begeistern, in ihr sind wir ein Volk. Nicht so groß wie das andere, das selig vor sich hin grunzt, wenn in sprachlos geschriebenen Büchern abgegriffene Lebenshilfe angeboten wird oder Einblicke unter bekannte Bettdecken; ein Volk, dem Bohlen ein Bach ist, Wussow ein Wittgenstein. Hier gilt tatsächlich, dass geteiltes Leid halbes Leid sein kann, weil wir uns angesichts in flachen Hirnschalen angelegter Kulturen gegenseitig Trost spenden und uns stützen müssen.

Wir sind unter diesen gegebenen Voraussetzungen ein kleines

Volk, das sich innerhalb des großen als verschworene Gemeinschaft verstehen und den Angriffen der Dummheit standhalten muss, nicht flüchten darf. Asterix und seine Gallier haben vorgemacht, wie das geht. Deren Taktik klauen wir für unsere Zwecke.

Der neben Günter Grass und Heinrich Böll, Arno Schmidt und Siegfried Lenz, Martin Walser und Hans Magnus Enzensberger – höchst subjektive Beispiele, zugegeben – wichtigste deutsche Nachkriegsschriftsteller ist ein Kind der Zone. Die hat ihn geprägt fürs Leben. Uwe Johnson musste seine Heimat 1959 verlassen, fand danach keine Heimat mehr, nirgends. Seine »Mutmaßungen über Jakob« und seine »Jahrestage« machten ihn zum Dichter für Ost und West und unsterblich.

Das ist sogar sichtbar. Die Unibibliothek in eurem Güstrow ist nach ihm benannt und ein Institut der Goethe-Universität in unserem Frankfurt. Man hätte im Zuge der Freiheit auch das sagenhafte Leipziger Literaturinstitut Johannes R. Becher, an dem zwischen 1955 und 1992 rund tausend Schreibkräfte, laut Lenin Ingenieure der menschlichen Seele, ein Dichterdiplom erwarben, nach ihm benennen können, anstatt es schlicht Deutsches Literaturinstitut zu taufen. Denn Uwe Johnson hat in der Heldenstadt, damals noch Stadt ohne Helden, einst studiert.

Ich werde, trotz der vaterländischen Selbstverpflichtung, irgendwie versöhnlich zu enden, doch noch fragen dürfen, oder?

Johannes R. Becher hat nicht nur den Text zur DDR-Nationalhymne geschrieben, passend zu eurem Staatswappen – Hammer für Arbeiter, Ährenkranz für Bauern, Zirkel für Intelligenz, nur das Symbol Schlapphut für eure vierte Gewalt Stasi fehlte –: »Lasst uns pflügen, lasst uns bauen,/ lernt und schafft wie nie zuvor,/ und der eignen Kraft vertrauend,/ steigt ein frei Geschlecht empor«, sondern auch sonst gern den Reimen ihren Lauf gelassen:

Gedenke, Deutschland, deines Freunds, des besten.
O danke Stalin, keiner war wie er
So tief verwandt dir, Osten ist und Westen
In ihm vereint. Er überquert das Meer [...]
Kein Feind ist stark genug, zu widerstehn
Dem Mann, der Stalin heißt [...]

Nur die deutsche Sprache, die wehrte sich verzweifelt, bevor sie sich ergab. Ich schwöre bei allem, was mir heilig ist: Anders als beim Brecht-Gedicht, mit dem ich anfing, habe ich an seinem Text nichts verändert, sondern mich getreu ans Original gehalten.

Ihr lacht? Endlich.

Also frage ich weiter: Wo waren eure volkseigenen Dichter und Denker, denen angeblich nur die Zensur die Gedanken gelähmt hat, als ihr, Brüder und Schwestern, euch mutig abgewendet habt vom Staat? Gerade auf Lesereise im Westen? Warum haben von den großen Meistern der Sprache nur Christa Wolf und Stefan Heym und Heiner Müller den »Aufruf für unser Land« unterschrieben? Wo war denn der ausgezeichnete Staatspoet Hermann Kant, dem einst mit »Die Aula« ein wichtiger Roman gelungen war, als auf den Berliner Alexanderplatz bei einer Großdemonstration das Ende der alten verrotteten Verhältnisse gefordert wurde?

Jurek Becker, einer der Großen, den das System der unwürdigen Greise ausgespien hat, ein zu früh Verstorbener, erkannte das eigentliche Dilemma der Literatur in der DDR, wo jedes Buch entweder verboten war oder erlaubt: »Das ist ja eine der fatalsten Folgen der Zensur: dass alle nicht verbotene Literatur mit dem Geruch existieren muss, erlaubt zu sein.«

Thomas Brasch, auch vertrieben, auch zu früh verstorben – wie Jürgen Fuchs oder wie Gerulf Pannach, bei denen nie der Verdacht ausgeräumt wurde, dass sie bei Verhören durch die Stasi mit Krebs erzeugenden Strahlen malträtiert wurden –, lästerte voller Lust über unsere Literaturkritik. Die habe einst jedes Buch von drüben zunächst darauf abgeklopft, ob da einer von den Eingeborenen, womit Brasch euch meinte, »die Häuptlinge des Stammes anbellt, vergöttert oder ihnen listig ans Schienbein tritt«, und erst danach seine literarischen Qualitäten beurteilt.

Der nachgeborene Thomas Brussig, einer von euch, aber durch »Helden wie wir« bewundert auch bei uns, will erzählen und nicht belehren, mag nicht die Welt verbessern, kann sie nur besser beschreiben als andere. Auf Literatur lässt sich bauen. Lesen macht immun gegen den Dreck, der uns wie euch täglich überfällt. Darunter nicht nur als Belletristik getarnte Wortklaubereien, sondern auch Erinnerungen von sprachlosen Artgenossen wie Egon Krenz und Günter Mittag und Markus Wolf und wie sie noch so alle hießen, die Unverbesserlichen und die Wendehälse, die 1989 endlich das Leben bestrafte, aber nicht zum Schweigen verurteilte.

Stefan Heym und Sarah Kirsch und Klaus Schlesinger und Hans Joachim Schädlich und Erwin Strittmatter und der spät entdeckte Schattenfänger Jochen Laabs gehören zu Schriftstellern, die wir unsre gemeinsamen nennen, und manche Bücher von Brigitte Reimann, Monika Maron und Christoph Hein zählen dazu und viele Gedichte von Peter Huchel und Günter Kunert und Rainer Kunze und die Romane des knorrigen und trotz jahrelanger Haft in Bautzen ungebrochenen Erich Loest.

Er sitzt mir gegenüber in einem warm behaglichen Balkonzimmer im obersten Stock eines renovierten Leipziger Mehrfamilienhauses und spricht nicht von Rache. Halblinks geht der Blick auf seinen Arbeitsplatz nebenan, halbrechts nach draußen ins Grüne des Gohliser Parks.

Erich Loest hat denen, die ihn quälten und einsperrten und zensierten, nicht etwa verziehen, er hat sie mit Sprache erledigt.

In seinem Bestseller »Nikolaikirche« zum Beispiel, dem anderen großen Wenderoman. Ein weites Feld. Die Wende. Historisch betrachtet war es zwar ein erhebendes Gefühl, als er 1989 die letzten Montagsdemonstrationen erlebte und danach wusste, dass auch er zu den Siegern gehörte, aber das war ein gemeinsamer Sieg, und für die erlittenen Niederlagen in seiner persönlichen Geschichte hatte der keine Bedeutung mehr.

Als der einst wegen angeblichen Landesverrats zu siebeneinhalb Jahren Zuchthaus verurteilte Schriftsteller im neuen Deutschland zum Ehrenbürger Leipzigs ernannt wurde und zum Ehrenbürger seiner Geburtsstadt Mittweida, wo die Stasibüttel ihn am 14. November 1956 vom Abendbrottisch weg, an dem er mit seiner Frau und seinen beiden kleinen Kindern saß, verhaftet hatten, war auf dem Papier alles wieder in Ordnung. In den Akten war er rehabilitiert. Aber Erich Loest ist keine Akte.

Im Treppenhaus zeigt er mir lächelnd ein Schild, das einst in jenen Tagen, die er ironisch beschreiben kann, in jedem Haus der Zone angebracht war zur Information der sozialistischen Gemeinschaft, mit Adresse und Telefonnummer vom Hauswart, der ja ein rot lackierter Blockwart war, von der Feuerwehr und vom nächstgelegenen Parteibüro. Er hat es sich bei der Renovierung besorgt, und jetzt hängt es da oben an der Wand. Deutsche Geschichte als mehrzeilige Hausordnung neben der Türklingel. So gedenkt er, wenn er die Tür öffnet oder wenn er die Tür abschließt, automatisch der Zeit, der ihr entronnen seid.

In jener Zeit hatte die heilige Ikone Brecht im Geiste der unheiligen Weltanschauung in der Gebrauchsanweisung für seine Stücke angeordnet: Glotzt nicht so romantisch! Das Gebot galt euch wie uns. Alle sollten sich stattdessen Gedanken machen über die Guten und die Bösen und die da oben und die da unten und dann die Welt verändern.

Verändert haben die Welt, auch eure, auf andere Art ganz andere. Ich meine die Qualität von Inszenierungen der Stücke, die bei euch nicht verboten waren, die Qualität von Filmen, die zumindest euer Bewusstsein veränderten, bis sie verboten wurden. Ich meine also mit dem Lob dieser besonderen Zone die hohe Kunst eurer Schauspieler und Regisseure, von Angelica Domröse und Hilmar Thate, von Manfred Krug und Armin Mueller-Stahl, von Frank Beyer und Egon Günther, von Einar Schleef und Frank Castorf, von Corinna Harfouch und Ulrich Mühe, von Katrin Saß und Leander Haußmann. Klangvolle Namen. Blüten in der Landschaft. Euer Theater war selbst in jenen Zeiten, als beklatscht wurde, was die Zensoren nicht verstanden, nach Ansicht von Claus Peymann »viel besser als das, was wir im Westen gemacht haben«. Da sei die DDR, sagt der Zampano, der an Selbstunterschätzung nie litt, »ganz toll« gewesen, und sogar manche Schnüffler sieht er im Sinne von Brecht, dem Listigen, als geschickte Doppelagenten: »Heiner Müller war auch IM und der größte Staatsfeind der DDR, er hat mit dem System gespielt.«

Die ganze Welt aber ist dank Shakespeare eine Bühne. Sogar ein Restaurantbesuch in der Zone hat manchmal etwas von einer Theateraufführung. Wenn sich der Vorhang öffnet – die Tür –, schauen viele gebannt auf die Bühne – den Eingang –, um zu sehen, wer da auftritt, wer da kommt. Die Stasi kann es nicht mehr sein, weiß das Publikum. Aber ist es einer von uns oder einer von euch?

Bei bekannten Sportstars ist die Antwort auf den ersten Blick eindeutig. Jan Ullrich wird immer zonig aussehen, selbst wenn er noch so viele gelbe Trikots trägt, und Boris Becker immer wessig, angesiedelt zwischen Wimbledon und Besenkammer. Bei Michael Ballack und Katarina Witt wiederum fällt die Herkunft erst dann auf, wenn sie sprechen. Franziska van Almsick und Stefan Kretzschmar und Henry Maske dagegen sind nicht mehr einzuordnen, sind in beiden Welten zu Hause, sind erste Exemplare einer neuen Gattung, sind so genannte Wossis. Bei unbekannten Gesichtern aber wird das Spiel komplizierter, auch wenn es nach einfachen Regeln abläuft.

Ich habe selbst in solchen improvisierten Stücken schon mitgespielt. Man muss dabei zum Beispiel in einer weinseligen Runde erraten, ob ein Ossi das Restaurant betreten hat oder ein Wessi. Immer dann, wenn das weder sichtbar noch hörbar ist, wird einer ausgeguckt, der die Zielperson direkt anzugehen hat. Wessis reagieren je nach Bildungsgrad indigniert oder amüsiert. Ossis reagieren ganz anders und fangen sofort an zu reden. Einer erbot sich sogar, mein Interesse an seiner früheren Staatsangehörigkeit missdeutend, mir sein aufregendes Leben in der DDR schriftlich, in Buchform, zu schildern.

Gott aber schützte mich. Denn nicht nur Lehrer in Mecklenburg-Vorpommern werden von der Muse geküsst. Nicht vor allen am Johannes R. Becher Institut zu Dipl.-Verbalwerkern ausgebildeten Schreibkräften haben uns gnädige Lektoren bewahrt.

Ich weiß, wovon ich rede. Denn mitunter bekam ich nach Lesungen bei euch in der Zone ein Buch als Geschenk, meist eines der Danaer. Es gab und gibt Ausnahmen. Positive Überraschungen, wunderbare Entdeckungen. Manchmal lese ich mich nachts im Hotel in solchen Büchern fest. Weil sie mich berühren, nicht weil ich vor lauter Sorge, ein Ostler könnte vergessen, mich zu wecken, und ich würde den ersten Zug zurück in den Westen versäumen, eh nicht einschlafen kann.

Eines dieser Bücher, ein kleiner Roman von Christian Gailly, ist betitelt »Ein Abend im Club«, und dieses Buch habe ich mitgenommen. Weil es mich an magische Zeiten erinnert, in denen alles möglich schien, an den normalen Wahnsinn. Als bei euch sogar Straßenbahnen ihre Gleise verließen und zur Endstation Sehnsucht fuhren statt ins Depot und die ganze Zone erlebt wurde wie eine einzige von weißen Wolken durchzogene Himmelsmacht.

In diesem Roman geht es um einen Trip in eine andere fremde Zone, ans Meer in die französische Provinz. Ein Ingenieur namens Simon Nardis soll dort die Klimaanlage einer Fabrik reparieren, er ist die letzte Hoffnung des Managers. Wenn er den Fehler nicht findet, sind die leicht verderblichen Waren im Lager verloren. Er selbst möchte es auch unbedingt schaffen, will den letzten Zug zurück nach Paris erreichen, um nicht das Wochenende in diesem trostlosen Ort verbringen zu müssen. Es gelingt, und auf dem Weg zum Bahnhof und von dem aus zurück in sein geordnetes Leben kehrt er ein auf ein letztes Glas in einer Bar.

Trist sieht es dort auf den ersten Blick aus. Simon Nardis will gerade wieder gehen, als drei Musiker zu jazzen beginnen. Sie spielen seine Kompositionen. Seine? Seine. Der weißhaarige, etwas dickliche Fachmann für Klimatechnik hatte einst ein anderes Leben, war mal ein berühmter Jazzpianist, bevor ihn Suff und Selbstzweifel und Angst vor dem Alter verstummen ließen und er sich traumlos nüchtern in die ungeliebte Ordnung eines grauen Alltags fügte. Er setzt sich zum ersten Mal seit vielen Jahren wieder ans Klavier und spielt und trinkt und trinkt und spielt, und als ihn die Barbesitzerin Debbie erkennt und ihn singend begleitet und eine Liebe beginnt, ist auch der Zug in sein altes Leben abgefahren: »Die Umstände entließen ihn in die Freiheit.«

So wie einst andere Umstände euch ganz überraschend in die Freiheit entließen.

Die Geschichte vom Pianisten und dem Abend im Club ist eine jener Geschichten, die ihr gut begreift, weil ihr zwischen den Zeilen lesen könnt, und wäre als Gleichnis auf die Zone übertragen ein versöhnlicher Schluss für dieses Buch. Doch ich verrate euch nicht, was der Pianist, den die Liebe traf an einem Ort, an dem er sie nicht vermutete, mit seiner neuen Freiheit anfängt und ob ihn, wenn er aufsieht, fortan die weiße Wolke begleitet. Findet allein heraus, Ossis, wie es mit der Liebe weitergeht und ob sie auch unter ganz anderen Umständen bleibt.

Setzt euch mal wieder ans Klavier.

Spielen allerdings müsst ihr das Finale selbst.

War echt 'ne Super-Hochzeit!!
Ja, nur das Brautpaar fehlte...
ASPIRIN

Epilog ***Ost***
Geteilte Freud' ist doppelt Freud'

Ans Klavier setzen ...?

Ich kenne zwei, die engagierten gleich ein ganzes Orchester. Sie wollten würdig feiern.

»Freude, schöner Götterfunken« wurde bei den Musikern bestellt. Schließlich ging es um die Hochzeit Ost und West, den Tag der offiziellen Vereinigung. Was wäre da als Leitmelodie besser geeignet als die Verbindung von gleich zwei deutschen Heroen: Text von Friedrich Schiller, von Beethoven die Musik.

Die beiden, die ich meine, hatten auch beschlossen, nicht irgendwo zu heiraten. Es sollte in der alten, neuen Hauptstadt sein, mitten in Berlin. Ein großes Fest mit Tausenden von Gästen wurde organisiert. Überlegungen, wie sonst bei Hochzeiten üblich – wen laden wir ein und wen lieber nicht, weil es möglicherweise zu teuer wird –, haben sie gar nicht erst angestellt.

Dieses Ost-West-Paar fand, so feiert man nicht. Bei diesen beiden sollte jeder, der kommen wollte, zu Gast sein.

Die Ostbraut hatte sich schon Wochen zuvor alle möglichen Gedanken gemacht, denn sie besaß beispielsweise nicht einmal ein schickes Kleid, das für einen solchen Anlass angemessen war. Auch die Schuhe sollten passen, die Tasche, der Schmuck und der Schleier. Es gab so unendlich viel, was zu bedenken war. Zum ersten Mal in ihrem Leben war es der Frau aus dem Osten nicht egal, wie sie aussah, war es ihr wichtig, sich wirklich fein zu machen.

Denn es gab für sie nur diese einzige Vereinigung, weitere

hatte sie nicht vor, sie war fest entschlossen, nur diesen Bund fürs Leben einzugehen. So setzte sie alles auf diese eine Karte, wollte der Zukunft mutig ins Antlitz schauen, keinesfalls mehr den Blick nach unten senken. Fortan auch das Leid nicht mehr allein, sondern miteinander ertragen, sich durch nichts und niemand mehr trennen lassen und so lange füreinander da sein, bis dass der Tod sie scheide. Nur der noch konnte das Zusammenseinwollen beenden, nur der. Und dieser Zeitpunkt schien weit weg in einer unvorstellbaren Ferne zu sein. Mag sein, dass sie sogar glaubten, ihre Liebe sei stärker als der Tod, auf jeden Fall stärker als das Jammertal des Getrenntseins.

Ansonsten hieß es bei den Ehevermittlern ja eher: »Keine aus dem Osten, bitte« oder: »Keinen aus dem Westen«, davon wissen sie in den alten wie den neuen Bundesländern ein Lied zu singen. Diese beiden jedoch, nicht so typisch Ossi und nicht so typisch Wessi, sangen ein anderes Lied.

»Deine Zauber binden wieder, was die Mode streng geteilt«, so klang ihre plötzlich entdeckte Liebe.

Wie haben sie sich eigentlich kennen gelernt?

Es war in einer verrückten Nacht.

Die Sonne hatte den ganzen Tag wärmend gestrahlt, und auch am Abend wehte nur ein lauer Wind. Sie war zufällig an einem Schlösschen vorbeigekommen, das in ein Restaurant erwandelt worden war. Das schmiedeeiserne Eingangstor lockte die junge Ostfrau mit offenen Flügeln, die Engeln zu gehören schienen. Hier war wohl das Himmelstor aufgegangen, schmunzelte sie.

Stühle standen draußen auf der Terrasse und luden den Augenblick zum Verweilen ein. Also hat sie es sich gemütlich gemacht.

Im ganzen Gartenlokal saß nur noch eine einzige andere Person. Sie wusste nicht, wer das war, der da an einem anderen

Tisch nicht weit von ihr über seine Zeitung gebeugt hockte. Der Mann sah sympathisch aus. Als er aufsah und grüßte, nahm sie wahr: Er hatte verschmitzte Augen.

Damit es der Kellner beim Servieren einfacher hatte, haben die beiden am Anfang ein wenig gescherzt und dann schließlich, so ließ es sich auch einfacher weiterscherzen, vis à vis Platz genommen. Der Ober hat gern die gewählten Speisen in eine Richtung serviert. So kamen sie ins Gespräch. Die aus dem Osten erfuhr, dass der unbekannte Mann ein Wessi war, und er nahm interessiert zur Kenntnis, dass sie aus dem Osten kam.

Dann sprachen beide bald über Einheitsfrust, vergaßen aber auch nicht die Einheitslust. Nur hatte der Frust in der letzten Zeit überhand genommen. Es wurde ziemlich schnell klar: Vor der Zukunft steht die Wahrheit. Endlich Wahrheit! Lügen wir uns nicht mehr an, beschlossen sie.

So erzählten sie sich ihre wahren Geschichten, die so ähnlich auch andere Ossis und Wessis hätten erzählen können.

Einmal hat der eine, dann der andere zugehört. Mal ging es um den Westen, mal um den Osten. Das war manchmal ärgerlich, manchmal war es wunderbar. Dazwischen gab's das Essen.

»Gram und Armut soll sich melden, / Mit den Frohen sich erfreun. / Groll und Rache sei vergessen, / Unserm Todfeind sei verziehn, / Keine Träne soll ihn pressen, / Keine Reue nage ihn. / Unser Schuldbuch sei vernichtet! / Ausgesöhnt die ganz Welt! / Brüder – überm Sternenzelt ...«, sangen sie, als der letzte Schluck getrunken war und die Sterne nun auch am Firmament im Osten leuchteten. Es war ein außergewöhnlich funkelndes Himmelszelt, aus dem – mitten in der sommerlichen Nacht – Sternschnuppen flogen. Jetzt gab es keinen geteilten Himmel mehr über Deutschland, die beiden waren wunschlos glücklich.

So verabschiedeten sie sich, die Engel schlossen hinter ihnen die gusseiserne Pforte. Ossi und Wessi gingen schlafen, ein jeder in sein Bett. Die Frau fuhr mit der Straßenbahn nach Hause. Der Wessi mit einem Taxi ins Hotel, das leider kein Mercedes war, sondern, wie im Osten eher anzutreffen, nur ein Opel.

Es hätte lediglich ein schöner Abend bleiben können, und irgendwann wäre die Erinnerung verblasst. Doch der Liedtext wirkte weiter. So fragten sie auch am Tag danach noch nach: wie es denn ginge, was man so mache, ob man sich nicht mal wiedersehen wolle.

Wie es eben so ist, wenn das Feuer des Interesses entfacht und man sich, warum auch immer, nach der ersten Begegnung nicht mehr ganz gleichgültig ist. Dafür braucht es ja nicht unbedingt einen Abend im Club in einem französischen Provinzbadeort.

Es kam zur zweiten, zur dritten Zusammenkunft. Irgendwann hörten sie auf zu zählen, weil sich die Treffen häuften und keine Ausnahme mehr waren und sich Ossis und Wessis wie im wahren Leben inzwischen immer und überall treffen können.

Ja, sie haben dann auch gestritten. Es gab Tage, Wochen gar, da redeten sie kein Wort mehr miteinander. Sie schauten sich nicht mehr an, schon gar nicht in die Augen.

Und dann?

Eines hat beide von Anfang an verbunden: Jeder wollte gern das letzte Wort haben, auch wenn der eine gerade ausdrücklich den finalen Satz gesprochen hatte. So drehten sie sich dann doch noch einmal um. Begannen den neuen Dialog mit »Also« und redeten weiter. Bald wussten sie, was sie voneinander zu halten hatten. Nein, das war nicht nur eitel Sonnenschein. Sie sind sich auch auf die Nerven gegangen, haben brüskiert entdeckt, was den anderen anders macht. Mein Gott, war das manchmal furchtbar, manchmal war es kaum auszuhalten, vor allem diese Wessimacken.

Gab es noch mehr?

Ja.

Dahinter, darunter, davor und daneben entwickelte sich etwas, das wichtiger war: *»Wem der große Wurf gelungen, / Eines Freundes Freund zu sein, / Wer ein holdes Weib errungen, / Mische seinen Jubel ein! / Ja, wer auch nur eine Seele / Sein nennt auf dem Erdenrund! / Und wer's nie gekonnt, der stehle / Weinend sich aus diesem Bund!«*

Den deutschen Bund zu verlassen, dieses Bedürfnis teilten beide nicht. Stattdessen lachten sie immer am Ende, und dann besonders laut, wenn es vorher ganz schrecklich zugegangen war. Schließlich schenkten sie dem kleinmütigen Blick aufeinander keine Beachtung mehr.

Dann haben sie sich eingerichtet in ihrer Beziehung, die mit den Jahren so etwas wie eine Gewohnheit geworden ist. Sie fanden eine Wohnung im Osten und haben diese mit Fördermitteln saniert. Und wenn ihnen die Arbeit daran über den Kopf stieg, fuhren sie weg in Richtung Westen, stiegen in einem schönen Hotel irgendwo ab, wo das Nest schon für einen Moment fertig war. So lernten sie miteinander zu leben, miteinander klarzukommen. Oft war es schön, doch einfach war es nicht immer. Freunde hatten geraten, die Zeit nicht mit Vorurteilen zu verschwenden. Das war ein guter Rat, der nicht einmal teuer war.

Sie hörten auch auf, sich gegenseitig etwas vorzumachen. Versprachen einander lieber nur das, woran sie sich halten konnten. Und noch etwas: Das seltsame Paar entdeckte den Unterschied als Chance, ja als Bereicherung. So konnten sie, statt einander zu misstrauen, sich etwas zutrauen. Der Desillusionierung, die unausweichlich war, hatten sie so bewusst ein Ziel entgegengesetzt: *»Freude heißt die starke Feder / In der ewigen Natur. / Freude, Freude treibt die Räder / In der großen Weltenuhr. / Blumen lockt sie aus den Keimen, / Sonnen aus dem Firmament …«.*

Langsam blühte auch auf ihrem Balkon etwas. Und das wurde mit der Zeit attraktiver als das leidvolle Festhalten an dem, was nun wirklich nicht zusammenpasste. Aber keine falschen Vorstellungen: Das Leben war dennoch nicht perfekt, nicht mal in diesem märchenhaften Gleichnis wächst einfach und unkompliziert zusammen, was zusammenzugehören glaubt.

Zur großen Hochzeitsfeier zwischen Ost und West war es nämlich nicht gekommen. Das Fest war zwar arrangiert, auch die Gäste hatten sich schon auf den Weg in die Hauptstadt gemacht, aber in dem Moment, als sich die Braut ankleiden wollte, unterwegs war in ihr Boudoir, war sie im Musikzimmer über den Hocker am Klavier gestolpert, hatte sich schwer verletzt. Den hatte sicher ein Wessi so hingestellt.

Sie musste zum Arzt und danach schnell ins Krankenhaus. Die Diagnose war verheerend, die große offene Wunde hätte sie beinahe ums Leben gebracht.

An eine Fahrt nach Berlin war nicht mehr zu denken, feiern wurde ihr streng verboten. Hochzeit also abgesagt.

Typisch Ossis, typisch Wessis: Die Gäste trafen sich dennoch, auch die Ode an die Freude wurde gespielt. Es wurde gegessen, getrunken, getanzt. Was hätte man denn sonst machen sollen, wo doch alles schon für die wunderbare Vereinigung zwischen Ost und West organisiert gewesen war? Man konnte doch nicht alles verkommen lassen, nur weil die Braut verhindert war.

»Brüder, fliegt von euren Sitzen, / Wenn der volle Römer kreist; / Lasst den Schaum zum Himmel spritzen …«

Der Schampus floss und spritzte reichlich, doch ohne die Braut, und so fehlte die Seele des Festes. Das war traurig und schade, denn bald wusste niemand mehr, warum man eigentlich zusammengekommen war. Darüber denkt heute auch schon der ein oder andere Geschichtsschreiber nach.

Auch der Bräutigam hatte die Feier längst verlassen, weil er ohne seine Braut nicht sein wollte, als ob er ein Leben lang immer nur sie gesucht hatte.

Grübelnd fuhr er durch die dunkle Nacht ins Krankenhaus. Reichlich Tränen flossen da. Natürlich, es war bedauerlich, dass es zur großen Feier vor dem Altar der Einheit nach all den Jahren des Glücks und des Leids nicht kam. Das Kleid hing verlassen am Schrank herum, wo auch die Schuhe, die Tasche, der Schmuck und der Schleier verloren lagen. Und deshalb stimmte die Braut, die entkräftet dalag und dadurch etwas mutlos geworden war, den Klagegesang immer wieder mal an. Da sagte der verhinderte Ehemann: »Geteiltes Leid ist halbes Leid« und versuchte sie so zu trösten.

Das hörte sich die Ostbraut mal friedlich an, zur Versöhnung mit dem Westen bereit, mal widerstrebend, ja durchaus auch rebellierend. Aber irgendwann, nachdem sie den ersten Tee getrunken und das erste Essen wieder zu sich genommen hatte, fand sie eine Antwort für ihren Bräutigam, die ihr gefiel. Noch etwas schwach und zunächst zögerlich erwiderte sie: »Und geteilte Freud' ist doppelt Freud'.«

Da mussten beide wieder lachen.

Danach ruhten sie sich aus.

Die Braut kam wieder zu Kräften. Gemeinsam schauten sie dann auf den neuen Tag und warteten auf den Sonnenaufgang. Und nachdem sie den Tropf abnehmen und das Krankenhaus verlassen konnte, planten Wessi und Ossi weiter. Dabei stritten und vertrugen sie sich. Aber sie ließen einander nicht los, versanken nie im Meer der Gleichgültigkeit.

Und wenn sie nicht gestorben sind oder einer von beiden das

Ende seines Weges erreicht hat, dann leben sie noch heute so. In dem Wissen, dass sie zusammengehören, auch wenn nie alles zusammenpasst, wie man in den vergangenen neun Kapiteln lesen konnte.

»Blühende Landschaften« oder »Chefsache Ost« nenne ich diese Geschichte nicht, denn es ist kein deutsches Wintermärchen. Das ist eine andere Geschichte, eine prosaische, die auf viele Beziehungen zwischen Osten und Westen passt.

Am Schluss übrigens dichteten die beiden frei nach Schiller, die Musik von Beethoven nur im Sinn: *»Freude, sei du der schöne Götterfunken, der uns zusammenhält.«*